李立 著

ZHONGGUO
KAIFANGXING JINGJI
RUOGAN QIANYAN WENTI
YANJIU

中国开放型经济若干前沿问题研究

——以青岛市为例

经济科学出版社
Economic Science Press

图书在版编目（CIP）数据

中国开放型经济若干前沿问题研究/李立著．—北京：
经济科学出版社，2014.4
ISBN 978 – 7 – 5141 – 4504 – 5

Ⅰ.①中… Ⅱ.①李… Ⅲ.①中国经济 – 开放经济 –
经济发展 – 研究 Ⅳ.①F125

中国版本图书馆 CIP 数据核字（2014）第 063866 号

责任编辑：柳 敏 宋 涛
责任校对：靳玉环 郑淑艳
版式设计：齐 杰
责任印制：李 鹏

中国开放型经济若干前沿问题研究
——以青岛市为例
李 立 著
经济科学出版社出版、发行 新华书店经销
社址：北京市海淀区阜成路甲 28 号 邮编：100142
总编部电话：010 – 88191217 发行部电话：010 – 88191522
网址：www. esp. com. cn
电子邮件：esp@ esp. com. cn
天猫网店：经济科学出版社旗舰店
网址：http：//jjkxcbs. tmall. com
北京汉德鼎印刷有限公司印刷
华玉装订厂装订
710 × 1000 16 开 18 印张 350000 字
2014 年 4 月第 1 版 2014 年 4 月第 1 次印刷
ISBN 978 – 7 – 5141 – 4504 – 5 定价：52. 00 元
（图书出现印装问题，本社负责调换。电话：010 – 88191502）

前　言

　　党的十八届三中全会提出了构建开放型经济新体制的任务和目标。这既是中国 30 多年开放型经济探索的升华，也是改革开放在制度层面的具体化。回顾自十一届三中全会以来中国改革开放的历史，可以将开放型经济不断成长、壮大和完善的历程分为三个阶段：

　　第一，起步阶段。从党的十一届三中全会提出积极发展同世界各国平等互利的经济合作，到党的十三大确立继续巩固和发展已初步形成的经济特区——沿海开放城市——内地的开放格局。中国对外开放的范围逐步由点到面覆盖全国。

　　第二，拓展阶段。党的十四大提出对外开放要形成多层次、多渠道、全方位开放的格局；党的十五大要求完善全方位、多层次、宽领域的对外开放格局，发展开放型经济；党的十六大要求实施"走出去"战略，鼓励和支持有比较优势的企业对外投资；党的十七大提出要拓展对外开放广度和深度，提高开放型经济水平。中国开放型经济的发展水平不断提升，覆盖领域不断扩大，开放程度不断深化。

　　第三，提升阶段。党的十八大要求"全面提高开放型经济水平。适应经济全球化新形势，必须实行更加积极主动的开放战略，完善互利共赢、多元平衡、安全高效的开放型经济体系"。在这一思想指导下，人们对努力建立一个使要素、商品与服务在不同国家之间自由流动的开放型经济形态的认识也随之达到了一个新的高度。

　　总结 30 多年中国开放型经济发展路径可将之概括为：以各级地方政府为主导，以招商引资为中心，以开发区建设为载体，通过大规模引进外资形成生产制造能力和大进大出格局，以低成本迎合国际产业转移需求，以"外资＋外贸＋廉价"发展成本推动经济起飞。这一模式曾为中国经济带来了长达 30 余年的高速增长。但是，由于这一增长模式是基于各类优惠政策支持、基于廉价劳动和环境成本为代价形成的，其粗放式、高碳低能、低环保效应的发展路径，从长远看是不可持续的。

　　进入 21 世纪尤其是西方国家遭遇 2008 年的金融危机以来，中国经济发展的外部市场遇到了重大需求危机，传统的对外开放模式已失去往日的光彩，推动开放型经济的战略创新，构建开放型经济的新优势、新格局、新体制已成为一种时代的需求。

构建开放型经济新优势，必须尽快改善我国出口贸易规模庞大，但出口商品多为附加值较小的低技术产品，资源性、高耗能、高污染产品在触控产品中仍占较大比重的状况；必须大力支持服务贸易发展，扩大服务业开放，引进新的服务业态、支持软件、文化等高端服务产品出口；必须帮助企业提高技术创新能力，不断开发和扩大具有自主知识产权的优势产品，提高出口产品竞争力；必须引导外资更多投向高技术产业、高端制造环节，发挥外资推动产业升级的积极作用。

构建开放型经济新格局，必须树立新的对外合作理念，既要争取和维护自身的正当权益，又需妥善处理同其他国家的利益关系，合作共赢，减少对外经济贸易摩擦；必须正确处理内需和外需关系，以国内市场规模的扩大，为外需奠定坚实基础，以外需扩大形成的规模经济和集聚效应，带动国内技术进步和产业升级。同时，要推动经济外向度高和具有资金、人才、技术、配套能力等优势的地区，率先实现增长方式由量到质的转变；要严格控制招商引资成本，控制土地、资源与环境成本，实现从"招商引资"向"招商选资"的转变。

构建开放型经济新优势、新格局，必须构筑我国参与国际经济合作和竞争的新路径。包括，支持优势企业"走出去"，全面提升生产要素跨境流动水平；加强海外能源资源合作开发，建立相对稳定的能源资源供应基地；推动制造业向服务业延伸，从生产制造向研发和市场营销环节延伸；推动海外投资从"绿地投资"为主，向"绿地"和"并购"投资并举转变。同时，建立健全市场运行监控体系和国际收支预警机制，加强对商品进出口、资本跨境流动的监测及金融市场的监管，增强抵御国际经济波动和国际经营风险的能力。

构建开放型经济新体制，必须按照市场在资源配置过程中发挥决定作用的原则，切实完成从以政府为主导、不计成本的开放模式，向以企业为主导、充分发挥市场决定作用的开放模式转变。在国际贸易和国际投资活动中，由企业基于自身竞争力进行生产经营和投资决策，由市场按照需求定律决定资源配置方向，政府则主要承担维护市场秩序、保障市场功能的职责。为实现这一体制转换目标，必须重构开放型经济的制度框架，为市场经济体制的建设提供充分的制度保障；必须减少行政性的干预和调控，转变政府职能。

围绕上述要求，本书共分 11 章分别探讨了如下一些问题：

第一章，开放型经济发展水平评价及对策研究。开放型经济是在全面总结我国 30 多年对外开放实践经验、充分反映现代世界经济和政治背景的基础上，适时提出的一种新型经济运行方式，是参与国际分工和交换程度较深入，商品、劳务、资本和人员跨国界流动较自由，自身经济体制与外部经济体制融合度较高的一种经济模式。它不仅与封闭性经济有天壤之别，而且与一般意义的对外开放也有许多本质性差异。

为综合反映现阶段外向型经济的发展水平，本章将开放型经济评价体系分为集聚指标、辐射指标和活力指标三种不同类型，其中，集聚指标包括，外贸依存度、外资依存度、实际利用内资占固定资产投资比重；辐射指标包括，高新技术产品出口比重、对外直接投资占 GDP 比重、对外经济合作营业额占 GDP 比重；活力指标包括，外商企业实际运营率、外商经济贡献度、外商投资企业盈利能力。各项评价指标确定后，本书以青岛市为例，运用纵向追溯方法，对青岛市 2006～2012 年期间开放型经济各项指标的变化轨迹进行了纵向解析，并选择上海、天津、广州、深圳、大连、宁波、南京 7 个样本城市，与青岛市开放型经济建设的相关要素进行横向比较，分析了青岛开放型经济的建设成就和存在的不足，提出了解决各类问题的对策建议。

第二章，海关特殊监管区转型升级和新功能规划。我国海关特殊监管区设置 20 多年来，在承接国际产业转移、推进产业结构转型升级、扩大对外贸易和促进就业等方面发挥了积极作用。但是，海关特殊监管区发展过程中也暴露出种类过多、功能单一、重申请设立、轻建设和发展等问题。另外，在世界经济和政治局势已经发生重大变化的新形势下，各类海关特殊监管区普遍遇到了发展空间有限、政策优势蜕化、出口扩张速度延缓、延长国内产业链受阻等困难。在此背景下，积极推动海关特殊监管区的转型升级，对进一步发挥其对开放型经济的推动作用有重要意义。

本章以青岛出口加工区和保税区为例，对各类海关特殊监管区的发展历程、取得的经验和存在的问题进行了全面分析，并结合海关特殊监管区面临的困难，对各种改革路径进行了比较，阐述了青岛出口加工区升级转型和建设青岛保税港区的必要性及可行性，论证了青岛保税港区功能拓展和布局调整的主要内容，并在此基础上，提出了促进海关特殊监管区科学发展的对策建议。

第三章，自由贸易港区建设路径和试验内容。建立自由贸易港区是新形势下全面深化改革、提升外向型经济发展水平的重要战略部署，也是建设海洋强国和 21 世纪"海上丝绸之路"战略的重要举措①。青岛地处胶东半岛、黄海

---

① "丝绸之路"由德国地貌和地质学专家李希霍芬（Ferdinand von Richthofen，1833－1905）首先提出。这一名称出现后，有学者提出，中国丝绸不仅从陆道，而且经海道运往西方。法国汉学家爱德华·沙畹（Edouard Chavannes，1865－1918）在《西突厥史料》一书中提出，丝绸之路有海陆两道。此后，日本学者三杉隆敏、香港学者饶宗颐对"海上丝绸之路"的起源进行了解析；中国学者陈炎应联合国教科文组织邀请，对东起日本长崎、西至欧洲威尼斯，16 个国家 22 个海港城市的海上丝绸交易情况进行了详尽考证。

之滨,东与朝鲜半岛、日本列岛隔海相望,北与大连、天津相邻,南与上海、连云港相接,是我国黄河流域主要出海通道和欧亚大陆桥东部重要端点,具有贯通东西、连接南北、面向太平洋的区位战略优势,充分发挥自身优势,积极创建青岛特色的自由贸易试验港区,有利于推动青岛开放型经济开创新格局、获得新优势,有利于为实现国家"一带一路"发展战略做出应有贡献①。

根据上述任务要求,本章充分吸纳上海自由贸易试验区建设的经验,分别就青岛自由贸易试验港区的建设背景,青岛自由贸易试验港区的试点范围,青岛自由贸易试验港区的区位选择及试验内容,青岛自由贸易试验港区的建设路径,青岛自由贸易试验港区建设中克难攻坚的主要措施进行了具体阐述,并结合青岛市的实际情况,提出了全面整合优势资源,"以港口为龙头、以产业为支撑、以城市为依托,港产城联动发展",全方位推进自由贸易试验港区建设的对策建议。

第四章,中韩两国原产地规则比较。原产地规则是为确定国际贸易中商品原产地优惠标的而制定的制度和措施的总称。确立原产地规则的重要性在于,随着出口产品生产国际化的不断加强,经常出现多个国家共同参与某一产品生产的情形,在此情况下,能否合理判定贸易标的——产品原产地,对相关国家的贸易利益和国民福利有重要影响。另外,由于国际上没有统一的原产地制度,世界各国原产地标准缺乏彼此的谅解和沟通,协调各国原产地制度无论在自由贸易区谈判还是建设过程中都具有十分重要的意义。

本章结合中韩自由贸易区谈判的背景,阐述了原产地规则在双边和多边贸易谈判中的重要意义,在此基础上,分别对韩国和中国原产地规则的核心内容进行了陈述,对中韩两国原产地规则的相同点和不同点以及由此而对自由贸易区谈判产生的影响进行了分析,并据此提出了完善两国原产地规则的对策建议。

第五章,日本食品安全规制及对中日食品贸易的影响。食品安全规制,是以保护消费者健康、安全、卫生为目的,对食品生产经营活动制定的一系列标准工作体系和制度环境。国内外学者对食品安全规制的研究主要集中于三个领域:一是食品安全规制的内容;二是与食品安全规制相关的公共监督系统;三是自主性风险规制体系的设计,包括食品安全监督管理由实体法规转向自主规制转变的意义等。

本章阐述了日本食品安全规制的起源和发展,解析了日本食品安全规制的体系构成和核心内容,并以历史和现实相结合的方法,对食品安全规制的成因给出了解释,以实证性案例印证了日本食品安全规制对中日食品贸易的影响。在此基础上,进一步阐述了日本食品安全规制对中国食品安全管理的启示,以

---

① "一带一路"是指国家最近提出的建设"丝绸之路经济带"和21世纪"海上丝绸之路"战略。

及中国政府和企业面对食品安全规制产生的贸易冲击应当采取的应对措施。

第六章，FTA 对中日两国服务贸易的影响及对策。中国和日本作为亚洲两大经济体，在服务贸易发展方面具有许多相似之处。但因两国发展层级差别较大，又存在很多分歧和冲突。比较中日两国服务贸易变化情况可以发现：中国服务贸易进口和出口额增长速度明显高于日本的增长速度，但中国服务贸易占本国总贸易比重小于日本，这说明，中国服务贸易发展水平低于日本。分析中国服务贸易构成情况可见，伴随中国经济快速发展，计算机和信息服务、广告宣传、金融服务、专有权利使用费和特许费等高附加值服务出口快速增长，高端服务形态在中国服务贸易中开始占据重要位置。

本章以中日两国服务贸易的发展现状为背景，采用 PEST 分析方法，分别从政治、经济、社会、技术多维角度，阐述了自由贸易区（FTA）建设对促进市场准入和贸易便利化、消除贸易壁垒和贸易歧视、拓宽服务贸易范围和领域、提高制造业全要素生产率等方面的影响，并应用相关的统计资料，就这种影响对若干重点领域（旅游、文化、金融服务、科技服务等）的影响程度进行了分析，就自由贸易区建设中的谈判策略以及推进中日两国服务贸易发展的举措提出了对策建议。

第七章，青岛高端产业和高端产业聚集区建设。高端产业，指的是那些处在价值链高端领域、产品附加值较高的生产环节或服务领域。高端产业聚集区，指的是高端产业集群化、融合化、生态化的空间集合体。国际经验表明，建设高端产业集聚区，有利于吸附优势资源，提高物质、能量和信息交换效率，增强产业的"增核扶链"① 效应和经济与技术的"溢出效应"。

本章系统阐述了高端产业集聚区的含义、类型及其衍生的相关概念，分析了青岛市高端产业发展的背景条件和重点领域，并在此基础上，提出了"错位竞争、合作共赢，打造区域性产业融合平台、拓展产业链发展空间"等指导原则，阐述了青岛市高端产业集聚区的规划目标和建设方案，以及青岛高端产业集聚区的空间布局和区位优化思路，提出了打造青岛市高端产业聚集区的对策建议。

第八章，青岛造船业国际竞争力评价及对策。就目前世界造船业的产业链布局看，上游船舶配套产品高技术特征显著，主要集聚于欧洲各国；中游造船国家分为三个阵营，韩国、中国、日本为第一阵营，造船能力占世界总量70%；中国台湾、波兰、丹麦、德国、意大利等为第二阵营，造船能力占世界总量25%；众多较小造船国家组成的第三阵营造船能力约占世界总量5%；造船业下游的航运服务、修理服务业以英国、德国、新加坡最为发达。其中，新

---

① "增核扶链"是立足高端，建设具有核心技术和品牌的优势产业或企业，增加发展极的核心影响力，并在此基础上推动集群发展，扶持配套产业链，建设高端价值竞争链的一种发展战略。

加坡利用其地处马六甲海峡的独特地理位置和自由贸易港优势已发展成为世界最重要修船国家。

本章以此为背景，对全球造船业发展历程及产业布局情况进行了全面解析，对我国造船产业的地域分布状况和企业分布情况进行了总结，并采用价值链分析方法，建立了反映造船业国际竞争力的指标体系和评价模型，选择当今世界造船业集聚度最高的 15 个城市进行了基于价值链的竞争力比较，肯定了青岛造船业发展的成就，找出了其在竞争力评价中暴露出来的若干问题，在此基础上，提出了改善青岛市造船产业国际竞争力的对策建议。

第九章，青岛港口航运产业布局和发展目标。在经济全球化和区域经济一体化浪潮推动下，亚洲各国的工业化进程明显加速，以中、日、韩为代表的东亚地区逐渐成为国际贸易的热点区域，并带动了海上航运路线的更替和国际贸易格局的变迁。受此影响，以中国上海、深圳、宁波—舟山、广州和青岛港为代表的中国沿海港口逐渐取代鹿特丹、洛杉矶、汉堡、安特卫普等欧美港口成为国际航运中心港口。

本章以此为背景，全面分析了世界港航产业发展演变的历程，分别从港口条件、竞争对手选择、经济文化背景和制度创新的需求等方面，分析了青岛港航产业的发展机遇和面临的挑战，并对环渤海地区各个重要港口（烟台港、日照港、大连港、天津港、唐山港）的发展取向和竞争态势进行了比较研究，提出了青岛港航产业的发展目标和任务，以及推动青岛港航产业发展的对策建议。

第十章，青岛新材料产业发展规划和空间布局。青岛是山东省新材料产业最发达和研发机构数量最多的城市。近年来，青岛市在新型高分子材料等发展优势继续表现出良好的发展势头，其产值在全市新材料产值中的占比达到60%，同时，以海洋为特色的海洋新材料不断开发应用，进一步扩大了新材料产业的覆盖领域，新材料及其相关产业已成为推动青岛经济发展的重要增长点。

本章由新材料产业发展趋势的解析入手，对青岛新材料产业的行业布局、地域布局、产业链布局和研发与制造业配置情况进行了全面分析，对青岛新材料产业的发展目标和重点领域做出了全面规划，并从青岛新材料产业发展的现状出发，对新材料产业的空间布局、新材料产业的专项计划和重点项目，进行了具体阐述，提出了青岛新材料产业发展的推进措施。

第十一章，青岛高新区发展潜力评价及前景预期。青岛胶州外北岸高新区是 2006 年经国家审核调整后建立的一个新的国家级高新技术产业开发区。其建设伊始即遇到两个严峻挑战：一是地处青岛环胶州湾城市构架中心位置，需要从优化全市空间布局的高度进行规划，规划的难度很高；二是不再享有以往的税收优惠政策，发展模式需要实施重大变革。在此背景下，对其未来发展潜力给出科学评价具有重要意义。

本章从青岛胶州湾北岸高新区的现状分析入手，结合高新区设置的动因和发展目标，对其发展取向进行了定位，在此基础上，进行了基于发展潜力的评价指标遴选和评价模型设计，依据获得的综合资料对青岛胶州湾北岸高新区发展潜力给出了评价，对青岛胶州湾北岸高新区发展的前景做出了预测，并根据其发展中面临的困难和遇到的瓶颈提出了对策建议。

概况以上内容可见，本书的贡献主要有如下几点：

（1）建立了开放型经济的评价体系，并以我国主要开放城市——青岛市为例，进行了应用性尝试。主要工作包括，遴选出开放型经济发展水平评价的指标体系，并运用这些指标体系进行了发展轨迹分析和同类城市的横向比较，揭示了青岛开放型经济发展中的若干问题和解决这些问题的出路。

（2）对我国海关特殊监管区转型升级问题进行了前瞻性研究。主要工作包括，对我国海关特殊监管区的发展历程进行了梳理，以青岛市为例，对各种不同的转型路径进行了比较分析，提出了推动我国海关特殊监管区转型升级的对策建议。

（3）论证了自由贸易试验区建设的路径和内容。主要工作包括：以上海自由贸易试验区建设为切入点，以全国各地踊跃申报自由贸易试验区的形势为背景，系统阐述了青岛市积极申报自由贸易试验区的可行性路径和应特别关注的试验内容。

（4）以东亚经济合作为背景，分别对中韩自由贸易区建设中的原产地规则、FTA对中日两国服务贸易的影响，以及日本食品安全规制对中日食品贸易的影响进行了探析，并提出了一系列新的观点和工作建议。

（5）以国际竞争力评价为背景，分别就青岛造船产业的国际竞争能力、青岛高新区的发展前景进行了评价研究，为制定相关的产业规划和城市发展战略奠定了良好基础。其中，基于价值链的造船产业评价体系和基于高新区目标定位而制定的发展潜力评价体系在实际应用中取得了良好效果。

（6）以外向型经济发展背景下的产业发展为题，分别阐述了青岛市高端产业集聚区建设的意见、青岛市港航产业发展的路径、青岛新材料产业的规划布局，并分别提出了针对性的建设意见。

本书是作者近两年来围绕外向型经济潜心研究的结晶。在本书有关章节研究过程中，曾经得到许多友好和同仁的帮助，并参阅了许多相关研究成果，对此，书中尽管已经做出若干标注，但仍难免挂一漏万，如有疏漏，特致歉意。为尽可能反映作者新的研究心得，作者花费了大量时间，对全部书稿进行了较大幅度的修订，但相关数据的更新工作实在是工程量浩瀚，请恕未能全部完成。

在本书各章撰写过程中，除作者独自完成的内容之外，有些章节还得到了其他人士的协助。参与本书上、下两篇有关章节撰稿的人员分别是：第一章，开放型经济发展水平评价及对策（李立、刘凯）；第二章，海关特殊监管区功能升级与转型（李立）；第三章，自由贸易港区建设路径和试验内容（李立）；第四章，中韩两国原产地规则比较研究（李立、徐源亨、丁元强）；第五章，日本食品安全规制及对中日食品贸易的影响（李立、于贝贝）；第六章，FTA对中日两国服务贸易的影响及对策（李立）；第七章，青岛高端产业和高端产业聚集区建设（李立）；第八章，青岛造船业国际竞争力评价及对策（李立、闫侃侃）；第九章，青岛港口航运产业布局和发展目标（李立）；第十章，青岛新材料产业建设规划和空间布局（李立）；第十一章，青岛高新区发展潜力评价及前景预期（李立、徐立勋）。

　　在本书即将付梓之际，谨向参与书稿撰写的刘凯、徐源亨、丁元强、于贝贝、闫侃侃、徐立勋，以及为本书有关章节研究提供了各种文献和资料帮助的人士，表示最诚挚的感谢！

李　立

2014 年春节于青岛市

目　录

上　篇

下 篇

上篇

第一章

开放型经济发展水平评价及对策研究

——以青岛市为例

党的十八大报告提出，"适应经济全球化新形势，必须实行更加积极主动的开放战略，完善互利共赢、多元平衡、安全高效的开放型经济体系"。为贯彻落实十八大报告中关于建立开放型经济新体系，全面提升开放型经济发展水平的精神，本章将以科学发展观为指导，对"十二五"以来，青岛市在开放型经济领域取得的重要成就和存在的主要差距做一个梳理，以便进一步理清发展思路、明确发展方向，创立青岛市开放型经济发展的新优势，为全面实现青岛市建设幸福宜居现代化国际城市的宏伟目标奠定坚实基础。

一、开放型经济的内涵及现阶段的新要求

（一）开放型经济的内涵

开放型经济是在全面总结我国30多年对外开放实践经验、充分反映现代世界经济和政治背景基础上，适时提出的一种对外开放的新型经济运行方式，是参与国际分工和交换的程度比较深入，商品、劳务、资本和人员跨国界流动比较自由，自身经济体制与外部经济体制融合度比较高的一种经济模式。

开放型经济与传统的封闭型经济有着截然不同的特征。它以对外开放为体制设计的基本目标，以充分参与国际分工为基本的发展路径，以国内国外两种资源、两个市场的开放为发展的重要依托，要素、商品与服务可以较自由地跨国界流动，完全打破了画地为牢、自我封闭的资源配置模式。开放型经济与外向型经济的区别在于，它以降低制度壁垒（如国家间贸易保护、关税壁垒；地区间行政性分割、税费差异等）和提高生产要素流动的自由度为主，强调主动参与国际资源分配，互利共赢、多元平衡、安全高效，而不再将对外开放仅仅

理解为将外资引进来或将产品卖出去的单向行为。正是基于上述差别，党的十八届三中全会通过的《中共中央关于全面深化改革若干重大问题的决定》强调，要"加快完善开放型经济"，要"构建开放型经济新体制"，要"适应经济全球化新形势，必须推动对内对外开放相互促进、引进来和走出去更好结合"。从中央一系列重要文件中停用"扩大对外开放"的提法，转而使用"建设开放型经济"的提法可以看出，目前，关于"开放型经济"的认识已经提升到一个新的水平。

（二）新时期开放型经济的新要求

改革开放初期，由于我国在海外的经济利益不多，较小的海外市场开放度已足以满足规模尚小的对外贸易需求，当时甚至无须动用我国的外交资源要求贸易伙伴扩大对我国商品和投资的开放。另外，由于当时的进口和引进外资规模很小，对外开放商品、投资市场的副作用还无从体现，当时最紧迫的需求是引进外资以弥补国内资本的缺口、引进国外先进装备提高我国产业的装备水平。在此情况下，强调"扩大对外开放"已经成为推动国民经济发展的最重要的要求。

时至今日，改革开放已逾35年，我国国内资本积累数量已能满足需求，外汇缺口已成历史，对外开放商品、投资市场的副作用已非常明显，我们在海外的经济利益（包括原料和能源供给、销售市场、投资市场）已相当可观，贸易伙伴对我国商品、资本的开放开始屡屡触及"天花板"。此时，片面强调"扩大对外开放"却不要求贸易伙伴承担任何向中国开放采购、销售和投资市场的义务，显然无法满足中国现实的开放需求。鉴于此，停止扩大对外开放的提法，转而使用建设开放型经济的提法势在必行。

概括新时期开放型经济的新要求，最重要的有如下几个方面：

第一，实施更加积极主动的开放战略。开放型经济强调生产要素和资源的双向流动，强调"引进来"与"走出去"双向并重、不分主次。其中，"引进来"由单纯强调数量、速度向提高"引进质量"转变；"走出去"由单纯强调产品获利，向主动参与国际资源分配、提升开放型经济发展活力，增强抵御风险能力方向转变。

第二，建立合作共赢、安全高效的经济体系。开放型经济要求维护多边贸易体制，兼顾多边、双边关系，特别要与周边、资源富集地和主要市场、主要贸易伙伴建立良好关系；要求在对外经贸活动中，彼此注重对方的利益诉求，理性应对贸易摩擦，积极推动经济活动参与者之间的相互协调、相互合作和共同发展；要求有效利用海外资源与海外市场，扩大海外生产经营，增强开放经济对本土经济的带动性，保护国家重点领域、重点行业的经济安全，建立安全高效的经济运行体系和管理体制。

第三，创造开放型经济新优势。面对经济全球化和日趋复杂的国际竞争关系，我们需要将单纯依赖廉价劳动力获取产品价格优势的经营策略更多转向依靠产品质量、技术和品牌来增强国际竞争力；将单纯运营生产资本转向生产资本与服务资本运营相结合，形成基于产业链的综合营运体系；加强交通、通信基础设施建设，用压缩时空的技术进步弥补部分地区的区位劣势；创立与开放型经济相适应的管理体制，建立与国际规则接轨的法律和政策，提供符合国际惯例的商务服务体系。

第四，提高利用外资的综合经济效益和社会效能。面对新时期对外开放的新形势、新任务，我们必须转变主要依靠优惠政策创造低商务成本的传统发展路径，将招商引资工作从"粗放型"引向"内涵型"，以更加富有吸引力的软环境吸引外商的关注度，以更加富有发展前景的重大项目吸引外商投资热情；开放型经济要求高度重视利用外资的效率和效益，加强对与之配套的资源产出效率等指标的考核，关注利用外资的风险，切实保障利用外资及进行海外投资的综合经济效益和社会效能。

二、开放型经济评价体系设计及指标遴选

(一) 评价体系建立的原则

1. 全面性原则

经济开放度是一个国家经济对外开放水平的综合反映，是进行开放型经济研究必不可少的基本变量。经济开放度的评价涉及范围广、层次多、领域宽，在建立评价体系时，必须考虑对外开放的各个方面、各个要素的影响，才能有效反映各个地区的实际经济开放水平。

2. 实用性原则

由于开放型经济扎根于区域经济的承载力之上，开放型经济体系的建立必须与当地的实际情况相结合，在充分反映本地情况的基础上，才能建立起与之相适应的评价方法、评价指标，才能准确衡量各个地区的开放水平。

3. 一致性原则

由于各地经济和社会发展的背景差别很大，使用的开放度衡量指标千差万别，为保证对开放型经济的准确评价，必须在建立开放型经济评价体系的过程中，充分考虑相关数据的可比性和统计范围的一致性，否则将难以实现预期的评价目标。

4. 可行性原则

开放型经济的评价必须具有可操作性，各项指标的收集、整理和计算要切实可行。开放型经济评价的结果要具有现实指导意义，不能为评价而评价，不能限于简单数字模型的推导游戏。同时，各类数据的来源应当真实可靠，有据可查。

（二）评价方法的选择

1. 贸易开放度评价方法

（1）外贸依存度法。这种方法是用一定时期内（通常为 1 年）一个国家或地区的进出口贸易总额与对应时期内一个国家或地区经济产出的全部最终产品和劳务的价值总额（GDP）的比值来粗略反映本国或本地区的开放水平。

（2）道拉斯法（实际汇率扭曲指数法）。利用一种商品的实际价格对贸易开放条件下价格的偏差程度这个单一指标来体现经济的贸易开放程度。计算公式为：贸易开放度＝一国国内可贸易性商品价格／一国货币对美元的名义汇率。由于道拉斯法的度量公式正好与计算一个国家的货币对美元的实际汇率计算公式相同，它又被称为"实际汇率扭曲指数法"。在这个基础上，通过继续深入研究，道拉斯又增设了实际汇率变动性指数这个辅助变量，并用实际汇率的年平均变动率来度量贸易开放程度。在道拉斯看来，一国实际汇率变动性指数越高，说明它的贸易开放度越低；一国的实际汇率变动性指数越低，说明这个国家的贸易开放度越高，二者成反比例关系。

（3）萨克斯——瓦诺法。把各国贸易开放程度分为开放与不开放两种。衡量是否开放的条件有五个：一是本国或本地区平均关税税率是否大于 40%；二是进口的非关税措施比率情况是否超过 40%；三是国家整体经济体制是否实行计划经济体制；四是本国或本地区的垄断企业有没有包括在本国或本地区的主要对外贸易企业中；五是所在国家或地区的黑市外汇汇率超出官方汇率的20% 以上。如果一个国家或地区符合以上五个条件的任意一个，就可判定为不开放；与此相反，只有这个国家或地区与以上五个条件都不相符，才是开放的。这种测量方法是一种较综合的度量方法，应用范围很广泛。

（4）爱德华兹法。通过归纳总结已有的关于贸易开放度的度量方法，依据评价工作的实际需求，形成自己适用的新方法。实际上，爱德华兹并没有自己的创新之处，他只是对其他研究方法进行了一个归纳和总结，但由于他综合了各种方法的长处，因此，由于这种度量方法的准确性、适用性和现实性明显高于其他方法。目前，爱德华兹法在关于贸易开放度评价的研究中，已成为最重要的研究方法之一。

2. 资本开放度评价方法

（1）货币自主性程度检验法。通过检验中央银行国内各种资产的变动有没有被本国净国外所有资产的变动相互抵消，来判断一国资本是否在某种程度上有一定的流动。

（2）储蓄——投资相关性检验法。通过计算一国储蓄与投资的相关性指数来检验本国国内的资本流动程度，相关性指数越高流动性越强。

（3）总量规模法。用一个国家流入本国的外来资本加上本国流出的对外资本的总和，比上该国国内生产总值的比值来度量。

（4）利率平价法，通过计算检验本国的汇率和利率之间的平价关系是否成立，来说明一国的资本开放程度高低与否。

在开放型经济评价的研究领域，国内学者除了用传统的外贸依存度指标来衡量一国对外贸易领域的开放程度外，还新引入了对外金融比率（即本国中央银行和商业银行所持有的本国对外资产和负债总额与 GDP 之比）和对外投资比率（即本国对外直接投资加上本国接受外来直接投资的总额与 GDP 之比）两个指标来测度本国在金融和投资两个领域的开放情况。使用上述三个指标（即对外贸易、对外金融和对外投资）来对本国的经济开放度进行度量，可以比以前的研究更全面地反映出一国经济的开放程度。

（三）评价指标的遴选

为综合反映现阶段外向型经济的发展水平和开放程度，本章将开放型经济评价体系细分为集聚指标、辐射指标和活力指标三种不同的类型①。

---

① 进行开放型经济发展水平的综合评价和不同样本之间的开放型经济发展度排序研究，还需要对指标体系中的各项指标分别赋予不同权重、建立相应评价模型，并使用更专业的定量分析方法。本书根据研究工作需求，仅做单项梳理，其他工作待后续研究完善。

1. 集聚指标

集聚指标，主要反映一个国家或地区在对外开放活动中将外商和外资"引进来"的程度，在开放型经济发展背景下，还应包括将内资引进来的情况。经常使用的聚集指标包括：外贸依存度、外资依存度、实际利用内资占固定资产投资比重等。

（1）外贸依存度。主要反映对外贸易活动对一个国家或地区经济发展的影响程度，通常以该国或该地区进出口贸易总额在其 GDP 中所占百分比来衡量。

（2）外资依存度。主要反映外资对一国或地区经济发展程度的影响程度，通常以一国或地区实际使用的外国直接投资额占其国内生产总值的百分比来衡量。

（3）实际利用内资占固定资产投资比重。反映一个国家或地区引进内资规模和效能，通常按实际利用内资总额占固定资产投资总额的百分比衡量。

2. 辐射指标

辐射指标，主要反映一个国家或地区"走出去"进行直接投资或其他经营活动的规模和程度。经常使用的辐射指标包括：高新技术产品出口比重、对外直接投资占 GDP 比重、对外经济合作营业额占 GDP 比重等。

（1）高新技术产品出口比重。以一个国家或地区高新技术产品出口额在其出口总额中所占百分比衡量，据此可综合反映该国或地区的产品在国际市场的竞争力。

（2）对外直接投资占 GDP 比重。通常以一个国家或地区的对外直接投资额在其国内生产总值（GDP）中所占的百分比来衡量。由中国的国情决定，国内资本对外投资的比重相对比较少，在有限对外投资总量中，中央直属的重点企业在全部对外投资中的比重占有绝大多数（一般估计为 70%～80%），所以，各个地方该项指标反映出来的数据通常是一个比例较小的数字。

（3）对外经济合作营业额占 GDP 比重。通常按照一个国家或地区注册的国内企业所从事的对外承包工程及劳务合作营业额在其 GDP 当中所占的百分比来衡量。在开放型经济综合评价中，使用这一指标应特别关注"营业额"的属性要求，避免与一般的投资项目相混淆。

3. 活力指标

活力指标，可用来检验一个国或地区外资企业运营效率和经营状况，从外商运营的角度来反映开放经济建设的环境状况。国内上海等开放型经济发达城市在该领域已经先行一步，其采用的活力指标包括：外资企业实际运营率、外商经济贡献度、外商投资企业盈利能力等（见表1-1）。

表1-1 开放型经济综合测评指标体系构成

一级指标	二级指标	计算方法
集聚指标	外贸依存度	进出口总额/GDP×100%
	外资依存度	实际利用外资/GDP×100%
	实际利用内资占固定资产投资比重	实际利用内资总额/固定资产投资总额×100%
辐射指标	高新技术产品出口比重	高新技术产品出口额/出口总额×100%
	对外直接投资占GDP比重	国外直接投资额/GDP×100%
	对外经济合作营业额占GDP比重	对外合作企业营业额/GDP×100%
活力指标	外商企业实际运营率	外商运营企业与批准企业的比率×100%
	外商经济贡献度	外商投资工业企业产值/工业总产值×100%
	外商投资企业盈利能力	外商投资企业万元投资利润率

（1）外资企业的实际运营率。通常采用一个国家或地区的外商投资运营企业与批准企业的比率来衡量。设置这一指标的目的是，通过检测外资企业的现实存活率，真实地检验外资引进的有效性，避免仅仅观察批准设立的外资企业数量，但因这些企业中相当一部分并没真正运营或并没有持续运营，在评价其对当地经济的贡献时产生评价信息的失真。

（2）外商经济贡献度。通常采用一个国家或地区属地范围内注册的外商投资企业（含港澳台企业）在当地生产总值等重要经济增长指标中的占比来衡量。本章采用的测度方式是，将计算所得的外商投资企业工业总产值与当地同期工业总产值进行比较，然后计算其百分比。另外，还可以采用"外商缴纳的税收"、"外商吸纳的就业量"等较直观数据来反映外商经济发展对当地经济发展的影响力，并以此作为本项指标的补充说明。

（3）外商投资企业盈利能力。通常采用外商投资企业获得的投资回报和成长机会来衡量。由于成长机会是一个软指标，为了更好地进行同类指标比较，在开放型经济的实际评价活动中，可以使用外商投资企业的"万元投资利润率"来衡量其盈利能力；由于不同行业的社会平均利润率差别较大，业内盈利能力的比较，需要参照平均利润率计算；跨业进行企业或区域经济的盈利能力比较，可采用计算综合利润率的方式进行近似比照。

三、青岛"十二五"以来开放型经济发展状况

(一) 开放型经济发展水平纵向解析

为全面反映开放型经济的现实发展状况，本章以青岛市为例，运用纵向追溯方法，对该市自"十一五"以来（2006～2012 年），开放型经济 9 个重要指标的变化轨迹进行了纵向解析（见表 1－2）。

表 1－2　　　　　　　青岛开放型经济核心指标演进情况　　　　　　单位：%

	2006 年	2007 年	2008 年	2009 年	2010 年	2011 年	2012 年
外贸依存度	97.94	92.67	84.69	63.11	68.18	68.93	63.29
外资依存度	9.16	7.71	4.17	2.62	3.40	3.47	3.98
实际利用内资占固定资产投资比重	21.44	22.42	20.20	18.91	20.7	23.37	55.85
高新技术产品出口比重	10.81	9.80	11.10	10.62	9.59	9.11	6.46
对外直接投资占 GDP 比重	0.06	0.10	0.02	0.15	0.55	0.07	0.74
对外经济合作营业额占 GDP 比重	1.02	1.28	7.71	1.40	1.29	1.29	2.87
外资企业实际运营率	—	—	—	—	—	—	—
外商经济贡献度	28.57	29.19	28.96	22.39	22.26	18.70	—
外商投资企业盈利能力	4.36	5.21	3.36	4.71	5.83	4.22	—

1. 集聚指标演变轨迹

（1）外贸依存度呈下降趋势。其中，2006 年最高点为 97.94%，2009 年最低点为 63.11%，2010 年恢复到 68.18%，2012 年再度下降到 63.29%。

（2）外资依存度从 2006 年最高点 9.16% 持续下降，到 2011 年已下降到 3.47%，其间，曾在 2009 年出现最低点，仅为 2.62%，与 2006 年相比下降 6.54 个百分点。

（3）实际利用内资占固定资产投资比重一直稳定在 20% 左右，其间，2009 年出现一个最低点为 18.91%，2012 年出现井喷式增长，达到 55.85%，比 2011 年同期增长 183.45%。

分析图 1－1 中几个指标的变化轨迹可见，青岛市在利用国内国外"两个市场"、"两种资源"方面已取得较大进展，其显著特征是：外贸依存度逐渐

下降，表明其开发内需、启动国内投资等方面的努力日见成效；实际利用内资占固定资产比重在 2012 年出现井喷式上升，引进内资所占比重已经跃升国内先进城市行列。但是，青岛市对外资吸纳力不足的问题、外资经营企业影响力和贡献度偏低的问题，也必须引起有关方面的高度重视。

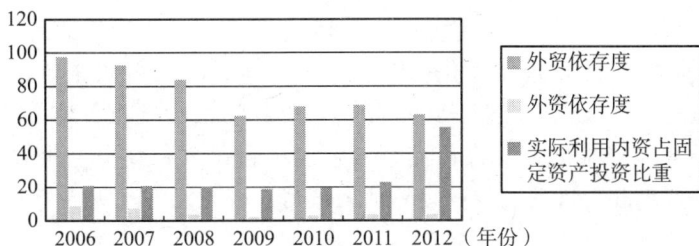

图 1 - 1　青岛市聚集性指标演变轨迹

2. 辐射性指标演变轨迹

（1）高新技术产品出口比重曾在 2008 年达到最高点（11.10%），但 2010 年后开始呈现持续下降态势，到 2012 年时，青岛的高技术产品出口比重仅为 6.46%，比 2008 年下降了 4.64 个百分点。

（2）对外直接投资占 GDP 比重占比微小，影响较弱，其中，2010 年曾出现次高点（0.55%），2012 年曾出现最高点（0.74%），其他年份走势平缓、变化较小。

（3）对外经济营业额占 GDP 比重 2008 年出现畸高点（7.71%），2012 年前年份均未超过 1.5%，总体为低位运行状态，但 2012 年达到 2.87%，与 2011 年相比增长了 122.48%。

图 1 - 2 显示的情况表明，目前，青岛企业"走出去"进行海外投资的规模还比较小、对外投资的投入和产出活动的影响力还比较弱。表中个别年份（2008 年）统计数据的高扬与世界性金融危机背景下的特殊国际背景相关；2011 年以后该项指标开始上翘，但其后续表现还有待时间检验。

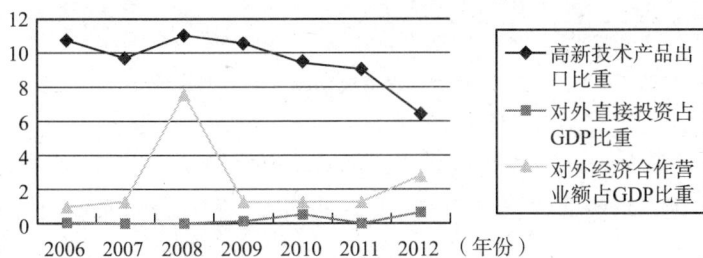

图 1 - 2　青岛市辐射性指标演变轨迹

3. 活力指标

（1）外资企业实际运营率，2011 年青岛市注册登记的外资企业累计数为 11000 家，同年正常运营的法人外资企业为 5876 家①，据此，可计算得到外资企业实际运营率为 53.42%。由于青岛自 1984 年第一家外资企业建立以来登记注册的外资企业累计数据有待进一步核查，关于 2011 年外资企业运营率的计算还有待进一步验证。为进一步说明外资企业的活力情况，本章对 2006～2012 年在青外资企业的成功投资比率（由盈利企业数和亏损企业数折算）进行了计算，并据此对外商企业的经营活力进行了补充证明（见表 1－3）。

表 1－3　　　　2006～2012 年外资企业非亏损率、投资成功率变动情况

年份	2006	2007	2008	2009	2010	2011	2012	平均数
外资实有数（家）	3982	4279	5211	5151	4856	5876	6311	—
外资亏损数（家）	1985	1887	2949	2819	2497	2931	3515	—
外资非亏损数（家）	1997	2392	2262	2332	2359	2945	2796	—
非亏损率（%）	50.15	55.90	43.41	45.27	48.58	50.12	44.30	48.25
合同金额（万元）	311697	382500	304505	271504	475723	528501	600231	—
实际利用额（万元）	365815	380652	264295	186397	284281	363350	460027	—
投资成功率（%）	117.36	99.52	86.79	68.65	59.76	68.75	76.64	82.50

分析各个年度的外资企业非亏损率、外资企业投资成功率两个指标的变动趋势可以看到几个特殊现象（见图 1－3）。

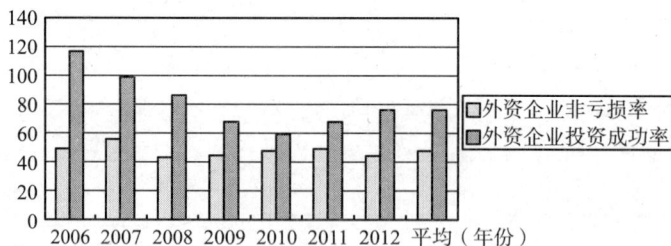

图 1－3　外资企业投资成功率、非亏损率变化

第一，青岛外资企业投资成功率，2006 年曾出现一个最高点（117.36%）、2010 年曾出现一个最低点（59.76%），在此期间，青岛外资企业投资成功率平

---

① 2011 年外商企业累计数来自青岛市商务局，同年正常运营法人外资企业数来自青岛市统计局。

均为 82.50%。这说明，青岛招商引资工作有突出成绩，招商引资环境与国内其他城市相比居于先进水平。

第二，青岛外资企业非亏损率，"十一五"以来各个年度的平均数为48.25%，不及外资企业总数的1/2。这说明，若干外资企业实际运行情况需引起高度重视，有关方面应当帮助他们扭转亏损营运状态，同时，对那些故意隐瞒盈利真实情况的也应当给予相应的惩戒。

（2）青岛的外商经济贡献度，2007 年达到最高点（29.19%），2011 年落入最低点（18.70%），2006～2011 年，曾经显现出两个时段不同的平台：2006～2008 年平台上的外商的贡献度高于 2009～2011 年平台上的外商贡献度。2012 年外商贡献度数据未能获得。

（3）青岛的外资企业盈利能力，2010 年达到最高点（5.83%），在 2008年落入最低点（3.36%），其他年份基本都在 4.0% 的上下区间做窄幅波动，2012 年数据未能获得。

图 1-4 显示的信息表明，外商经济在青岛总体运营状况处于平稳运行状态，但反映外商企业活力的外资企业实际运营率、外商经济贡献度和外资企业盈利能力三项指标与全国先进城市同类指标相比还有一定差距。

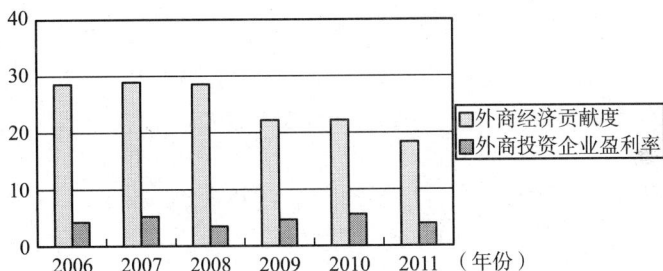

图 1-4　青岛活力类指标变化轨迹

青岛应当深入分析制约外资企业实际运营率、外商经济贡献度、外资企业盈利能力的瓶颈因素，学习上海、广州等国内开放型经济较发达城市的经验，把握十八大以后中国改革和开放的机遇，在促进外资企业"增强活力、提升能力、增加贡献"等方面确定可行的工作目标，并制定切实可行的工作任务，进一步提升青岛开放型经济发展的水平。

（二）开放型经济发展状况横向比较

考虑到样本城市发展条件的类同性、样本城市分布空间的合理性、样本城市开放型经济发展的特征较突出等要求，本章选择了 7 个城市作为与青岛市开放型经济各项相关指标比较的样本城市。它们分别是：上海、天津、广州、深圳、大连、宁波、南京。

考虑到评价体系中各个指标相应数据的易获得要求，本章截取上述 7 个城市 2011 年相关指标及其数据资料（如果某个城市该年份的数据难以获取，则以相近年份数据替代，无法替代的则省略该城市本项指标，并相应减少横向比较的样本个数），与青岛的相关指标进行了横向比较。

表 1 - 4　　　　　　　2011 年全国 8 个城市的开放型经济指标比较　　　单位：%

	上海	天津	广州	深圳	大连	宁波	南京	青岛	全国平均
外贸依存度	147.18	59.06	60.39	227.46	61.46	102.41	58.97	68.93	50.10
外资依存度	4.23	7.56	5.57	2.66	11.56	2.93	3.67	3.47	1.61
实际利用内资占固定资产投资比重	—	27.77	—	—	33.97	22.15	—	23.37	—
高新技术产品出口比重	44.50	40.00	31.00	51.00	13.49	5.47	30.89	9.11	28.76
对外直接投资占 GDP 比重	0.62	0.23	—	0.64	0.12	0.81	—	0.07	0.94
对外经济合作营业额占 GDP 比重	1.99	1.71	0.13	5.45	0.09	1.18	1.66	1.29	1.41
外资企业实际运营率	57.5	26.86	40.00		28.48			53.42	37.5
外商经济贡献度	32.79	41.21	65.58	57.37	35.37	42.72	40.40	18.70	25.87
外商投资企业盈利能力	—	—	—	—	—	—	—	4.22	—

1. 外贸依存度

比较上海、天津、广州、深圳、大连、宁波、南京和青岛等城市 2011 年的外贸依存度数据可见，上述各个城市之间的差异悬殊。从样本城市的外贸依存度排名看，位居前三位的分别是深圳（227.46%）、上海（147.18%）、宁波（102.41%），三者超出其他城市的比率都在 2 倍以上（深圳甚至超过 3 倍）；青岛（68.93%）与大连（61.46%）、广州（60.39%）、南京（58.97%）、天津（59.06%）等城市的水平相近，均为 60% 左右，与全国外贸依存度的平均水平（50.10%）相比，高出 18.83 个百分点（见图 1 - 5）。

全国平均 ▓ 50.10%
　　　　　 ▓ 68.93%
南京 ▓ 58.97%
　　 ▓ 102.41%
大连 ▓ 61.46%
　　 ▓ 227.46%
广州 ▓ 60.39%
　　 ▓ 59.06%
上海 ▓ 147.18%

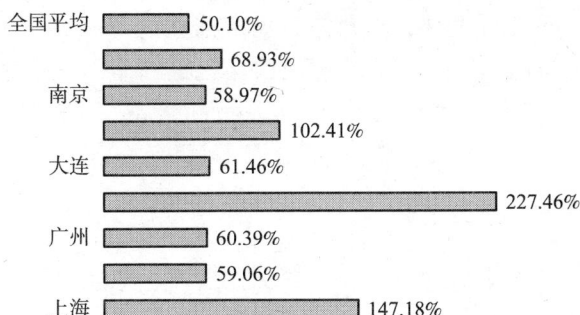

图 1 - 5　2011 年部分城市外贸依存度

从图 1 - 5 可以看出，青岛和其他城市外贸依存度均呈现下降态势（2006年青岛曾达 97.94%，2012 年已降到 63.29%）。这说明，各个样本城市对内外两个市场的依赖程度开始均衡分布，多数城市的经济发展类型与深圳等城市有着显著的差别。

2. 外资依存度

比较 2011 年上海、天津、广州、深圳、大连、宁波、南京和青岛等城市的外资依存度指标可以发现，大连的外资依存度已超过 10%（11.56%）、天津的外资依存度超过 6%（7.56%）、广州（5.57%）、上海（4.23%）两市的外资依存度超过 4%。青岛的外资依存度（3.47%）与南京（3.67%）大致相当，与上海的水平相距不远，比全国平均水平（1.61%）高出 1.86 个百分点，但与大连、天津两市差距明显，大连是青岛的 3 倍，天津是青岛的两倍。另外，比较发现，2011 年深圳外贸依存度达 227.46%，但外资依存度仅 2.66%；宁波的外贸依存度为 102.41%，但外资依存度仅 2.93%（见图 1 - 6）。

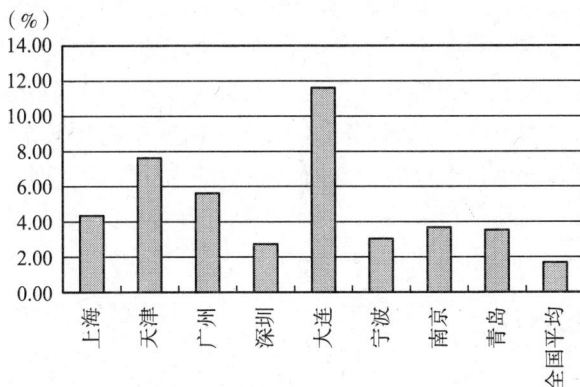

（%）

图 1 - 6　2011 年部分城市外资依存度

分析上述情况还可发现，近年来，国家确立的"振兴东北老工业基地"和"开发天津滨海新区"两项重大战略决策已经产生了积极影响。大连、天津两市乘此东风，积极拓展外向型经济发展的新格局，不断创立外向型经济发展的新优势，外资投资比例出现了显著上升趋势。

3. 高新技术产品出口比重

比较 2011 年上海、天津、广州、深圳、大连、宁波、南京和青岛高新技术产品出口比重指标可见，名列该项指标首位的是深圳（51.00%），处在第二梯队的是上海（44.50%）和天津（40.00%），处在第三梯队的是广州（31.00%）和南京（30.89%）。青岛高新技术产品出口比重的指标（9.11%）高于宁波（5.47%）、不及大连（13.49%），甚至比全国平均水平（28.76%）还低 19.65 个百分点（见图 1 - 7），与深圳相比相差 5 倍多，与上海、天津相比相差约 4 倍。

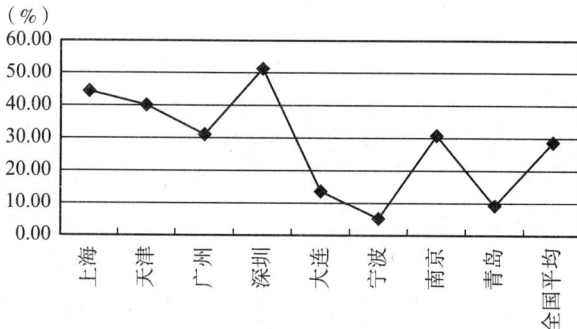

图 1 - 7　2011 年部分城市高新技术产品出口比重

这一情况表明，青岛近年来在高新技术产品出口领域虽然进步显著，但规模有限、竞争力较弱、影响力较小，与国内其他城市相比差距较明显。究其原因，一方面与企业经营实力相关，同时，也反映出青岛市贸易结构若干不合理的特征。由于出口加工贸易在青岛市总体贸易构成中占比较高（约为 70%），从事来料加工业务的出口产业在涉外贸易领域的占比较大，而一般贸易的规模较小，机电产品、高技术产品品质不高，并直接影响到青岛的高新技术产品出口规模和高新技术产品出口比重。

4. 对外直接投资占 GDP 比重

比较 2011 年上海、天津、深圳、大连、宁波和青岛（广州和南京的数据未能得到，暂略）对外直接投资占 GDP 比重发现，各个城市的对外直接投资规模均低于全国平均水平（0.94%），这与目前中国海外投资的70%以上来自中央企业，地方性的海外投资仅占全国海外投资总规模1/3的现实状况有关。

在能够获得对外直接投资相关数据的6个城市中，宁波（0.81%）、深圳（0.64%）、上海（0.62%）位居前三甲，天津（0.23%）居中，但与前三位差距较大；青岛（0.07%）最低，不及全国平均水平的1/13，与宁波相差11.57倍、与深圳和上海分别相差9.14倍和8.86倍（见图1－8）。但2012年，上述情况发生畸变。由于青岛海尔、海信等名优企业在海外投资领域再度发力，青岛的对外直接投资占GDP比重指标从0.07%提升到0.74%，排名也随之从最后一名一下跃居到全国前列。

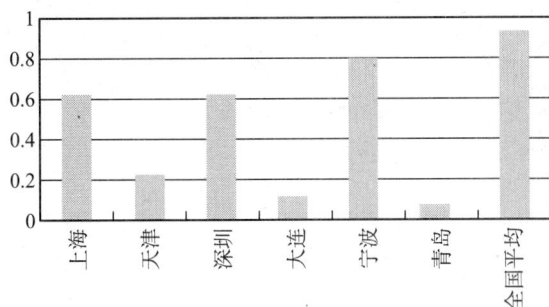

图1－8 2011年部分城市对外直接投资占GDP比重

5. 对外经济合作营业额占GDP比重

比较2011年上海、天津、广州、深圳、大连、宁波、南京和青岛对外经济合作营业额占GDP比重可见，深圳高居该项指标榜首（5.45%），大连该项指标最低，仅为0.09%，广州（0.13%）略高于大连；上海（1.99%）、天津（1.71%）、南京（1.66%）水平大致相当；青岛（1.29%）与宁波（1.18%）水平相近（见图1－9）。

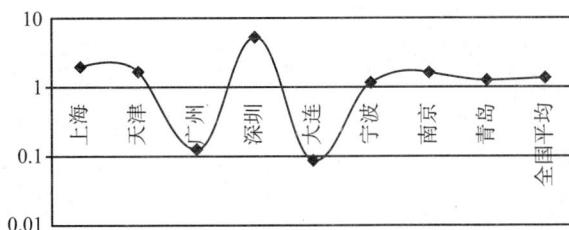

图1－9 2011年部分城市对外经济合作营业额占GDP比重

这一情况表明，深圳经济外向度最高，其产品的出口导向最为明显，大连和广州最低，说明其产品出口比重和贸易结构与深圳等城市明显不同。青岛该项指标处于低位，比全国对外经济合作营业额占 GDP 比重平均水平（1.41%）甚至还低 0.12 个百分点，说明青岛在对外经济合作领域还有较大成长潜力，"十二五"期间，如何扩大对外经济合作营业额并增强其影响力，是青岛应认真探讨的重要战略问题。

6. 外资企业实际运营率

比较 2011 年上海、天津、广州、大连、青岛（深圳、宁波、南京 3 市 2011 年资料缺失，暂略）5 个城市外资企业实际运营率可见，最高的是上海（57.50%），其次是青岛（53.42%）①，上海比全国平均水平超出 20 个百分点，青岛比全国平均水平高出 15.92 个百分点；位居第三的是广州（40%），略高于全国平均水平，但它与上海相差 17.50 个百分点，与青岛相差 13.42 个百分点；天津（26.86%）、大连（28.48%）均低于全国平均水平（37.50%）（见图 1 - 10）。

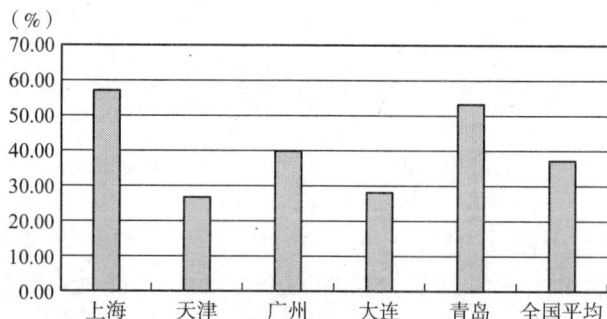

图 1 - 10　2011 年部分城市外资企业实际运营率

图 1 - 10 表明，上海、青岛、广州外商企业累计申请注册登记数字与实际经营的企业数字之间差异最小，说明外商企业的存活率较高、生存周期较长，或者说，这些城市的外商经营环境较好。青岛的"外资企业实际运营率"之所以具有超出全国平均水平 15.92 个百分点的优势，一方面得益于青岛市近年来采取的灵活招商引资政策；另一方面，得益于青岛城市发展的空间布局不断优化所产生的增长活力。"十二五"期间，关于青岛胶州湾北岸高新区开发、

---

① 1984～2011 年青岛市累计的外商企业统计数据为青岛市商务局有关资料反映的数字，未经权威部门核实，如果外商登记企业数大于 11000 家，则青岛的外商企业实际运营率将会下降。

西海岸新区发展、各个县域经济的高水平规划和建设，为外商企业提供了有利的生存和发展机会。

7. 外商经济贡献度

比较 2011 年上海、天津、广州、深圳、大连、宁波、南京和青岛等市的外商经济贡献度可见，广州占比最高（65.58%），深圳占比次高（57.37%）；超过 40% 的还有宁波（42.72%）、天津（41.21%）、南京（40.40%）；位于 30%~36% 的有上海（32.79%）、大连（35.37%）；青岛的外商经济贡献度指标占比最低（18.70%），比全国平均水平还低 7.17 个百分点（见图 1-11）。

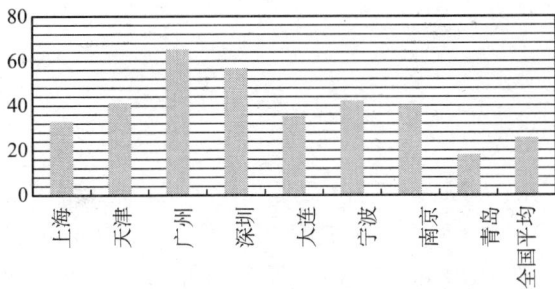

图 1-11　2011 年部分城市外商经济贡献度

图 1-11 显示的情况表明，外商经济对广州、深圳经济发展贡献度显著，这不仅与其"三来一补"加工业高度发达、更与整体经济取向相关；青岛外商经济贡献度最低，与青岛注册的日韩企业规模较小、国有大企业在 GDP 中占比较高的城市经济特色有关。需要关注的另一问题是，深圳的外贸依存度最高（第 1 位）、外商对外合作经济营业额最高（第 1 位）、经济贡献度次高（第 2 位），但外资依存度低却最低（第 8 位），广州的对外经济营业额次低（第 7 位），外商经济的贡献度却最高（第 1 位）。分析其成因，对认识不同城市发展特色乃至中国开放性经济的发展路径有重要意义。

8. 外商投资企业盈利能力

据《上海外商投资环境白皮书》反映，2011 年上海外商投资运营企业上缴税金 3353.48 亿元，同比大幅增长 31.2%，连续第二年增幅超过 30%。同时，外企的产值和进出口已成为上海市重要经济支柱，2011 年上海外商投资企业贡献的工业总产值约占上海全市工业总产值的六成。

据青岛市工商局资料反映，2011 年青岛市外商投资企业完成的工业增加值和出口额分别占全市同类指标的 34% 和 48.3%，实现税收占全市规模以上工业企业税收总额 40%，推动新增就业占全市新增就业 27%。

分析广州、深圳两市外商投资运营情况可见，"十二五"期间，天津、广州、深圳等城市的外商投资活动均呈现良好发展势头，后金融危机虽对外商投资活动产生了一定的影响，但经济发展的总体势头明显向好。在本项研究选择的 8 个样本城市中，上海市借中国第一个"自由贸易试验区"建设东风，正在释放前所未有的经济示范效应和改革溢出效应；天津市挟国家对滨海新区强力开发之势，正在快速成长为中国北方外商投资活动最活跃、外商企业盈利能力最强的城市；广州市、深圳市在中国南方改革和开放并举，继续保持了对外商的强大吸引力。

（三）主要发展成就

1. 总量增长快速

"十一五"以来，青岛经济总量继续保持了稳定增长态势。2012 年青岛市 GDP 已达到 7302 亿元，人均 GDP 达到 82762 元（约折合 13167 美元）。按可比价格计算，青岛的 GDP 和人均 GDP 两项指标分别比 2011 年增长 10.6% 和 9.53%。2012 年全市进出口总额达到 732 亿美元（其中，出口总额为 407.9 亿美元，占比为 55.60%），比 2011 年同比增长 25%。

2. 结构优化显著

"十一五"以来，青岛家电电子、石油化工、汽车机车、船舶海工、轻工机械等制造业集群加快发展，港口物流、金融保险、商贸旅游、服务外包等现代服务业蓬勃成长。2012 年，青岛服务业吸纳资金的比例已超过 50%，青岛口岸进出口贸易总额达到 1400 多亿美元，青岛港（含在建的青岛西海岸前湾港、董家口港）货物吞吐量超过 4 亿吨，集装箱出口在全国集装箱出口总量中的占比超过 20%，轮胎出口全国占比超过 10%，铁矿石进口吞吐量居世界港口第一，原油进口吞吐量居中国港口第一，青岛作为国家战略物资储运基地的雏形已经形成。

3. 开放程度提升

"十一五"以来，青岛对外开放度进一步提升。截止到 2012 年年底，青岛外国企业驻青机构已超过 2100 家，在山东省名列首位；常住青岛的外国人口超过 10 万人，有 160 个国家（地区）在青岛设立投资项目，青岛进驻的世界企业 500 强数量在全国副省级城市中名列第二名，并正在形成一个区域性世界知名企业总部集聚地。与此同时，青岛企业开始成批量的"走出去"，到海外进行投资的步伐逐渐加速，且经营状况良好，涌现出海尔集团成功并购日本三洋冰洗、海信集团在南非等地建立生产基地和研发中心、软控股份在斯洛伐克建立中国橡胶轮胎行业首个欧洲研发中心等一系列成功范例。

4. 发展环境优化

"十一五"以来，青岛加大制度创新和法治政府、服务型政府建设力度，市级行政许可事项调整削减70%，非行政许可事项调整削减66%，行政审批效率平均提速70%，审批平台建设处于全国同类城市领先水平。同时，青岛借鉴国外城市规划先进理念，寻标、对标、竞标，积极推进现代化、国际化城市建设，不断优化城市发展环境，先后获得全国文明城市、中国投资环境"金牌城市"、中国最佳商务城市、中国十大创新城市等桂冠。

5. 基础保障增强

"十一五"以来，青岛多项城市基础设施建设项目进展顺利。胶州湾跨海大桥、海底隧道分别建成通车，城市地铁和轻轨建设、铁路客运北站建设、青荣城际铁路、海青铁路全面推进，胶州空港城建设等，为青岛跻身国内最发达城市行列奠定了良好基础；青岛西海岸新区和蓝色硅谷建设全面启动，董家口新港、国家海洋研究中心和国家深海基地等重点项目加快推进，为青岛实施"全域统筹、三城联动、轴带展开、生态间隔、组团发展"的环湾型"大青岛"城市发展格局创造了有利条件。

6. 对内开放有成效

"十一五"以来，青岛利用内资的规模呈快速增长态势，增长速度和实际利用外资规模在全省各个城市中处于领先地位。分析青岛内资流向可发现三个重要变化[①]：一是长期以来引入资金主要向制造业集聚的情况有所改观，服务业吸纳资金的规模迅速提升，占比明显扩大；二是民营资本长期占比较小情况有了较大改观，2012年其占比已扩大到58.4%，并出现"民营资金带动其他资金"景象；三是开放型经济深入人心，内资和外资并举战略得到了较好贯彻，2012年青岛利用内资规模达2320亿元，比2011年增长183.45%，在全省的"龙头"地位进一步确立（见表1-5和图1-12）。

---

① 指本地以外中华人民共和国境内（不包括港、澳、台地区）的企、事业单位、社会团体及其他投资者，来本地以从事经济社会活动为主要目的，遵循市场机制法则，进行的独资、合资、参股合作等而流入的资金。

表 1 - 5　　　　　　　　青岛市 2006～2012 年利用内资的变化情况

年份	2006	2007	2008	2009	2010	2011	2012
实际利用内资（亿元）	318.5	366.7	407.8	465.05	628	818.5	2320
利用内资增长率（%）	23.10	15.13	11.21	14.04	35.03	30.33	183.45
固定资产投资（亿元）	1485.7	1635.4	2019	2458.9	3022.5	3502.5	4153.9
实际利用内资占固定资产投资比重（%）	21.44	22.42	20.20	18.91	20.78	23.37	55.85

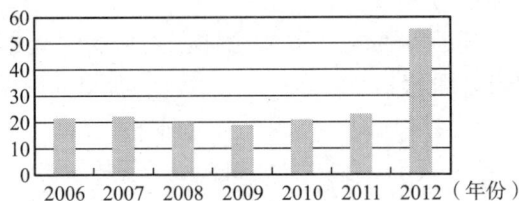

图 1 - 12　青岛市 2006～2012 年利用内资情况

（四）存在的突出问题

1. 创新能力不足

2011 年青岛高新技术产品出口占比仅为 9.11%，比全国平均水平还低 19.65 个百分点，这与青岛的城市地位极不相称。造成这一状况的主要原因有三个：一是青岛的贸易出口以加工贸易为主，高新技术产业对国际贸易的贡献额度偏低；二是青岛的高新技术产业关联度低，中间产品国产率不高[1]；三是青岛的加工贸易中大量进口部件被计入出口额，放大了青岛实际出口的贸易基数，出口贸易总额有一定的"水分"。鉴于上述情况，应从两方面入手改善青岛高新技术产品出口占比较低的状况：一是通过有效的引导和示范，改善新增投资流向，通过增量扩张提升高技术出口产品比重；二是加大出口企业技术改造和技术创新力度，通过改善高技术出口产品存量，优化青岛出口产业结构，提升高技术产品在出口产品中的比率。

2. 外商贡献度低

2011 年青岛外商经济贡献度在样本城市中最低，仅为 18.87%，比全国平均水平还低 7.17 个百分点。究其原因：一是青岛外商投资企业规模小、利润

———————————

[1]　例如，南车集团每年 200 亿元高技术配套产品，其中仅 20% 在青岛本地供应。

低。目前，韩资企业占在青岛全部外资企业 50% 左右，但其普遍存在规模较小、产业层次较低、盈利状况低迷特征；二是青岛引进外商投资企业虽以制造业为主，但其中仅服装、鞋帽、箱包、玩具等项目就占青岛制造业外资项目的 1/3；服务贸易领域（如保险、电信、旅行社、外贸公司等）虽有外资进入，但其规模与先进地区比差距明显，短期内不足以改变青岛外资领域的存量格局。全面提升青岛开放型经济发展水平，必须推动产业升级，扩大附加值高、配套能力强的产业链高端环节，才能实现预期目标。

3. "走出去" 规模小

2011 年青岛对外直接投资占 GDP 比重最低，仅为 0.07%，不及全国平均水平的 1/13，与宁波、深圳、上海等市相差 10 倍左右。造成这一状况的重要原因是，青岛缺乏走出去的产业基础和竞争实力。进入 21 世纪后，海尔、海信、青啤、金王等企业曾掀起一轮海外投资高潮，时至今日，那些具有较大竞争优势企业的海外投资布局已基本展开，但因青岛相关产业跟进能力不足，新兴产业成长乏力，后续的海外投资项目并没有续上。另外，美日等国实施的 "量化宽松" 政策在一定程度上缓解了金融危机背景下的企业困境，适宜于中国企业进行海外并购的廉价购置对象大大缩减，企业进行海外投资的决策逐渐趋于理性。

需要关注的一个新情况是，2012 年青岛对外直接投资占 GDP 的比重，从 0.07% 一下蹿升到 0.74%，比 2011 年增长了 10 倍，并跃居 8 个样本城市首位，其中原因，依然与青岛传统的优势企业再度发力海外市场有重要关系。

4. 在同类城市中竞争地位下降

2011 年，青岛生产总值已被成都、武汉超过，在全国城市排名跌出前 10 名；青岛地方财政一般预算收入先后被成都、大连、沈阳超过，居副省级城市第 9 位；出口被厦门超过，居副省级城市第 6 位。5 个计划单列市中，区位条件、经济实力与青岛相近的大连市呈现全面赶超青岛态势。2006 年青岛地方财政收入高于大连近 30 亿元，2011 年大连高于青岛 85 亿元；2006 年青岛利用外资高于大连 14 亿美元，2011 年大连利用外资的规模约为青岛的 2 倍。

造成上述状况的原因，既与青岛市 "十一五" 以来落地的产业化项目规模不足、盈利水平不高相关，也与青岛全力筹办 2008 年奥帆赛，城市建设投入力度加大，产业发展速度滞缓有关。提升青岛在同类城市中的竞争地位，一方面应落实结构调整的工作任务，全面提升经济可持续发展的能力和水平；另一方面，应充分发挥青岛城市环境大幅度改善的有利条件，全域统筹发展资源，组团集聚增长能量，凝力实施 "短板加长" 工程，重点提升现代服务业发展比重，不断改善海洋科技成果产业化水平，扩大装备制造业的规模和竞争优势等。

5. 区域带动力不够强

青岛作为山东半岛城市群的"龙头"城市，与京津地区、长三角、珠三角三大城市群的中心城市相比，首位度不高、聚集力不足、辐射力不强，在城市影响力方面存在较大差距。例如，2011 年上海的生产总值、地方财政收入分别占长三角地区的 23.4%、36.8%；深圳生产总值、地方财政收入分别占广东省的 21.8%、24.3%；青岛市生产总值、地方财政收入仅占山东省的 14.6%、16.4%。再如，青岛市的进出口总额占山东省的比重仅为 30%，大连市、厦门市则分别占辽宁省和福建省的 61%、49%；2011 年青岛市工业利税占山东省同类指标的 11.6%，宁波市、大连市工业利税占比则分别达到 22.5% 和 22.7%。

由于缺乏强有力的中心城市发挥对半岛经济的引领作用，山东半岛制造业基地乃至"蓝色经济区"国家战略的实施已受到明显桎梏。从新经济地理学角度看，伴随渤海湾大通道建设、沿海铁路大动脉的高速化、新建交通网络交织密度的放大，若"龙头"城市仍难以发挥强大的能量和资源聚集功能，半岛城市群的资源要素极有可能被周边城市群吸引外流。

为解决青岛市带动力不强、聚集力不突出问题，一方面，应加快实施青岛战略布局规划，加快城市发展步伐；另一方面，应积极争取山东省政府支持，充分发挥省级行政力量的作用，调动更多政策资源和项目资源向青岛地区集聚。为此，需全面优化城市发展规划、预留超强度发展的承载力、物流疏导力、生态和环境负荷力，将"全域统筹"、"三城联动"集聚的发展能量，尽快转化成"龙头"城市综合竞争力。

四、提升青岛开放型经济发展水平的对策

（一）构建开放型经济新体系、新格局、新领域

1. 重构开放型经济新体系

（1）互利共赢。经过 30 多年改革开放，我国企业面对的国际贸易环境已经发生了若干重大变化，突破技术壁垒、绿色壁垒和其他各类贸易障碍束缚，

巩固和发展青岛对外开放的大好局面，要求我们抛弃单纯到国际市场去赚钱、做生意的观念，摈弃依赖廉价劳动力和生产成本优势挤占国内外市场的低端发展模式，积极探索与世界各国互利共赢、共同发展的路径。

（2）多元平衡。面对当今世界政治经济多极化、多元化的复杂格局，发展开放型经济要求关注三个均衡：一是出口市场多元化和进口市场的多元均衡；二是引资来源的多元化和国内多元发展空间的均衡；三是国内企业"走出去"所面对的多元竞争主体和多元市场空间、多方利益布局之间的平衡。

（3）安全高效。开放型经济要求，既要保证相关政策的针对性和有效性，又要考虑政策的外部溢出效应；既要拓展利用外部资源的空间和渠道，又要注重防范国际大宗商品价格波动带来的冲击；既要积极承接服务业跨国转移，又要避免对外开放带来的金融风险和"文化侵蚀"；既要巩固和拓展海外经济，又要通过有效手段保护海外人员和资产安全；既要坚持一视同仁的国民待遇原则，又要通过国际通行的反垄断、安全审查等手段维护公平竞争。

2. 培育开放型经济新格局

（1）优化贸易结构。加工贸易曾对我国工业化、城市化、国际化进程和扩大就业发挥了重要推动作用，其优势在于，有利于对进口料件实行保税监管，可减少企业资金占用，可弥补企业缺乏跨国营销网络、缺乏产品设计能力、缺乏关键技术和设备的不足。但也要看到，当我国企业在出口和引资国际竞争中不再主要仰仗成本和价格优势时，加工贸易将逐步与一般贸易趋同，其竞争空间将面临压缩的风险，必须未雨绸缪，拟定贸易结构调整的新策略。

（2）改善企业组织。青岛本地的大型跨国公司数量不足、产生的技术溢出效应和产业波及效果不明显，是制约青岛开放型经济水平提升的重要瓶颈之一。"十二五"期间，在继续倡导引进国外大型跨国公司的同时，应下大气力培育本土跨国公司，在不断巩固海尔、海信、青啤等传统优势企业国际竞争能力的同时，积极扶持青岛软控等新兴企业增强国际竞争力，并使之积极参与国际资源配置竞争，为提升青岛开放型经济发展水平做出相应贡献。

（3）提升产业层级。根据当前国际产业重心已由制造业转向服务业，追逐高附加值已成为全球产业转移的核心，以及青岛市高端制造业和高端生产性服务业相对匮乏，产业布局低端化特征显著等现实情况，"十二五"期间，青岛应通过产业引导计划和各类扶持政策，进一步加大企业技术改造力度，提高出口产品技术含量，扩大高新技术产品出口比重，努力打造一批具有国际竞争力的产业集群、产业链和产业基地，推动新一代高端装备制造、新材料、节能环保等战略性新兴产业成长，加快形成一批新的具有青岛特色的支柱产业和先导产业，全面提升青岛开放型经济发展水平和整体的产业发展层级。

3. 探寻开放型经济新领域

（1）借助中央政府与台湾省签署《海峡两岸经济合作框架协议》的有利时机，积极推进与台湾在高新技术、旅游、现代农业和现代商贸流通业等领域的合作，完善软件进出口和服务外包统计制度，吸引台湾具有发展优势的电子通讯、信息软件等高端产业项目入驻青岛，并形成基本的产业规模和高技术含量的产业领域，发挥对青岛产业转型和结构升级的示范带动作用。

（2）落实中央政府与香港、澳门特区政府签署的《关于建立更紧密经贸关系的安排》，在总部经济、金融服务、法律会计、会展组织、物流服务、品牌推广、城市基础设施建设、商贸流通、文化创意、医疗卫生等领域，集聚一批高成长性、高附加值、具有市场前瞻性的高端产业和经济实体，形成有鲜明特色的"青岛——港澳经济合作板块"。

（3）积极拓展与东盟各国的经贸关系，建立与东盟各国直通的贸易投资合作促进机制，构建面向东南亚的出口基地和物流基地，把青岛打造成推进与东南亚各国交流合作的枢纽港口、物流基地和前沿城市；推动与中亚、西亚及俄罗斯的经济贸易合作，主动参与泛亚区域合作机制建设，促进泛亚经济合作深入发展，全面提升青岛在泛亚区域经济合作中的地位和影响力。

（二）打造海洋特色"开放型经济升级版"

1. 确定跨区域、大纵深的战略规划

青岛地处中国经济发展两大最强劲经济板块的中间地带，具有承接南北、贯通东西的区位发展优势，同时，青岛也面临"长三角地区"和"京津冀地区"吸纳各类资源、挤压发展空间等诸多压力，确定更具挑战性的跨区域、大纵深战略规划，有利于突破既定的"胶东半岛城市群"和"胶东半岛制造业基地"等发展理念束缚，确立跨省域发展视野和面向内陆地区的辐射规划，并进而从青岛的地缘优势和区位优势出发，确定跨区域的战略目标、实施大纵深的发展规划，打造青岛海洋特色的"开放型经济升级版"。

2. 打造海洋特色的"开放型经济升级版"

青岛拥有全国规模最大、水平最高的海洋科技队伍和海洋教育及研发机构，是国家重要的海工装备制造基地、深海研发中心，拥有世界闻名的港湾条件，是中国著名的军港城市和中国第一艘航母泊靠的母港城市，具有建设国家海洋科学开发综合保障基地的区位优势、科教优势、产业优势和综合战略优

势。"十二五"期间，应充分利用青岛优越的港湾条件、科教条件、产业条件和综合战略优势，对标美国圣迭戈、英国南安普顿、德国基尔等海洋科技和海洋经济名城，建设中国沿黄流域和环太平洋西岸重要的国际贸易口岸和海上运输枢纽，建设中国能源和战略物资储运基地、海洋科技创新集群、国家海防安全和海洋环境维护保障中心，打造海洋特色的"开放型经济升级版"，为贯彻国家"建设海洋强国"的宏伟战略奠定可靠基础。

（三）构建开放型经济新空间

1. 增强国家级园区和海关特殊监管区活力

用好国家级保税区、出口加工区和保税港区等海关特殊监管区域的政策，按照青岛西海岸新区、蓝色硅谷和红岛高新技术开发区的全新布局，积极培育各个规划区的功能；以董家口综合保税港区（2013 年 8 月青岛董家口公司保税仓库授牌运行，进一步加大了董家口保税港区获国家批复的可能性）建设为契机，积极推动"港区一体化"体制和机制创新，加快出口加工区、保税区、保税港区等海关特殊监管区的组织系统变革和管理体制创新，重构青岛开放型经济新空间，全面提升青岛开放型经济发展活力。

2. 加大特色国际合作园区建设力度

（1）强化园区综合效能。针对以往引进项目产业链短、门类复杂、集群效应缺失的不足，重点加强特色产业集群和"产业综合体"建设；针对以往园区规划闭门造车、缺乏外部协作意识的不足，鼓励有条件的园区与省外园区、西部省份、大型企业集团签署合作共建协议，借力提升发展水平、合作开拓市场腹地。

（2）突出园区发展特色。支持中德生态园打造世界高端生态技术研发区和宜居生态示范区；把握对日韩招商引资的尺度，以中日、中韩创新合作产业园建设带动日韩在青投资项目改善质量、提升规模；推动胶州湾北岸高新区高端发展战略的实施及其相关区域的建设；积极发掘各种资源，吸引国内外科技资源、人才资源、金融资源和优质开发经营资源参与"蓝色硅谷"开发。

3. 推动中日韩贸易便利化制度创新

青岛地处黄海西岸，与日韩咫尺之遥，是我国最早、最频繁与日韩开展经贸交流的城市，也是国内日韩企业、日韩常住人口集聚度最高的城市，在推进中日韩自由贸易试验区的竞争中有着地缘相近，人文相通的区位优势、文化优势和合作传统。"十二五期间"青岛应充分彰显自身的"毗邻优势"，积极争取开展"自由贸易港区"的试点①，围绕贸易便利化、投资自由化、服务业开放、金融创新开展先行先试实验，以开放带动改革、以改革和开放催生发展红利，推动开放型经济迈出新步伐。

为此，需要创立与贸易便利化相关的公共服务系统，推动与日本、韩国企业和行业协会之间的合作，争取国家扩大双向投资合作的政策支持，推动与日本、韩国重要航运枢纽和港口在货源配置、国际物流协同等领域的战略合作，不断提升青岛港在东北亚地区的国际竞争力，不断积累保税加工、港口物流、"大通关"工程等领域的实验数据、工作经验和制度规范，使基于贸易便利化的制度创新为青岛的经济和社会发展提供更大的推动力。

（四）　创新对外贸易发展模式

1. 推动加工贸易升级

根据青岛一般贸易比重小、层次低的状况，下大气力，推动加工贸易从初级形态向高层级形态的演进；根据青岛加工贸易比重大、来料加工、来样加工和来件加工特点突出的情况，采取有力措施，推动青岛外贸出口企业实现从"加工能力"向"生产能力"的转变。鼓励进出口企业利用期货贸易机制，规避国际市场价格波动给企业经营带来的风险，利用"外贸团购"等手段，保障原材料和能源等大宗商品供应的稳定性，扩大对国际市场价格的影响力，全面提升青岛对外贸易的综合经济效益。

2. 打破外商经营领域的限制

青岛市应当打破外商只能进入制造业领域的思维定式，主动创造外商进入服务业的政策环境，并发挥外国高端服务业的"鲶鱼效应"，推动国内高端服务业的快速成长；应当鼓励外商参与民营企业改组改造，以民引外、民外合璧，充分利用外资带来的技术、管理、制度、理念和国际销售渠道优势，带动青岛民营经济快速发展；应当引导出口加工企业从"被动贴牌"生产向"主

---

① 由于缺少自由港政策，中国北方地区国际集装箱大量通过境外中转，青岛港及我国北方港口已经沦为日韩等国港口的喂给港，进入国际航运市场的核心竞争力明显下降。例如，2012 年，青岛港集装箱吞吐量达到 1450 万标箱，但中转箱量仅占 14%；韩国釜山港吞吐量为 1703 万标箱，中转箱量占比近 50%，且 80% 以上来自我国北方地区。青岛试点自由贸易港政策，有利于尽快回拢流失到日韩的中转箱量，加快集聚国际航运资源，增强我国在东北亚地区发展格局中的核心竞争力。

动贴牌"生产演变,加速出口加工产业向高端市场靠拢,全面提升出口产品附加值和企业国际竞争力。

3. 支持企业到海外投资

鼓励有比较优势的企业"走出去",扩大海外投资规模,提高企业在研发、生产、销售等方面的国际化经营水平;支持开展能源和资源领域的国际合作,建立多元、稳定、可靠的国际化能源和资源供应保障系统;鼓励通过发展海外加工贸易等方式,释放青岛若干产业领域已形成的充裕生产能力,规避贸易壁垒,带动相关产品出口,促进产业结构调整和过剩产能转移;完善 QDII 制度①,扩展青岛域内投资者和居民海外投资渠道,降低海外投资风险,提高海外投资收益,逐步形成以企业和居民为主体的对外投资格局。

(五) 提高利用外资水平,创造对外开放新优势

1. 优选外资项目,提高外资利用层次和质量

(1) 创新招商引资方式。充分利用企业资源吸引外资,鼓励大企业通过并购、国有股减持和出让、资产出售等方法与国内外企业合作,进行产业集聚式招商和配套招商;加大定向招商力度,推进对韩国、日本和欧美招商,突出抓好造船、汽车及零部件等资本、技术密集型项目及其配套产业引进,引导国际制造业和金融资本向青岛转移;保持间接利用外资规模的适度增长,鼓励企业合理利用外国政府贷款、国际金融组织贷款和国际商业贷款,鼓励企业采取境外上市、境外发债等方式利用外资。

(2) 提高招商项目质量。引导外资重点投向六大产业集群,吸引国际知名的金融、航运、物流、会展等服务业大企业落户青岛;限制外商投资耗能高、污染严重的项目;积极承接新一轮国际服务业转移,大力引进世界 500 强金融机构、投资公司、保险公司,推进电信业、外贸、商业、旅游和中介服务业等领域利用外资,鼓励跨国公司来青岛设立研发中心、采购中心。

(3) 杜绝招商环节恶意竞争。打破政府主导的传统招商引资格局,建立"市场运作、中介服务、企业为主"的市场化招商模式;改变不顾本地条件,

① QDII 制度(Qualified Domestic Institutional Investor,特许国内机构投资者制度)的设计涉及三个方面:投资者资格认定、进出资金监控、许可投资的证券品种和比例限制。QDII 制度的建立可增加国内投资者投资渠道,降低投资风险,提高投资收益,使国内居民投资国际股市的需求合法化,引导需要投资境外股市的国内资本走正常渠道出去,减轻资本非法外逃的压力,将资本流出置于可监控的状态。

人为制定招商引资"硬指标",导致"优惠政策竞赛"的不良行为,全面提升招商引资的成本—收益比率;提升核心经济区位的投资进入门槛,重点鼓励跨国公司来青设立高端产品制造基地、配套生产能力基地、服务外包基地、技术工人专业技能培训基地;有针对性地引进产业链中的核心企业,重点抓好产业链的延伸发展,积极培育增长潜力大、竞争力强的支柱产业群。

2. 优化外贸结构,提高国际竞争力

(1)加快调整外贸出口结构。培育一批国际竞争力强、出口规模大的高科技、高附加值出口产品,提高新材料、生物制药、信息和消费类电子产品的出口比重,加快机电产品出口结构调整和升级,促进软件产业出口,提升纺织服装、农副产品等传统出口产品的质量和档次。

(2)推动加工贸易转型升级。重点培育一批带动性强的龙头企业和配套企业,提高加工贸易深加工程度,延长增值链条,提高机电产品和高新技术产品加工贸易比重,形成汽车零部件、船舶、电子、通信等产业配套特色鲜明的加工贸易企业群体。

(3)积极发展进口贸易。鼓励进口技术含量高、带动作用强、符合青岛产业升级需要的重要装备、关键设备、核心技术以及战略性资源产品,通过进口贸易的促进作用,改善青岛各个重要产业的技术水平、产业层级和竞争能力。

3. 开拓国际市场,提高对外合作水平

(1)积极实施贸易主体和市场多元化战略。鼓励企业开展多元化的进出口业务,在巩固日本、韩国、欧盟、北美四大传统出口市场的基础上,积极开拓东盟、非洲、拉美、中东、东欧、俄罗斯等新兴市场,逐渐提高青岛企业在这些市场的份额,为城市经济增长争取更多成长空间。

(2)支持有条件的企业"走出去",到国际市场上做大做强。引导有条件的国内企业到境外设立工业园区,发展境外加工贸易项目和资源开发项目;鼓励对外承包的骨干企业直接参与国际工程招投标和境外工程分包,拓宽对外劳务合作领域,并加强对中高级劳务市场的开拓,提升对外劳务合作的产出效能。有关方面应对"走出去"的企业给予一定的优惠扶持政策。

4. 统筹引进外资和利用内资的关系,强化对内招商

(1)拓宽经济合作渠道。充分利用国内各个有影响的经济合作平台和不同行业的协会平台,加强与全国各个重点城市的经济技术合作与交流,构建基于共享发展利益基础上的合作网络,推进与国内外重点招商区域在投资合作、

贸易往来、信息共享、人才交流等方面的合作。

（2）加大国内招商力度。建立面向重点大企业的联系制度，吸引国家重点企业和国内 500 强企业来青投资；采取有力措施，扩大央企、国内 500 强、民营 100 强、上市公司 100 强、中国驰名商标和国家级高新技术企业 20 家引进的力度，争取实现引进数量和引进规模的新突破。

（六）构建开放合作大通道、宽平台

1. 创建国际航运枢纽港

（1）优化港区功能。加强港口发展和城市发展的协调度建设，突出青岛港国际集装箱业务和国家能源与战略物资储运基地的功能和地位；积极培育和引进先进的物流企业，完善船代、货代、报关、报检等全过程的物流服务，为港口生产提供快捷、高效、低能耗的物流支持；构建现代港口资讯平台，加大青岛电子平台的覆盖范围，推进"数字化港口"建设。

（2）打造高端港口服务体系。创立高水平的国际航运保险、船舶融资、航运信息和航运法律服务等高端航运服务业[①]，积极开展出口集拼、进口分拆、集拼中转等高附加值的国际物流业务，吸引跨国企业设立商品跨国采购中心、出口集运中心、进口分拨中心、转运配送中心，发展保税仓储转口贸易；开通更多连接太平洋、印度洋国际航运目标的航线。

（3）创造开放与合作新空间。拓展与中亚、西亚及欧洲的经贸合作通道。增开通往南亚、东南亚、欧美等地的国际航线，把握 21 世纪"海上丝绸之路"开发的历史机遇，提升青岛对外开放的竞争力。

2. 深化区域内外合作

把握国家大力提升开放型经济发展水平的战略机遇，按照优势互补和比较优势原则，主动选择合作对象、合理确定合作领域，积极对接环渤海地区、欧亚大陆桥沿线、泛长江三角洲，乃至整个东北亚核心经济圈，构建立足山东、面向环渤海地区、辐射沿欧亚大陆桥伸展的广阔发展腹地的区域内外广泛合作的发展格局；关注"渤海海峡跨海通道"（以下简称"大通道"）建设论证的动向，重视"大通道"在陆海交通、资源配置、物流管理，乃至区域经济一体化和国际经济合作新通路方面带来的机遇和挑战及其对半岛区域发展布局的

---

① 青岛将借助毗邻日韩的区位优势和自身的港口条件，努力打造东北亚国际航运物流枢纽和国际航运中心。2015 年青岛进出口总值将达 1000 亿美元，口岸进出口总值将达 2000 亿美元；2020 年青岛进出口总值将达 1800 亿美元，口岸进出口总值将达 3600 亿美元。

深刻影响，从长规划"大通道"背景下的开放型经济发展新布局；积极参与半岛地区城市分工体系的规划和建设，共同推动不同城市之间在出海、出境交通和物流通道建设及环境治理、生态保护等领域的合作，推进半岛地区陆海资源的统筹和联合开发，在"山东半岛蓝色经济区"建设过程中充分发挥青岛的"龙头"城市作用。

（七）建设高端服务业基地

1. 培育服务型产业体系

借鉴国际化大都市发展的经验，从培育服务型产业体系入手，加快发展服务外包、电子商务、物流交易、金融服务、旅游、研发、工业设计、文化创意、中介服务、会展服务等新兴产业，努力创建全方位、多层次的服务贸易发展格局，积极推动国际贸易中心城市、服务外包示范城市、电子商务示范城市的建设，大力促进物联网、云计算、移动互联网、下一代互联网等新技术应用，全面提升全市的电子商务产业化水平，解决青岛市服务业在 GDP 中占比不高、产业发展平台层次较低、服务业体系不全和高端发展领域严重缺失等制约青岛服务业高水平发展的痼疾。到 2015 年，青岛服务业增加值占 GDP 的比重将达到 57%，接近目前新加坡的水平；到 2020 年，青岛服务业增加值占 GDP 的比重将达到 70%，接近目前国际贸易中心城市的平均水平。

2. 跟踪服务业发展新趋势

伴随信息技术进步和服务业的全球化发展，世界服务贸易出现了从生产追加型向核心型延伸、从劳动密集型向知识、技术密集型扩展的新趋势，服务的可贸易程度大大提升，服务业涵盖的范围和进入的领域日益扩大和深入，密切追踪现代服务业发展的新趋势，提升青岛服务业的产出规模，扩大青岛高端服务业的产出比重，有利于推动相关产业向"微笑曲线"的两端延伸，有利于全面提升青岛服务业乃至整个城市的竞争力。

应认清现代服务业发展需求，积极推动现代金融服务、现代信息服务、现代港航服务、现代商业分销，现代会展服务，以及各类与生产和生活相关的服务业发展，提升青岛在全球服务业分工中的地位，为青岛开放型经济发展提供新平台和新支点。调动青岛内外各种积极因素，办好 2014 年青岛主办的"世界园艺博览会"，努力使之成为展示青岛开放型经济发展成果的亮丽窗口。

（八）优化开放型经济的软环境

1. 重商亲商服务环境

高度重视服务环境对青岛市开放型经济建设的重要意义，把提高政府工作效率作为营造良好商务环境的突破口，以政府服务工作"上水平"、服务人员"转角色"为切入点，加快政府领导经济工作的方式由管理型向服务型、责任型的转变，推动政府公务人员从"管理员"向"服务员"的角色转变，落实各级政府已经出台和即将出台的各项勤政、廉政、服务群众的办法、条例，切实转变机关的工作作风，全面提升政府工作的效率和服务质量，大力营造重商、亲商的服务环境。

2. 诚信守信商务环境

塑造诚信守信的商务环境，提高政府"公信力"，防止政策朝令夕改失信于民，杜绝政出多头、因人行政和官僚主义；构建当事人守信守约、行业协会自律约束、政府有效监管"三位一体"诚信守信系统，鼓励各类经营实体诚信经营，坚决打击欺行霸市、垄断经营、蒙骗和欺诈等违法活动，培养良好的诚信商务环境。

3. 公平公正法制环境

加强市场监管和行政执法的力度，提高行政执法的公开性、透明度，切实维护投资者和纳税人合法权益；全面落实青岛市委、市政府联合颁发的加强廉政监督的规定，坚决杜绝执法部门对企业乱收费、高收费、乱罚款、乱摊派、乱检查现象；清除不利于公平竞争的本位主义、地方保护主义，对破坏和扰乱市场秩序的行为；强化社会治安综合治理，积极化解各类社会矛盾，全力稳护社会安定，为投资者提供"投资放心、工作宽心、生活安定、财产安全"的良好法制环境。

4. 温馨和谐人文环境

努力创造环境优美、生活舒适、人际关系和谐、机制完备的人文环境，并特别做好三项工作：一是公民道德教育，大力推进社会核心价值观的培养；二是不断净化、绿化、亮化、美化城市环境，提升城市品位，使幸福宜居新城市的规划目标得到全面落实；三是为投资者生活居住、子女就学、医疗保健等方面提供便利，使他们创业投资、兴业经商皆能各得其所，自由便捷。

附录：

青岛市外向型经济评价指标源数据

1. 青岛市 2006～2012 年相关指标计算①

指标	年份	计算数据	计算结果（%）
外贸依存度	2006	391.2 × 7.97 ÷ 3183.18 × 100%	97.94
	2007	457.3 × 7.6 ÷ 3750.16 × 100%	92.67
	2008	536.4 × 6.95 ÷ 4401.56 × 100%	84.69
	2009	448.5 × 6.83 ÷ 4853.87 × 100%	63.11
	2010	570.6 × 6.77 ÷ 5666.19 × 100%	68.18
	2011	721.5 × 6.32 ÷ 6615.6 × 100%	68.93
	2012	732.08 × 6.3125 ÷ 7302.11 × 100%	63.29
外资依存度	2006	36.6 × 7.97 ÷ 3183.18 × 100%	9.16
	2007	38.1 × 7.6 ÷ 3750.16 × 100%	7.71
	2008	26.4 × 6.95 ÷ 4401.56 × 100%	4.17
	2009	18.6 × 6.83 ÷ 4853.87 × 100%	2.62
	2010	28.4 × 6.77 ÷ 5666.19 × 100%	3.40
	2011	36.3 × 6.32 ÷ 6615.6 × 100%	3.47
	2012	46 × 6.3125 ÷ 7302.11 × 100%	3.98
利用内资占固定资产投资的比重	2006	318.5 ÷ 1485.7 × 100%	21.44
	2007	366.7 ÷ 1635.4 × 100%	22.42
	2008	407.8 ÷ 2019 × 100%	20.20
	2009	465.05 ÷ 2458.9 × 100%	18.91
	2010	628 ÷ 3022.5 × 100%	20.70
	2011	818.5 ÷ 3502.5 × 100%	23.37
	2012	2320 ÷ 4153.9 × 100%	55.85
高新技术产品出口比重	2006	25.36 ÷ 234.66 × 100%	10.81
	2007	27.75 ÷ 283.10 × 100%	9.80
	2008	36.22 ÷ 326.25 × 100%	11.10
	2009	29 ÷ 272.99 × 100%	10.62
	2010	32.51 ÷ 339.15 × 100%	9.59
	2011	37 ÷ 406.13 × 100%	9.11
	2012	26.3509 ÷ 408.2 × 100%	6.46

———————

① 未列出具体计算过程的数据为从权威文件或资料中摘录的数据，其可靠性依赖于相关文件。

续表

指标	年份	计算数据	计算结果（%）
对外直接投资占 GDP 比重	2006	$0.2237 \times 7.97 \div 3183.18 \times 100\%$	0.06
	2007	$0.4898 \times 7.6 \div 3750.16 \times 100\%$	0.10
	2008	$0.1547 \times 6.95 \div 4401.56 \times 100\%$	0.02
	2009	$1.0472 \times 6.83 \div 4853.87 \times 100\%$	0.15
	2010	$4.6197 \times 6.77 \div 5666.19 \times 100\%$	0.55
	2011	$0.7171 \times 6.32 \div 6615.6 \times 100\%$	0.07
	2012	$8.6157 \times 6.3125 \div 7302.11 \times 100\%$	0.74
对外经济合作营业额占 GDP 比重	2006	$4.09 \times 7.97 \div 3183.18 \times 100\%$	1.02
	2007	$6.3 \times 7.6 \div 3750.16 \times 100\%$	1.28
	2008	$7 \times 6.95 \div 4401.56 \times 100\%$	7.71
	2009	$9.98 \times 6.83 \div 4853.87 \times 100\%$	1.40
	2010	$10.79 \times 6.77 \div 5666.19 \times 100\%$	1.29
	2011	$13.5 \times 6.32 \div 6615.6 \times 100\%$	1.29
	2012	$33.2 \times 6.3125 \div 7302.11 \times 100\%$	2.87
外资企业实际运营率	2006	—	—
	2007	—	—
	2008	—	—
	2009	—	—
	2010	—	—
	2011	$5876 \div 11000 \times 100\%$	53.42
	2012	—	—
外商经济贡献度	2006	$1690.79 \div 5918.81 \times 100\%$	28.57
	2007	$2168.83 \div 7430.63 \times 100\%$	29.19
	2008	$2590.91 \div 8946.73 \times 100\%$	28.96
	2009	$2296.2461 \div 10255.61 \times 100\%$	22.39
	2010	$2585.93 \div 11614.83 \times 100\%$	22.26
	2011	$2483.25 \div 13277.96 \times 100\%$	18.70
	2012	—	—
外商投资企业盈利能力	2006	$863268 \div 19810681 \times 100\%$	4.36
	2007	$1270094 \div 24360300 \times 100\%$	5.21
	2008	$925541 \div 27567266 \times 100\%$	3.36
	2009	$1302675 \div 27632599 \times 100\%$	4.71
	2010	$1848604 \div 31691968 \times 100\%$	5.83
	2011	$1282182 \div 30414617 \times 100\%$	4.22
	2012	—	—

注：本研究报告多处涉及使用汇率进行相应数值计算的问题。其中，关于 2006～2011 年相应数值的计算使用的汇率依次为：7.97（2006 年）、7.6（2007 年）、6.95（2008 年）、6.83（2009 年）、6.77（2010 年）、6.32（2011 年）。

2. 2011 年各样本城市相关指标计算

城市	指标	计算过程	计算结果（%）
上海	外贸依存度	4374.36 × 6.4588 ÷ 19195.69 × 100%	148
	外资依存度	126.01 × 6.4588 ÷ 19195.69 × 100%	4.23
	利用内资占固定资产投资比重	—	—
	高新技术产品出口比重	933.63 ÷ 2097.89 × 100%	44.5
	对外直接投资占 GDP 比重[①]	18.38 × 6.4588 ÷ 19195.69 × 100%	0.60
	对外经济合作营业额占 GDP 比重	59.4113 × 6.4588 ÷ 19195.69 × 100%	1.99
	外资企业实际运营率[②]	—	57.50
	外商经济贡献度	6436.45 ÷ 6958.01 × 100%	92.50
	外商投资企业盈利能力	—	—
天津	外贸依存度	1033.9107 × 6.4588 ÷ 11307.28 × 100%	59
	外资依存度	132.3980 × 6.4588 ÷ 11307.28 × 100%	7.56
	利用内资占固定资产投资比重		27.77
	高新技术产品出口比重[③]	—	40
	对外直接投资占 GDP 比重	4.0706 × 6.4588 ÷ 11307.28 × 100%	0.23
	对外经济合作营业额占 GDP 比重	29.9081 × 6.4588 ÷ 11307.28 × 100%	1.71
	外资企业实际运营率	1326 ÷ 4937 × 100%	26.86
	外商经济贡献度	(2041.83 + 6555.95) ÷ 20862.74 × 100%	41.21
	外商投资企业盈利能力	—	—
广州	外贸依存度	1161.68 × 6.4588 ÷ 12423.44 × 100%	60.39
	外资依存度	107.23 × 6.4588 ÷ 12423.44 × 100%	5.57
	利用内资占固定资产投资比重	—	—
	高新技术产品出口比重[④]	—	31.00
	对外直接投资占 GDP 比重	—	—
	对外经济合作营业额占 GDP 比重	2.4765 × 6.4588 ÷ 12423.44 × 100%	0.13
	外资企业实际运营率[⑤]	(1036 + 739) ÷ 4437 × 100%	40.00
	外商经济贡献度[⑥]	(30404982 + 72633101) ÷ 157127151 × 100%	65.58
	外商投资企业盈利能力	—	—
深圳	外贸依存度	4140.93 × 6.32 ÷ 11505.53 × 100%	227.46
	外资依存度	48.3617 × 6.32 ÷ 11505.53 × 100%	2.66
	利用内资占固定资产投资比重	—	—
	高新技术产品出口比重[⑦]		51.00
	对外直接投资占 GDP 比重	11.3306 × 6.4588 ÷ 11505.53 × 100%	0.64
	对外经济合作营业额占 GDP 比重	97.0410 × 6.4588 ÷ 11505.53 × 100%	5.45

续表

城市	指标	计算过程	计算结果(%)
深圳	外资企业实际运营率	—	—
	外商经济贡献度	12205.34÷21273.09×100%	57.37
	外商投资企业盈利能力	—	—
大连	外贸依存度	585.25×6.4588÷6150.6×100%	61.46
	外资依存度	110.1×6.4588÷6150.6×100%	11.56
	利用内资占固定资产投资比重		33.97
	高新技术产品出口比重	40.95÷303.50×100%	13.49
	对外直接投资占GDP比重	7.4591÷6150.6×100%	0.12
	对外经济合作营业额占GDP比重	5.8253÷6150.6×100%	0.09
	外资企业实际运营率	(143+700)÷2960×100%	28.48
	外商经济贡献度	(28212703+264082562)÷826474797×100%	35.37
	外商投资企业盈利能力	—	—
宁波	外贸依存度	981.87×6.32÷6059.24×100%	102.41
	外资依存度	28.0929×6.32÷6059.24×100%	2.93
	利用内资占固定资产投资比重		22.15
	高新技术产品出口比重	55÷1005.2342×100%	5.47
	对外直接投资占GDP比重	7.5573×6.4588÷6059.24×100%	0.81
	对外经济合作营业额占GDP比重	5.0821×6.4588÷6059.24×100%	0.54
	外资企业实际运营率	—	—
	外商经济贡献度	5145.85÷12044.77×100%	42.72
	外商投资企业盈利能力	—	—
南京	外贸依存度	573.44×6.32÷6145.52×100%	58.97
	外资依存度	35.66×6.32÷6145.52×100%	3.67
	利用内资占固定资产投资比重	—	—
	高新技术产品出口比重	82.07÷265.69×100%	30.89
	对外直接投资占GDP比重	—	—
	对外经济合作营业额占GDP比重	15.76×6.4588÷6145.52×100%	1.66
	外资企业实际运营率	—	—
	外商经济贡献度	4182.8÷10354.65×100%	40.40
	外商投资企业盈利能力	—	—
全国平均	外贸依存度	236402÷472881.6×100%	50.10
	外资依存度	1176.98×6.4588÷472881.6×100%	1.61
	利用内资占固定资产投资比重	—	—

续表

城市	指标	计算过程	计算结果(%)
全国平均	高新技术产品出口比重	5487.8832×6.4588÷123240.6×100%	28.76
	对外直接投资占 GDP 比重	685.8×6.4588÷472881.6×100%	0.94
	对外经济合作营业额占 GDP 比重	1034.24×6.4588÷472881.6×100%	1.41
	外资企业实际运营率	—	37.50
	外商经济贡献度	(77529+140888)÷844269×100%	25.87
	外商投资企业盈利能力	—	—

注：①摘自上海市 2011 年对外投资统计公报。
②摘自上海外商投资环境白皮书（2012）。
③根据搜狐新闻查询数据整理。
④根据广州对外贸易经济合作局相关资料整理。
⑤计算过程使用了规模以上工业企业的数据。
⑥计算过程使用了规模以上工业企业的数据。
⑦根据上半年对应数据计算，整年数据未获取。

第二章

海关特殊监管区转型
升级和新功能规划

我国海关特殊监管区设置 20 多年来，在承接国际产业转移、推进加工贸易转型升级、扩大对外贸易和促进就业等方面发挥了积极作用，对外向型经济发展产生了重要推动意义。但是，特殊监管区域发展中也存在种类过多、功能单一、重申请设立轻建设发展等问题。在整个世界经济发展格局已发生重大变化新形势下，我国海关特殊监管区普遍遇到了发展空间有限、政策优势淡化、出口扩张速度延缓、延长国内产业链受阻等困难。在此背景下，积极推动其转型升级，对进一步发挥其对开放型经济的推动作用有重要意义。

一、海关特殊监管区发展回眸

（一）海关特殊监管区的含义和特征

1. 海关特殊监管区的含义

我国的海关特殊监管区是经中华人民共和国国务院批准、设立在中华人民共和国关境内、具有承接国际产业转移，由海关为主实施封闭监管的特定经济功能区域。我国的海关特殊监管区通常具有如下几个特征：一是要经过国务院审批，纳入国家级开发区管理范畴，同时享受国家赋予开发区的各种优惠政策；二是要采取封闭的围网管理，海关特殊监管区域的基础设施和监管措施有严格的验收标准，缺一不可；三是要具有一线、二线的通关特征，在享受境外人员和境外货物进出自由等贸易便利的同时，也必须遵守相应的监管程序；四是要具备保税功能，即对进入海关特殊监管区内的货物实施保税政策。

2. 海关特殊监管区的类型

我国海关特殊监管区域主要有保税区、出口加工区、保税物流园区、跨境工业园区（包括珠海跨境工业园区，霍尔果斯边境合作区）、保税港区、综合保税区6种模式。另外，根据各地对外开放的实际需要，国家有关部门还批准设置了进口保税仓库、出口监管仓库、保税物流中心3种不同类别的保税监管场所。自1990年批准设立第一个保税区以来①，截至2012年年底，我国已经在27个省区市批准设立了110个海关特殊监管区域。包括12个保税区，47个出口加工区，5个保税物流园区，14个保税港区，30个综合保税区，2个跨境工业园区。其中，东部沿海地区78个，内陆及沿边地区32个。

（二）海关特殊监管区发展现状

2012年，全国海关特殊监管区域（包括保税区、出口加工区、保税港区、综合保税区、保税物流园区和珠澳跨境工业园区）进出口累计6068亿美元，同比增长29.2%，占全国外贸进出口总值的15.7%；其中，出口合计为2955.3亿美元，同比增长31.6%；进口合计为3112.7亿美元，同比增长26.9%。

1. 海关特殊监管区的贸易方式

我国海关特殊监管区的贸易方式分布情况为：（1）仓储物流货物，进出口值2797.7亿美元，同比增长47%，占比为46.1%。其中，出口值946.7亿美元，同比增长91.1%；进口值1851.1亿美元，同比增长31.5%。（2）进料加工货物，进出口值2550亿美元，同比增长21.9%，占比为42%。其中，出口值1750.1亿美元，同比增长18.5%；进口值799.8亿美元，同比增长30.1%。上述两种贸易方式进出口量占比为88.1%。

2. 海关特殊监管区企业性质分布

全国海关特殊监管区的所有企业性质分布情况为：（1）外商独资企业，进出口值3340.9亿美元，同比增长5.9%，占比为55.1%。其中，出口值1786.1亿美元，同比增长6.2%；进口值1554.7亿美元，同比增长5.5%；（2）私营企业，进出口值1405.4亿美元，同比增长102.9%，占比为23.2%。

---

① 1990年6月，国务院批准设立新中国第一个保税区——上海外高桥保税区。1992年3月10日，上海外高桥保税区通过海关总署和上海海关组成的验收小组验收，正式启用。

其中，出口值634.8亿美元，同比增长1.8倍；进口值770.6亿美元，同比增长65.6%。（3）中外合资企业，进出口值730.2亿美元，同比增长68%，占比为12%。其中，出口值355.4亿美元，同比增长88.5%；进口值374.9亿美元，同比增长52.3%。上述三种企业性质的进出口占比为90.3%。

3. 海关特殊监管区域实际进出口国别

在全国海关特殊监管区域实际进出口国别（地区）情况为：（1）美国进出口值为867.3亿美元，同比增长18.1%，占比为14.3%；（2）中国香港地区进出口值为866.2亿美元，同比增长97.9%，占比为14.3%；（3）日本进出口值为489.9亿美元，同比增长7.7%，占比为8.1%。上述国家和地区进出口合计占比为36.6%。

（三）海关特殊监管区演进方向

历经20年发展，各地海关特殊监管区名目越来越多，令决策层的监管感到困扰。在此背景下，国务院颁发文件明确提出，要在基本不突破原规划面积的前提下，逐步将现有出口加工区、保税物流园区、跨境工业区、保税港区及符合条件的保税区整合为"综合保税区"。未来新设立的特殊监管区域，原则上统一命名为"综合保税区"；对那些不符合要求的特殊监管区，将由海关总署报请国务院予以撤销。国务院的文件还要求，海关特殊监管区域将实行总量控制，适度控制增量，整合优化存量。另据有关研究资料反映，上述政策实际上已经酝酿多年，原因是，各地名目繁多的园区项目很多已偏离了海关原有的监管范围，而且对各类园区监管验收的海关、国检、质检等部门监管的内容几乎大同小异，目标几乎都是集中在进口免税、监管放行等方面，因此，进行有效整合和统一管理不仅有必要，而且是切实可行的。

从实践效果看，为推动海关特殊监管区的整合优化，国内有关城市从各自的具体情况出发，分别从不同的角度创造了许多可供借鉴的经验：

1. 上海市"三区联动"的发展思路

上海市目前有10个海关特殊监管区（即，洋山保税港区、外高桥保税区、外高桥保税物流园、浦东机场综合保税区，以及松江等6个出口加工区），批准规划面积合计约为39.2平方公里。其中，外高桥保税区，是1990年经国务院批准设立的国内首家保税区，在全国15个保税区中经济总量最大，2011年被国务院确定为国家进口贸易促进创新示范区；洋山保税港区，是2005年经国务院批准设立的国内首个保税港区，由上海市和浙江省跨区域合作建设，

2009 年被国务院赋予探索建设国际航运发展综合试验区的试点任务。

上海市为实现对海关特殊监管区的优化整合，成立了海关特殊监管区联席会议，办公室设在市发改委，统一协调管理全市海关特殊监管区，并提出了对洋山保税港区、外高桥保税区（包括外高桥保税物流园区）、浦东机场综合保税区实施统一的地方行政管理（"三区"均在浦东新区内），实现"三区"联动发展的思路。上海综合保税区管理委员会设立后，在基本建设、招商引资、服务企业和资本运作等方面形成了资源互补、利益共享的格局。另外，"三区"联动实现了优势互补，取得了明显的整合效果。外高桥保税区进出口额从2008 年的 600.7 亿美元提高到 2011 年的 856.2 亿美元，继续保持全国领先地位，洋山保税港区进出口额从 2008 年的 8.6 亿美元提高到 2011 年的 58.9 亿美元，仓储设施利用率从整合前 20% 提高到 70%，实现了"1 + 1 + 1 > 3"的效应。

2. 深圳市整合基础上建设综合保税区

深圳市目前有 6 个海关特殊监管区（即，前海湾保税港区、盐田港、福田、沙头角 3 个保税区、深圳出口加工区和盐田港保税物流园区），批准规划面积合计约为 10.13 平方公里。其中，沙头角、福田保税区设立于 1991 年，盐田港设立于 1996 年。前海湾保税港区经国务院批准设立于 2008 年，实行行政管理与开发、运营分离的模式，行政管理事务由市政府派出机构前海湾保税港区管理局负责，港区的开发、运营交由招商局集团负责。为整合海关特殊监管区功能，2011 年 11 月深圳市决定将沙头角保税区、盐田港保税区和盐田港保税物流园区与盐田港区整合，申报建设盐田综合保税区，目标是通过综合保税区叠加海关特殊监管区的各类优惠政策，实现海关特殊监管区的功能优化，提高加工贸易出口竞争力，利用盐田港区强大辐射优势做大临港经济。

3. 宁波市机构统一、职能分设，优化管理

宁波市目前拥有 5 个海关特殊监管区（即，梅山保税港区、宁波保税区、宁波保税物流园、宁波出口加工区和慈溪出口加工区），批准规划面积约 15.95 平方公里。其中，宁波保税区于 1992 年经国务院批准设立，宁波出口加工区在 2002 年批准设立。目前，宁波出口加工区与宁波保税区实行统一管理，"两区"综合管理委员会为宁波市政府的派出机构，实行合署办公。为实现保税区的功能优化和整合，宁波市依托"两区"综合管理委员会，设立了统一的海关、国检监管机构，但运行机制实行的是"代码分开，分区监管"。在宁波市"两区"综合管理委员会的协调下，海关特殊监管区实现了管理统一，功能互补，产业联动发展，并与北仑港实现了联动运作，较好地发挥了辐射带动作用。

二、青岛海关特殊监管区发展路径

青岛同时拥有保税港区和出口加工区等海关特殊监管区。其中，青岛前湾保税港区于 2008 年 9 月经国务院批准成立，由保税区、保税物流园区整合邻近港口转型升级形成，是目前我国第一个实现"区、园、港"整合升级发展的保税港区。到 2012 年年底，该区域封关验收面积已达 5.44 平方公里，居全国保税港区已验收面积第三位；青岛西海岸出口加工区 2006 年 5 月经国务院批准成立，2007 年通过国家验收并封关运行。目前已累计实现工业产值 23.2 亿元，完成固定资产投资 16.69 亿元，累计实现进出口 3.53 亿美元，实现税收 1.29 亿元①。世界性金融危机爆发以来，西海岸出口加工区顺应国家"扩内需、稳外需"的政策导向，充分利用国家赋予出口加工区的优惠政策，在带动产业升级等方面发挥了重要作用。

从青岛西海岸出口加工区成长历程看，经济开发区为其顺利发展提供了重要依托条件②。出口加工区实施依托发展的表现主要有两个方面：一是帮助出口加工区解决出口加工区入驻人员的生活、居住、服务等综合配套服务的需要，解除了其自行建设配套施的压力③；二是通过发展外围配套产业，涵养税源，反哺了核心区（出口加工区）发展需要。据有关方面统计，2006～2010 年，青岛经济开发区对出口加工区内外基础设施、配套设施建设投入已逾 10 亿元，2011 年又投资 2.1 亿元建设了一期 6 万平方米公共租赁住房及配套设施。充分关注这一特征，重视发挥西海岸出口加工区"围网"之外的经济开发区各类配套设施的支持作用和区外配套产业反哺功能，是推动西海岸出口加工区健康发展的客观要求。

青岛西海岸出口加工区对"围网"之外配套区的辐射和带动作用同样不容小觑。按照青岛经济开发区制定的"十二五"国民经济和社会发展规划，西海岸出口加工区作为规划建设的北部产业新城核心区，在带动区域性先进制造业基地建设方面对其配套区承载了更多责任；2010 年 12 月，山东省政府已

---

① 以上数据均截止到 2011 年 12 月底。

② 国务院《关于修改〈中华人民共和国海关对出口加工区监管的暂行办法〉的决定》（国务院第 389 号令）明确要求："出口加工区只能设立在经国务院批准的经济技术开发区内"。

③ 《中华人民共和国海关对出口加工区监管的暂行办法》规定，出口加工区内只允许工业制造及物流、研发、检测、维修等项目进入，与生活相关的各类综合配套服务必须依托区外支持。

批准在青岛西海岸出口加工区及其周边区域建设山东通用航空产业园，并规划借助出口加工区的优惠出口政策和拥有的其他政策优势，重点发展航材物流、航材零部件维修及组装出口等高端业务，由青岛经济开发区投资建设、为出口加工区内整机组装企业配套的直升机试飞场，已经成为吸引航空产业项目落户出口加工区的重要基础设施。

上述情况表明，青岛西海岸出口加工区的整合，应摆脱简单"合并同类项"和"聚堆发展"的选择，积极谋划有效发展路径。其中，一个可供选择的路径是，按照国家已经确定的"支持条件成熟的国家级经济技术开发区开展与出口加工区、保税区、保税物流园区联动试点"① 的政策，通过国家级开发区带动出口加工区发挥辐射作用，形成"多区港联动"的"扩区增能"效应，创造出口加工区内外统一规划、协同发展的良好格局。

三、青岛出口加工区升级转型

我国设置出口加工区的初衷，是为了鼓励发展"两头在外"的加工贸易，使之由"散养"转向"圈养"，令出口加工区依托一定的优惠政策发挥承接国际产业转移的引领作用。但目前开展加工贸易的环境已发生很大变化，青岛西海岸出口加工区和国内其他出口加工区一样，遇到了从事加工贸易的企业产品内销成本高、国内维修业务受限、招商引资压力较大等发展瓶颈。在此背景下，有必要通过试办"进出口加工区"，争取"鼓励进口加工适量内销"的政策功能，延长产业链，推动加工贸易转型升级；有必要通过开拓国际和国内两个市场，顺应国家外贸政策从"鼓励出口"转变为"稳出口、扩进口、促平衡"的变化，消解出口加工区普遍面临的"出口比重缩减和内销不利"发展瓶颈，落实"扩内需与稳外需相结合"的政策目标。

考虑到青岛西海岸出口加工区"扩大进口加工和适量内销"的战略规划具有难以面向全球一步展开的局限，可考虑利用青岛经济开发区"本土优势"，先面向日本和韩国从扩大"进口"国内紧缺原材料、高科技装备和电子基础产品做起。为实现上述构想，应同时调整目前青岛海关特殊监管区布局，充分利用西海岸出口加工区与"中日韩区域经济合作实验区"地缘毗邻②、产业互补优势，通过区域规划调整，为青岛西海岸出口加工区提供新功能拓展

---

① 参国办发〔2005〕15 号《关于促进国家级经济技术开发区进一步提高发展水平的若干意见》。

② "中日韩区域经济合作实验区"位于胶南市王台镇，规划面积 85 平方公里，以促进与日本、韩国在海洋产业、海洋科技、节能环保、新能源、新材料、生物技术和信息网络等领域的交流合作为重点，并且已经列入蓝色经济区发展规划。

区，放大青岛西海岸出口加工区政策功能覆盖范围，加快中日韩进口加工产业园建设速度，提升中日韩循环经济示范基地发展水平，形成与青岛西海岸正在筹建中的"中日韩区域经济合作实验区"的联动发展效应。

上述设想不仅有利于发挥青岛西海岸出口加工区带动辐射作用，为之提供功能释放空间，而且有利于发挥业已形成的基础设施配套优势和企业集聚优势，节省"中日韩区域经济合作实验区"发展成本，取得推动青岛西海岸出口加工区转型升级和推动"中日韩区域经济合作实验区"高效发展的双赢效果。

四、青岛保税港区新功能拓展

为充分发挥青岛保税港区功能优势，可在青岛董家口港区设立保税物流中心，可使之成为青岛前湾保税港区核心功能区，并逐步向保税港区过渡。"青董联动"、"核心功能区逐渐转移"思路，相对于国内一些城市采取保税港区与出口加工区归并（简称"两区合一"）的做法，对充分发挥保税港区和出口加工区功能，建设腹地更开阔、港区条件更优良、发展前景更远大青岛保税港区新功能拓展区有重要战略意义。

首先，从改革效果看，"两区合一"并未给二者带来功能性突破。由于青岛保税港区与青岛西海岸出口加工区都属于海关特殊监管区，同样实行"境内关外"政策，且青岛西海岸出口加工区已实现货物直接通关和与港区的一体化管理，税收、外汇管理等政策亦基本相同（保税港区仅多一项港口作业功能），"两区合一"只是把青岛西海岸出口加工区变成保税港区的一个飞地[①]，并未解决青岛西海岸出口加工区面临的区内企业内销成本高、有内销需求的新项目难以落户等问题，对促进青岛西海岸出口加工区发展没有实质性意义。

其次，从政策效果看，"两区合一"不利于各地在充分发挥经济发展主动性的同时，更好地用好用活国家的优惠政策。面对后金融危机时代复杂的国际国内经济形势，我国开始进入一个宏观经济政策调整的敏感时期。考虑到当前各类海关特殊监管区面临的新形势、新要求，国务院已责成海关总署、财政部等部委根据当前变化了的国际经济背景，研究并出台促进全国出口加工区发展的一系列优惠政策，在国家尚未明确整合海关特殊监管区和出台相关新政策的大背景下，保持区域发展的弹性政策空间，更有利于促进青岛西海岸经济新区发展。

最后，从操作层面看，"以青带董"、"青董联动"比"两区合一"更具合理性。原因有二：一是简单归并"同类项"的做法，既找不到青岛西海岸出

---

① 飞地是一种特殊人文地理现象，指隶属于某一行政区管辖但不与本区毗邻的土地。

口加工区转型升级的路径，也不利于前湾港保税港区国际中转功能的充分释放；二是从国内一些已进行出口加工区与保税港区整合发展的先例来看，分别突出加工贸易和国际贸易中转特色的整合，实践效果更好。

鉴于以上情况，建议围绕青岛保税港区新功能区拓展、创建国际中转贸易基地的整合目标，对青岛前湾保税港区和董家口港区进行功能规划，先从设立董家口港区保税物流中心，逐步使之成为青岛保税港区的核心功能区，形成同时享有港口优势和政策优势叠加效的国内最大的保税港区国际中转贸易基地，形成可以与同一国际主航道上的韩国釜山港、日本神户港竞争的实力。

将保税港区核心功能区调整到董家口港区，具有如下几个重要意义：

（1）有利于按照保税港区功能定位，开展出口分拨业务及跨国采购业务（国内货物以视同出口方式进入保税港区，集中存放保税仓库，经增值服务或综合处理，按照货物到达最终目的地进行集拼，然后离境）、进口分拨业务（国外货物以保税方式进入园区存储，接受最终发货指令后报关出区进入国内）、国际中转业务（从境外启运的货物，借存枢纽港换装运输工具，不通过我国境内继续中转至境外其他目的港）、国际集拼装业务（国内外货物进入保税区仓库，根据货物目的地拼箱以减少海运费用）等专项业务。

（2）有利于发挥董家口港区地域开阔、功能超前规划等优势，避免因保税港区实施"封关"管理，对青岛前湾港的功能形成负面影响。同时，可以缓解保税港区二期封关给前湾港南港区疏港交通带来的巨大压力，规避需要耗费巨资建设疏港高架路的压力，优化保税港区建设的投入产出效应。

（3）可充分利用青岛新建的董家口港区面向黄海、港口海域开阔优势，满足国际中转贸易港区面临的船舶大流量进出港口需求，减轻青岛胶州湾狭窄湾口进出船舶的交通压力，保障青岛港区安全生产要求[①]。

建议在青岛保税港区调整到董家口港区过程中，组建具有独立经营职能的保税港区发展集团，并设立符合现代企业制度要求的政企分离管理体制。另外，为盘活土地等各类国有资产，建议在政府参股港口建设的同时，按照"两权分离"模式实施港区管理和运营分置，并根据未来港区发展需求，积极谋划区域产业集群的需求和创造新的区域性品牌产品乃至集成上市的可行性，为之创造更大成长空间和更强的资本推动力量。具体操作办法可采取，现保税港区管委会作为政府派出行政机构与西海岸新区管委会合署，主要承担宏观指导、政策法规执行状况的监管职能，港区建设和管理的业务则按照"两权分离"模式，交给经营层管理。

---

① 青岛胶州湾口狭窄，航道集中，船舶日均进出港的密度接近饱和，海上交通事故风险较大。青岛保税港区承担国际物流中转港职能后，进出胶州湾港区的船舶会成倍增长，港口安全生产面临巨大压力。

五、促进海关特殊监管区科学发展的对策建议

2012 年 11 月国务院公布《关于促进海关特殊监管区域科学发展的指导意见》（以下简称《指导意见》），提出了稳步推进海关特殊监管区域整合优化的各项要求，以及鼓励加工贸易企业向特殊监管区域集中，为加工贸易转型升级，拉动开放型经济发展提供重要载体的意见。

《指导意见》同时还总结了海关特殊监管区 20 多年的发展经验，提出了区别对待的灵活监管政策，为解决各类海关特殊监管区域在实践过程中出现的种类过多、功能单一、重申请设立轻建设发展等问题开辟了新的路径。《指导意见》的基本思路是，海关特殊监管区域实行总量控制，按需设立，适度控制增量，整合优化存量。同时，要有利于实施国家区域发展战略规划、有利于中西部地区承接产业转移、有利于满足外向型大项目亟待进驻的迫切需求。

按照《指导意见》提出的要求，新设立的海关特殊监管区域，原则上将统一命名为"综合保税区"；同时，在不突破原规划面积前提下，将逐步把现有出口加工区、保税物流园区、跨境工业区、保税港区及符合条件的保税区整合为综合保税区。为保证各项工作的稳定和有序进行，海关特殊监管区的整合工作将本着实事求是的原则，在充分听取各级政府意见的基础上制定相应的实施细则。对那些暂时还不具备整合条件的特殊监管区也可以暂予保留。

按照《指导意见》提出的要求，海关特殊监管区的整合优化必须健全管理体系，严格验收程序，健全退出机制，加强入区项目审核，强化监管和服务。另外，可以在严格执行进出口税收政策和有效控制风险前提下，支持特殊监管区域内企业选择高技术含量、高附加值的项目开展境内外检测维修业务；鼓励在有条件的特殊监管区域开展研发、设计、创立品牌、核心元器件制造、物流等业务，促进特殊监管区域向保税加工、保税物流、保税服务等多元化方向发展。

附录：

关于促进海关特殊监管区域科学发展的指导意见

国发〔2012〕第 58 号

各省、自治区、直辖市人民政府，国务院各部委、各直属机构：

为适应我国不同时期对外开放和经济发展的需要，国务院先后批准设立了

保税区、出口加工区、保税物流园区、跨境工业区、保税港区、综合保税区 6 类海关特殊监管区域（以下简称特殊监管区域）。20 多年来，特殊监管区域在承接国际产业转移、推进加工贸易转型升级、扩大对外贸易和促进就业等方面发挥了积极作用，但发展中也存在种类过多、功能单一、重申请设立轻建设发展等问题。为进一步推动特殊监管区域科学发展，现提出以下指导意见：

一、总体要求

（一）指导思想

以邓小平理论和"三个代表"重要思想为指导，深入贯彻落实科学发展观，整合特殊监管区域类型，完善政策和功能，强化监管和服务，促进特殊监管区域科学发展，更好地服务于改革开放和经济发展。

（二）基本原则

——合理配置，协调发展。按照有利于实施国家区域发展战略规划、有利于中西部地区承接产业转移、有利于特殊监管区域整合优化，以及确有外向型大项目亟待进驻的原则，合理设立特殊监管区域，促进地区经济协调发展。

——注重质量，提升效益。增强特殊监管区域发展的内生动力，推动区域内企业技术创新和绿色发展，优化产业结构，提升整体效益，发挥辐射作用，带动周边地区经济发展。

——深化改革，强化监管。适应国内外经济形势变化，充分发挥特殊监管区域在统筹两个市场、两种资源中的作用；提高依法行政能力，加强监管，防范风险。

（三）发展目标

稳步推进特殊监管区域整合优化，加快形成管理规范、通关便捷、用地集约、产业集聚、绩效突出、协调发展的格局；完善政策和功能，促进加工贸易向产业链高端延伸，延长国内增值链条；鼓励加工贸易企业向特殊监管区域集中，发挥特殊监管区域的辐射带动作用，使其成为引导加工贸易转型升级、承接产业转移、优化产业结构、拉动经济发展的重要载体。

二、加强审核指导

（一）稳步推进整合工作

特殊监管区域实行总量控制，坚持按需设立，适度控制增量，整合优化存量。科学确定特殊监管区域设立条件和验收标准，优化审核程序，依法严格把关。具体办法，由海关总署会同有关部门制定。

（二）强化分类指导

统筹考虑各地区经济环境、产业基础、贸易结构、资源布局、发展规划等实际情况，加强分类指导，因地制宜地推进特殊监管区域规划、建设和发展。

三、健全管理体系

（一）严格建设和验收

特殊监管区域要严格按国务院批准的四至范围和规划用地性质进行规划建设，由海关总署及相关部门实施联合验收。严禁擅自增加或改变经联合验收过的相关设施。

（二）健全退出机制

明确特殊监管区域首期验收土地面积比例和验收期限；超过验收期限尚未验收或验收后土地利用率低、运行效益差的，由海关总署责令整改；在规定期限尚未完成整改任务的，由海关总署报请国务院批准予以撤销或核减规划面积。具体办法，由海关总署会同有关部门制定。

（三）严格入区项目审核

制定特殊监管区域入区项目指引，引导符合海关特殊监管区域发展目标和政策功能定位的企业入区发展，避免盲目招商。

（四）强化监管和服务

充分运用信息技术和管理手段，优化监管模式，简化通关流程，加强保税货物监管，打击走私和偷逃税行为，维护质量安全，为企业生产经营创造良好环境。

四、稳步推进整合优化

（一）整合现有类型

在基本不突破原规划面积的前提下，逐步将现有出口加工区、保税物流园区、跨境工业区、保税港区及符合条件的保税区整合为综合保税区。整合工作要从实际出发，在充分听取省、自治区、直辖市人民政府意见的基础上实施。目前不具备整合条件的特殊监管区域，可暂予保留。

（二）统一新设类型

新设立的特殊监管区域，原则上统一命名为"综合保税区"。

五、完善政策和功能

（一）完善相关政策措施

完善保税等功能，规范税收政策，优化结转监管。具体办法由财政部、海关总署分别会同有关部门制定，报国务院批准后实施。

（二）拓展业务类型

在严格执行进出口税收政策和有效控制风险的前提下，支持特殊监管区域内企业选择高技术含量、高附加值的项目开展境内外检测维修业务。鼓励在有条件的特殊监管区域开展研发、设计、创立品牌、核心元器件制造、物流等业务，促进特殊监管区域向保税加工、保税物流、保税服务等多元化方向发展。

（三）带动周边经济发展

发挥特殊监管区域辐射功能，培育区域外产业配套能力，带动有条件的企业进入加工贸易产业链和供应链，促进区域内外生产加工、物流和服务业的深度融合，形成高端入区、周边配套、辐射带动、集聚发展的格局。

六、加强组织领导

（一）完善工作机制

各省（区、市）人民政府要健全海关特殊监管区域综合管理工作机制，加强统筹协调，整合资源，落实责任，搞好服务，为特殊监管区域科学规划、建设和发展提供有力保障。

（二）加强协作配合

国务院各有关部门要按照职责分工，加强协作配合，共同做好特殊监管区域的整合、监管、建设、发展工作。要寓管理于服务之中，共享相关信息和资源，提高监管和服务水平。

各地方、各部门要根据本指导意见抓紧制订实施方案和落实措施，加大工作力度，促进特殊监管区域又好又快发展。

第三章

自由贸易港区建设路径和试验内容

自由贸易区，是指两个以上的主权国家或单独关税区通过签署协定，在WTO最惠国待遇基础上，相互进一步开放市场，分阶段取消绝大部分货物的关税和非关税壁垒，改善服务和投资准入条件所形成的贸易和投资自由化的特定区域。自由贸易港区是自由贸易区中港口所在的地区，是自由贸易区的地域组成部分。世界上有不少自由贸易区设在港区内，从地域范围看即为自由贸易港区。自由贸易港区是以减免关税和自由出入等优惠待遇为手段，以求达到一定经济目的的一种特定地区。

据不完全统计，目前全球已有1200多个自由贸易区，其中，15个发达国家设立了425个；67个发展中国家共设立775个。影响较大的有北美自由贸易区、美洲自由贸易区、中欧自由贸易区、东盟自由贸易区、欧盟与墨西哥自由贸易区、中国与东盟自由贸易区等。

一、建设背景和意义

(一) 建设的背景

建立中日韩自由贸易区的设想是2002年首次提出来的。此后，中日韩三国研究机构对建立中日韩自由贸易区的可行性进行了长达数年的研究，并通过各自独立的模型测算，得出了基本一致的结论：如果提升三国贸易自由化程度，三国经济增速都可以进一步提高；中日韩三国间任何双边自由贸易区的经济收益都小于中日韩三国自由贸易区的效果。

自2002年中日韩自由贸易区概念提出以来，青岛因为在中日韩合作框架中具有地缘相近、人文相同、产业集聚效应显著等其他城市难以比拟的优势，一直是三国之间研讨席上绕不开的一个城市。

第一，青岛是与韩国、日本距离最近的中国大型城市、是中国最重要的港口城市和与日韩合作的桥头堡。目前，常驻青岛的日韩友人已超过 10 万人，日韩两国政府均在青岛设有总领馆和半官方性质的贸易促进机构，近 3 年来，青岛累计接待日韩游客分别超过 70 万和 100 万人。另外，早在 1979 年，青岛就与日本的下关市结为友好城市，截止到 2012 年年底，青岛已与 10 个日韩城市结为友好城市和友好合作关系城市，青岛及周边地区已开通 11 条空中直达日韩航线、20 条日韩海运航线，每天往返东京、大阪、首尔、釜山等地的空中快线正形成航班"公交化"模式，为中日韩三国之间的经济、文化和政治交流奠定了便利的通道。

第二，在青岛投资的日韩企业规模已形成显著集聚效应。1984 年，青岛与日本成立了第一家中日合资企业①；1988 年，青岛与韩国成立了第一家中韩合资企业。改革开放以来，青岛一直是中国与日韩两国经贸往来最密切的先行区、示范区。到 2012 年年底，青岛已累计批准日资项目 1848 个，韩资项目 10957 个；累计实际利用日资 34 亿美元、韩资 132.4 亿美元，分别占山东省的 46.4% 和 47.6%。近 5 年来，青岛对日韩贸易达到 760.86 亿美元，分别占山东省、全国的 40.36% 和 3.20%。自由贸易港区的建设将对日韩企业构成强大的利好消息。

第三，青岛具备成功创办自由贸易区的条件。从国际上各种类型自由贸易区分布的情况来看，一个自由贸易区的成功应具备如下条件：一是高于主办国平均水平的商业基础设施；二是宽松的商业监管环境，海关服务流程简化，对于投资等申请可提供快捷审批的"一站式"服务；三是具有显著的吸引外国投资的激励措施，包括向外国投资者提供免关税或其他税收优惠等措施；四是离岸外包业务发达；五是主要面向出口，或主办国以外市场生产、制造提供配套服务的系统十分发达；六是具有便捷的物流服务优势；七是具有建立国际航运中心和枢纽港的基础条件。

鉴于青岛特殊的区位优势、人文传统和日韩产业高度集聚的优势，在即将启动的中日韩三国自由贸易区谈判中，青岛必将作为一个热议城市发挥重要作用。一旦中方提出将山东建设成为中日韩地方经济合作示范区的提议被采纳，青岛无疑将在自由贸易区建设中扮演"前沿城市"的重要角色。

（二）建设的意义

1. 发挥产业结构调整引领区功能

现代服务业在自由贸易港区的集聚、扩散，不仅可催生新的服务形态、服

---

① 1979 年，青岛就出现了我国改革开放以来第一个利用外资项目——与日本伊藤万的合作项目。

务产品，培植新的服务经济增长点，提高现代服务业在三次产业中的比重，同时，可有效改善第二产业的运营环境，降低成本，提高效率。据有关方面测算，生产性服务业占 GDP 的比重每提高 1 个百分点，单位 GDP 能耗就可降低 1 个百分点。由此可见，青岛自由贸易港区的建设对提升其产出水平和面向产业链的服务能力，加快构建先进制造业与高端服务业为主导的现代产业体系有积极的促进作用，对推动青岛产业体系加速向价值链高端攀升，实现集约化、内生性发展有重要意义。

2. 发挥经济均衡发展的辐射区功能

青岛保税港区是可辐射全省的重要进出口货物中转集散地，建设自由贸易港区，可以显著增强青岛港的集装箱国际中转功能、物流配送功能、产业链管理功能、贸易营运控制功能、金融产品创新功能、大宗资源性商品定价功能、资源配置功能七大功能，促进全省加工贸易的转型升级，优化企业供应链，繁荣外贸进出口，带动全省外向型经济的快速发展。据有关方面测算，港区本身收益每增长 8%，贸易、航运业收益将增长 17%，社会收益将增长 75%，自由贸易港区所带来的贸易创造和贸易转移效应十分显著。

3. 发挥区域经济合作先导区功能

继 2013 年国务院批复位于长三角地区重要区位的上海市进行自由贸易区的试验方案之后，未来几年，仍有可能在珠三角区域、环渤海区域选择新的城市进行试点。青岛在环渤海经济圈乃至东北亚经济格局中处于重要位置，积极争取在青岛设立自由贸易港区或自由贸易实验区，将有利于青岛进入开放性经济建设的最前沿位置，有利于为青岛参与环渤海经济圈合作创造新的机会。把握这一机会，按照自由贸易港区要求搭建便利的国际贸易平台，对推动日韩产业转移和促进国际产业的分工与合作，对在更大范围内积累自由贸易区建设的经验有重要意义。

4. 发挥体制机制创新示范区的功能

保税港区转型为自由贸易港区，将在观念、体制、机制、政策、管理等方面带来一系列崭新变化，行政管理体制的改革将得以深化，服务型政府的建设将加速推进，财税体制、投资体制、收入分配制度的改革将全面展开，更加适用的贸易便利化、金融创新和灵活的航运政策将在自由贸易港区得以先行先试，并将形成强烈溢出效应和产生广泛示范作用。

二、试点范围

（一）试点范围

1. 贸易便利性试点

青岛与日韩贸易的互补性较强。青岛优势产品主要是农产品、纺织服装等商品，日韩优势产品主要是钢材、仪器仪表等商品。建设中日韩自由贸易区有利于消除贸易壁垒，扩大中国对日韩产品的进口，提升向日韩出口产品的质量，有利于进一步巩固和加强与日韩的经济贸易合作。

2. 金融制度创新试点

争取在金融市场培育、金融体制改革、金融服务创新等方面先行先试；构建跨境人民币业务创新试验区，允许外国银行机构对设立在区内的企业或项目发放人民币贷款；支持在区内注册的企业和金融机构在国务院批准的额度范围内，在国外发行人民币债券或外币债券；积极发展离岸金融业务；深化融资租赁产业改革，允许金融租赁公司在区内设立项目子公司；允许境外企业参与国内的商品期货交易，支持开展人民币跨境再保险业务；推进外汇管理改革试点，在有效监管前提下探索开展资本项目外汇可自由兑换业务；对在自由贸易区内注册的外商投资企业，可以放开外债指标管理；试行有控制的货币自由兑换、资金汇入汇出自由等；鼓励商业银行在自由贸易港区开展保理业务，支持银行保理业务与商业保理公司借助自由贸易试验区建立业务关系，鼓励建立银行保理与商业保理合作的综合保理体系。

3. 国际产业合作实验区试点

把握青岛新海岸新区综合开发建设的契机，进一步推进中日韩的产业合作，并就建设中日、中韩区域经济合作试验区的可行性进行新的论证，对专门的工作方案进行专项的规划。合作兴办的中日创新园和中韩创新园将按照绿色生态、节能环保和可持续发展理念进行规划建设，园区将重点引进日韩海洋装备制造、海洋生物、海洋新材料、海洋新能源、海洋运输等领域的高端项目。项目建成后，将成为具有示范意义的国际产业合作园区。

（二）试点领域选择的依据

第一，青岛自由贸易港区要突破传统的保税区、出口加工区等类别的海关特殊监管区的局限性，就必须进行制度创新的试点。在青岛自由贸易港区建设的申报方案中，贸易便利化改革和金融体制开放之所以占据特别重要的位置，一方面与青岛建设国际贸易中心城市的发展规划有关，另一方面与青岛建设国际航运枢纽，快速推动港航产业发展的需求有密切联系。

第二，青岛自由贸易港区关于制度创新的设计之所以特别突出跨境物流、国际中转贸易等特定内容，与青岛港参与国际航运业竞争面临的境地有关。由于缺少自由贸易港政策，中国北方地区国际集装箱大量流向境外中转，青岛港及我国北方港口已沦为日韩等国港口的喂给港。例如，2012 年，青岛港货物吞吐量达到 4 亿吨，集装箱吞吐量达到 1450 万标箱，但青岛港集装箱的中转箱量仅占业务量的 14%。与青岛形成鲜明对比的是韩国釜山港，2012 年韩国釜山港的集装箱吞吐量为 1703 万标箱，其中，中转箱量占比达到 50%，其中转业务 80% 以上来自中国北方地区。允许青岛试点自由贸易港区的各项政策，将有利于尽快回拢流失到日韩港口的集装箱中转业务，增强包括青岛港在内的中国北方港口群在东北亚地区发展格局中的竞争力。

三、区位选择和试验内容

（一）区位选择及其依据

青岛自由贸易港区起步阶段覆盖的区域范围可考虑：青岛保税港区面积 9.72 平方公里、胶南董家口港配套功能区 10～20 平方公里，合计面积 20～30 平方公里。两大区域之间可以用绿色通道连接，建立便捷的综合性转运体系。中、远期布局可以视保税港区发展情况向周边区域适度延伸，形成面向未来需求的自由贸易港区的延展区域。

由青岛西海岸保税区、董家口保税功能拓展区构成的青岛自由贸易港区，将主要围绕贸易便利化、金融制度创新和汇率机制创新、港航业发展的机制创新，以及其他领域的改革政策先行先试。

两个不同区域的重点方向为：

（1）前湾港保税区将重点实施贸易便利化试点，目标是，按照"境内关外"的模式,对出入自由贸易港区货物实行"一线放开、二线管好、区内自由"的自由贸易港区特殊政策,创造与国际标准接轨、与建设国际贸易中心城市的需求相适应的经验和可操作的工作方案。

(2)董家口港区将按照保税港区拓展区的要求进行建设。其发展目标是,港航业务按照主要面向日韩等国的国际枢纽港目标进行建设,同时,按照自由贸易港区的需求,进行港航业服务功能的再造和与之相适应的制度创新,促进国际中转航运业的发展和建设。

选择青岛西海岸作为自由贸易港区试验区有三个有利的依据:一是青岛最重要的港口(前湾港、董家口港)均位于青岛西海岸,实施以保税港区为依托的青岛自由贸易港区建设具有临近大型港口的便利[1];二是青岛西海岸拥有广阔发展空间、雄厚产业基础、优越地理位置和突出地缘优势,有利于优化港口的功能布局,有利于拓展港口的辐射领域;三是青岛保税区等海关特殊监管区均布局在青岛西海岸,建设自由贸易港区有利于依托海关特殊监管区的经验,为青岛自由贸易港区的建设提供转型升级和制度创新等方面的基础和便利。

(二) 试验内容

青岛自由贸易试验区的试验内容包括五个方面:一是按照"境内关外"模式,对出入自由贸易港区的货物实行"一线放开、二线管好、区内自由"的自由港、自由贸易港区特殊政策[2];二是在自由贸易港区内部实行与国际惯例接轨的货物海关监管模式,由一个海关"归口统一监管";三是实施促进和鼓励集装箱中转的政策;四是允许航运物流和金融服务业开发的先行先试,鼓励发展港口配套服务;五是保税区和港口实行一体化运作管理,适时设立覆盖自由贸易港区范围的管理机构。

---

① 青岛西海岸新区全域面积2100平方公里,东与朝鲜半岛、日本列岛隔海相望,北与大连、天津相邻,南与上海、连云港相接,西可辐射苏北、河南、陕西、甘肃、青海、新疆等广大地区,是我国黄河流域主要出海通道和欧亚大陆桥东部重要端点,具有贯通东西、连接南北、面向太平洋的区位战略优势。

② 境内关外是一种"一线放开、二线管住,区内经济自由和区域间便捷高效通关"的政策模式。其中,一线(该区与境外联系的边界线)放开,指自由贸易港区与境外货物往来免征关税和进口环节税,一线货物进出、区内货物流转通行效率高,海关只备案不查验,只检疫不检验;二线(该区与国内区外课税区的边界)管住,指从自由贸易港区进(出)课税区视同进(出)口,按规定办理纳税(退税)等相关手续。区内经济自由,指政府各种监管不干预区内企业合法的经营活动,企业具有自主的投资、交易、金融、运输等经济自由,可以自由发展各种经济业务。同时,自由贸易区通过实行全天候24小时开放、电子备案、不查验普通货物、实行启运地退税、建立绿色通道等政策措施实现区域间便捷高效通关。

为全面推动青岛自由贸易港区建设，青岛将在积极推动自由贸易港区申报工作的同时，扎实推进以下三项重点工作：一是推动自由贸易港区全方位的制度创新，推出一套高标准、高质量的规则和制度以及与国际接轨的劳工标准、环境标准、投资保护标准、知识产权保护标准和服务业管理标准、产品安全标准等工作规范；二是充分发挥青岛地处国际主航道和拥有超大型港口的特殊优势，创造跨境物流和多领域的供应链管理优势，加快青岛建设世界国际贸易中心和建设东北亚国际航运枢纽的进程；三是促进政府职能从经济建设为中心向公共服务为中心转变，全面落实青岛市政府发布的《关于进一步深化提升我市与日韩经贸合作水平实施方案》中提出的各项任务，充分运用政府购买、政府监管和政策激励等有效手段，建立面向整个城市有序运行的公共服务体系、公共服务管理系统和公共服务基础设施，并切实提高其工作效率和运行效能。

（三）自由贸易港区与保税区的差别

自 20 世纪 90 年代上海浦东开发开放、中国第一个保税区——上海外高桥保税区设立开始，我国海关监管区的建设，已历经保税区、出口加工区、保税物流园区、综合保税区、保税港区等多种形式。青岛自由贸易港区与以往建立的各类海关特殊监管区的本质性差异在于：境内关外，能够充分实现经济的自由化（贸易自由化、投资自由化、金融自由化和运输自由化），能够从制度性和到操作性上与国际全方位接轨，创立一种开放度更高的新的对外开放的新体系、新优势（见图 3－1）。

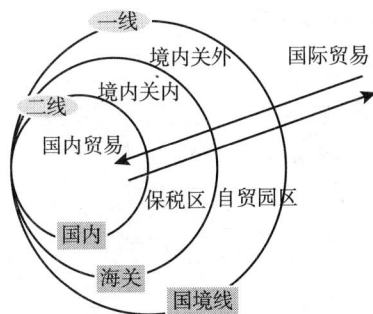

自贸区是保税区的升级版；
保税区：即境内关内，货物进出口需经海关监管；
自贸园区：即境内关外，货物进出口不受海关监管。

图 3－1 自由贸易区和保税区的区别

为顺利实现向自由贸易区的转型，上海曾于 2009 年成立上海综合保税区管理委员会，对外高桥保税区、洋山保税港区、浦东机场综合保税区三个海关特殊监管区域实施了统一的行政管理。同年4月，国务院发布的《关于推进上海加快发展现代服务业和先进制造业建设国际金融中心和国际航运中心的意见》确定，上海将借鉴国际自由港政策，拓展洋山保税港区功能。2010年，中国生产力学会向国务院提交《上海浦东新区建立自由贸易区研究》的报告，时任国务院总理温家宝亲笔批示将"自由贸易区"改为"自由贸易园区"。2011年11月，上海市公布的《上海推进国际贸易中心建设条例》提出将"探索建立符合国际惯例的自由贸易园区"。2013年3月，现任国务院总理李克强在上海调研期间表示，支持上海在现有综合保税区基础上试点先行，建立一个自由贸易试验区。同年7月3日，国务院常务会议原则通过《中国（上海）自由贸易试验区总体方案》。按照这一方案，上海自由贸易试验区将由外高桥保税区、外高桥保税物流园区、洋山保税港区与浦东机场综合保税区4部分组成，共占地28.78平方公里。

比较上海自由贸易实验区与保税区的差别，可以看到如下一些特征：

（1）税收政策。自由贸易港区实行关税豁免政策，符合相关要求和技术标准的国外货物进入区内，免征关税；通关货物在区内进行销售时，免征货物流转税，实行较低的所得税税率。

（2）金融外汇政策：自由贸易港区实行货币自由兑付的外汇政策。先期争取发展离岸金融业务，积极试行人民币有限度地自由兑换，探索人民币国际化和资本项目的开放路径及其风险防范措施。

（3）贸易政策。自由贸易港区鼓励开展进出口贸易、离岸贸易、转口贸易，货物进出口自由，无其他经济区内常见的配额、许可证等贸易限制，大大便利了各种国际贸易和进出口货物的加工。

（4）通关政策。围绕贸易便利化需求，建立高效便捷的海关监管系统，为进出自由贸易港区的货物提供最大的便利。

（5）航运政策。自由贸易港区实行第二船籍港制度。先期争取开展四项试点工作：一是国际航行船舶特案免税登记常态化试点；二是吨税制试点；三是区内航运企业进口船用设备免税试点；四是区内注册登记融资租赁船舶出口退税试点。

（6）行业准入。实行更加开放的企业准入制度，进一步放宽行业准入审批政策，简化手续，给予各类企业公平竞争的机会。

（7）出入境免签。试点工作推开后，境外人员进入中国境内可以实行落地签证或免签证，大大便利了自由贸易港区人员交流及其相关商务活动，形成了灵活高效的商务环境。

（8）土地政策。自由贸易港区的土地管理授权政府派出的管委会全面规划和管理，按节约土地和提高效率的原则统一布局和使用。

（9）消费政策。借鉴国际上自由贸易区建设的经验，可在自由贸易港区内部设立适度的消费区域。如，建立相应特性的旅馆、符合海关外籍人员要求的零售商店等，凡在区内销售的商品以及消费的商品一律免税。

（10）法律支持。制定《自由贸易港区管理条例》作为区内管理运作的依据，必要时，还可依据"管理条例"制定相应的管理细则。

（11）提高运输效率。进入自由贸易港区的各国船员可以自由登岸，卫生和检疫检查手续高效便捷，同时，区内货物将取消储存期限的限制。为提高港口的疏散能力，将加快建设铁路集装箱中心场站，实现包铁路运输通道与自由贸易港区无缝衔接。

四、建设路径及溢出效应

（一）建设路径

1. 分类实施、分步试验

青岛市创办自由贸易试验区过程中，应充分利用各类海关特殊监管区齐全、数量众多优势，制定分类实施、逐步试验，不断完善自由贸易区创新功能和不断延伸其溢出效应的申报方案，并拟定分阶段的工作目标。例如，可先实现保税港区功能，再实现自由贸易港区功能；青岛将分别在前湾保税港区，以货物贸易海关监管模式便利化政策为方向，转型建设自由贸易园区；在董家口保税功能政策拓展区基础上，建设青岛自由贸易港区功能拓展区，重点实现国际港航领域制度创新，并以此带动整个中国北方港口国际转口贸易发展，为东北亚航运枢纽的建设奠定良好基础。

2. 突出三大创新工程

青岛自由贸易港区建设，可借鉴国内先进城市和国际自由贸易港区建设经验，在制度创新方面进行了多领域、全方位的创新设计，并重点突出金融创新、贸易便利化、港航业务制度创新三大工程。同时，将围绕自由贸易区谈判涉及的保险、证券、物流等服务贸易领域开放问题，拟订先行先试方案；在引进日韩银行、保险等金融机构，加快韩元和日元挂牌交易试点、扩大汇兑业务规模等方面进行大胆试验。

3. 强调毗邻优势和辐射功能

以青岛港为代表的山东半岛港口群位于东北亚海上交通要冲，是南来北往国际航线的必经之地。与天津、大连等北方沿海港口相比，青岛港更接近国际主航道，与日韩等国的距离更近，具明显的毗邻优势。同时，青岛地处长江三角洲和环渤海经济圈两大最具活力的经济带的中间地域，拥有宽广的经济腹地，向北可联动环渤海经济圈、向南可连接第二条欧亚大陆桥经济带、向西可带动整个山东乃至沿黄河流域大部分地区，是华东、华北、东北经济交汇点。在黄海、渤海诸多的港口群中，青岛港无论区位、经济腹地或港口条件，都是唯一能与釜山自由港和日本南部港口群相抗衡的集装箱大港，具有巨大的经济辐射力。

4. 突出"港区一体化"特色

青岛版《自由贸易港区试点方案》要想得到认同，不仅应结合自身特点，设定明确的自由贸易港区试点区域、布局范围和功能规划，同时应突出反映青岛从保税港区向自由贸易港区过渡的一贯改革发展思路。"港区一体化"试点方案的优势在于，体现了自由贸易区建设过程中循序渐进、不断探索的精神，反映了青岛独特的区位优势、港区条件和综合的发展实力，具有提升青岛自由贸易港区试验质量的可靠保障。

（二）溢出效应

1. 为开放型经济创造新平台、新优势

目前，我国各类海关特殊监管区普遍存在活力不足、功能退化问题。究其原因，关键是他们依然处在"境内关内"的阶段，体制和机制难以适应自由贸易区的国际化、自由化需求，难以真正发挥出推动自由贸易的各项功能。建设自由贸易港区，将克服现行的各类海关特殊监管区在如下一些方面存在的严重不足，推动我国保税区等海关特殊监管区的转型升级，为开放型经济创造新平台和新优势。

第一，解决定性不明确问题。目前，中国各类海关特殊监管区普遍存在委托授权不明晰的弊病。中央和地方的各类文件在把这些特殊经济区定性为"境内关内"还是"境内关外"的问题上，既无明确理论表述，更无具体操作规定。导致的结果是，海关特殊监管区逐渐沦为一个政策冲撞的不稳定区域，各种矛盾在这类区域逐渐积累。实践证明，"境内关内"还是"境内关外"这一定性与定位问题不解决，特殊监管区就难以实现持续发展。

第二，解决海关特殊监管区立法障碍。中国已经批复的海关特殊监管区种类繁多、数量庞大、运行状况差异很大，但国家至今尚未就海关特殊监管区的管理进行统一立法。由于没有关于海关特殊监管区的统一立法，各职能部门对海关特殊监管区的概念有多种不同的解释，运行模式也是千姿百态，导致政出多门，各类政策频繁变化，甚至相互抵触，严重影响了进入海关特殊监管区的各类经济实体的行为选择，损害了海关特殊监管区最初设定时的形象。

第三，解决运营效率低下问题。海关特殊监管区现行的以海关为主的多部门监管模式，已经形成了把"一线"、"二线"都管死的情况。为支持特殊经济区的发展，有关方面虽然先后推出了一些新的监管措施，但与"境内关外"的监管方式相距甚远。例如，在货物监管上，许多区内同时设立海关和检验检疫两个机构，两次检验，人为制造了烦琐流程。另外，由于海关特殊监管区内实行的外贸、产业、财税、外汇、金融、工商管理和海关管理等政策与体制不配套、不衔接，缺乏统一性、规范性、连续性和严肃性，不能实行一个窗口对外，也都直接影响了监管和运营的效率。

第四，解决特殊监管区政策优势弱化问题。目前，海关特殊监管区外资享有的超国民待遇已不复存在，内资原来享有的优惠政策也不复存在，公平竞争取代了特殊优惠，国民待遇取代了歧视待遇，外资国民化已成为现实，海关特殊监管区对入驻企业吸引力正在弱化。同时，全国各类特殊经济区大量涌现，可选择区域不断增加，许多园区入驻企业的数量不增反减。解决海关特殊监管区政策优势弱化问题，已成为适应我国开放水平不断提升大趋势、引领全国改革开放新潮流的一种迫切需求。

2. 提升国民福利，推动贸易发展和经济增长

中日韩作为东亚地区三个大国，GDP 总量已达到 15 万亿美元，占全球GDP 的 20%，占东亚 GDP 的 90%，已成为世界最活跃的地区之一。但三国之间贸易量占三国对外贸易总量的比重不足 20%，三国之间投资额占三国对外投资总量的比重仅为 1.3%，内部贸易依存度只有 25%，远低于欧盟 63% 和北美 40% 的水平，尽快改变这一状况，形成真正意义的自由贸易港区，实现经济发展和贸易往来过程中的货物、人员、资本的自由来往，厂商可降低生产成本，获得更大市场和收益，消费者可获得价格更低的商品，自由贸易区各个成员经济体的整体经济福利都会有所增加。青岛作为中日韩自由贸易区建设的前沿城市，将率先实现改革的跨越，率先实现开放型经济的快速发展，为我国国民福利的增长做出应有的贡献。

另外，根据国务院发展研究中心对外经济研究部通过一般均衡模型对中日

韩自由贸易区与中国经济关系的研究表明：中日韩自由贸易区建设能够提升中国宏观经济水平。调整当年，中国进出口额分别增加 4.004% 和 7.486%，分别比上一年度增加 0.1% 以上，第 3 年增长率为 3.96% 和 7.603%、第 5 年增长率为 4.005% 和 7.53%。结果显示，中日韩自由贸易区建立后，中国出口额会呈现出先抑后扬趋势，进口额则呈现出先扬后抑趋势，自由贸易区建立能帮助中国减少贸易顺差。

3. 打造青岛经济的升级版

青岛在国家蓝色经济发展战略中承担着改革开放先行和示范的重要角色，但目前其城市首位度明显不足，"龙头"作用并没有充分发挥出来。在此背景下，建设面向日韩的自由贸易港区，推动面向日韩的自由贸易发展，有利于推动青岛经济转型和升级；有利于青岛突破地域和省域的地理及行政界限，发挥自己面向太平洋、背依黄渤海、辐射华北、西北乃至整个"欧亚大陆桥"的特殊优势，为区域经济增长乃至整个国民经济发展提供新增长点；有利于青岛通过自由贸易港区现行先试改革效应，获得开放红利和改革红利，为青岛建设世界贸易中心城市和东北亚区域国际航运中心创造有利条件。

五、存在的主要障碍

中日韩三国政产学研各界均认为，建立自由贸易区有利于提升三国国民福利，有利于促进贸易发展，有利于实现经济的持续增长，并都对自由贸易区谈判进程给予了高度关注。但由于中日韩三国的经济发展水平存在较大差异，自由贸易区所依托的彼此政治互信仍较多受制于历史恩怨和现实冲突。在此背景下，三国之间的自由贸易区谈判也势必是一个充满坎坷、推进十分缓慢的过程。

（一）经济发展层级差异的障碍

中国属于发展中国家，日本属于发达国家，韩国属于新兴工业化国家。经济发展水平差距过大的国家间实施自由化贸易将会对有关国家的产业造成较大冲击。经济结构的差异越明显，各国需要进行的经济结构调整的程度就越高，对不同社会集团利益的影响也越深刻，面临的社会压力和阻力也越大。中日韩三国都不希望因为建立自由贸易区对本国的弱势产业产生重大冲击。面对这一情况，能否达成相互谅解，将成为对中日韩自由贸易区建设进程的严峻考验。

（二）敏感领域和敏感产品分歧较大

由于自由贸易区要求成员国在 WTO 承诺基础上进一步开放货物和服务市场，势必触及三国各自的敏感领域和敏感产品。例如，中国农产品对日韩出口可能存在着较大潜在利益，对日韩来说，所有贸易谈判中，农产品都是他们最敏感的问题。相反，日韩在工业品，特别是钢铁、石化、汽车等方面存在着明显优势，将对中国相关产业带来极大挑战。鉴于这一情况，中日韩三国在未来谈判中，应按照循序渐进、先易后难、求同存异、凝聚共识的原则，妥善处理三方利益诉求和敏感关注，以便尽可能缩短中日韩自由贸易区的时间成本。

（三）法律条文修改和实施的时间成本旷日持久

中日韩自由贸易区谈判历时 10 年终于签订了投资协议，但这并不代表三国之间可以马上进行自由投资，投资协议生效还需三国将投资协议内容转化为各自国家法律法规，制定相应的国内法律程序，才能生效并发挥作用。例如，按照自由贸易区协定，成员国相互之间应提供关税方面的最大优惠，甚至是零关税待遇，但由于关税减免是建立在原产地规则基础上的，由于中日韩三国对原产地制度的认知存在若干重大差别，不同的认定规则势必导致三国在处理税收减免等自由贸易区具体事务时产生诸多的争执。积极修复各个国家在多个法律条文及其相关领域存在的差异，需要花费一定的时间成本才能够完成。

（四）沉重历史包袱影响彼此互信

面对诸多历史恩怨和包括领土争端在内的现实冲突，中日韩三国之间的政治互信遇到了严峻考验，并不可避免地演变成制约自由贸易合作的重大障碍。从现实情况来看，不消除这种政治互信方面的障碍，中日韩三国之间关于自由贸易区的谈判势必旷日持久、长期拖延。解决这一问题，可采取实用主义态度，按照自由贸易区功能进行部分区域、部分领域的自由贸易试点，把有利于三国国民福利提升的事情先干起来。从长远看，三国之间的历史恩怨和现实争端给经济合作进程带来的障碍并不是"死结"，随着其他重大积极因素的释放，符合三国长远利益的中日韩自由贸易区也必将经历一个痛苦的分娩过程，才能展现出光明前景。

六、推进计划和对策建议

（一）充分彰显自身特色

青岛自由贸易港区的申报应充分认清国务院已正式批复上海作为我国第一个真正意义上的自由贸易试验区之后，其他各个城市所共同面临的形势。在新一轮的试验方案申报工作中重点突出两个特色：

第一，突出中日韩三国合作特色。山东半岛是国内距离日、韩两国最近的地区，具有优越地理区位和文化传承优势，是我国东部沿海地区面向东北亚地区参与国际合作与交流的前沿。青岛保税港区面向太平洋主航道、背靠沿黄流域广阔腹地，处于环渤海经济圈和东北亚区域的中心位置，既是山东及沿黄流域开放经济发展的"桥头堡"，也是国外企业和投资上进入内地的重要跳板，实现青岛保税港区向自由贸易港区的转型，有利于获得显著的"双赢效应"。

另外，青岛背依山东这一中国贸易大省、航运大省、金融大省、海洋大省，并与日照港、烟台港聚合成一个超大规模的现代化港口群，其综合港口吞吐量和集装箱吞吐量合计规模在世界范围内居领先地位，具有发展自由贸易港区所需的港口规模、国际主航道等优势，有利于为自由贸易港区的运行提供全方位的支持。青岛自由贸易港区的申报，只有充分彰显青岛毗邻日韩两国的特殊区位优势，才有可能在众多申报方案中脱颖而出，获得担当"先行城市"和"示范区"角色的资格。

第二，突出蓝色经济区国家战略特色。青岛港始建于1892年，具有120年历史。目前已经形成可以停靠15000标准箱船舶的集装箱码头、可以停靠30万吨级大船的矿石码头、原油码头，可以停靠10万吨级船舶的现代化煤炭码头的国家特大型港口，港区承载能力和运营水平也已全面迈入世界大港行列。2012年青岛港吞吐量突破4亿吨，集装箱吞吐量达到1450万标箱，位列世界10大港口第7名。

另外，青岛港所依托的城市是一个综合经济实力、实际利用外资规模和对外贸易等开放型经济指标位居全国同类城市前列的副省级城市。百年港口及港口背后强劲的城市综合实力，为充分搞好青岛自由贸易港区建设提供了有力的支撑和保障。在青岛申报自由贸易港区的试验方案中，只有站在国家海洋科学开发、海洋强国战略的高度，打"国家牌"、谋求自己在国家战略中的重要地位，主动承担"国家海洋科学开发综合保障基地"的角色，同时，将建设自由贸易港区与实施蓝色经济区国家战略，与建设国际贸易中心城市、建设国际服务外包示范城市、建设东北亚区域的国际航运枢纽港融为一体，才有可能被中央和地方广泛认知，达到预期的目的。

（二）城市功能与自由贸易试验区相适应

世界经验表明，自由贸易区依托的城市应具备制度创新环境优越、基础设施完善、服务业发达、人才环境优良、贸易中枢功能突出、法治环境较好等突出特征。按照这一标准，中国境内包括青岛市在内的各个申报城市显然还存在较大差距。

为弥补这一不足，青岛市政府于 2013 年 10 月颁布了《青岛市国际贸易中心城市建设纲要》（以下简称"纲要"）。"纲要"将青岛对外开放领域的发展目标定位于建设国际贸易中心城市，提出了建设"六个中心"、实施"五大行动计划"的工作方略。按照"纲要"要求，青岛将把申报创建青岛自由贸易试验区，作为当前青岛增创对外开放新优势、加快建设国际贸易中心城市的重要突破口。

按照"纲要"要求，到 2020 年，青岛将基本建成市场开放度与贸易便利化程度较高、贸易要素集聚、贸易主体活跃、贸易设施完备、服务体系发达、法制环境完善、诚信体系健全的区域性国际贸易中心城市功能体系。同时，将基本建成东北亚国际贸易口岸集散中心、国际航运综合枢纽和物流中心、国际采购与交易中心、国际转口贸易中心、国际商务服务中心、国际商业购物中心"六大服务中心"。申报青岛自由贸易试验区所需的城市环境和基础设施将获得更加可靠的保证。

（三）分步实施、逐渐完善自由贸易港区建设目标

青岛保税港区的前身——青岛保税区早在 2000 年就在全国率先提出向自由贸易港区过渡的目标，并拟定了三步走的战略规划。即，第一步，区港联动，推动保税区和港口功能融合，实现区港一体化运营；第二步，设立接近自由贸易区形态的保税港区——赋予专业码头保税功能和政策；第三步，向国际通行的先进自由贸易港区转型。青岛保税港区在全国首先提出向自由贸易港区转型的发展规划，并为此进行了多年的理论研究和实践探索，形成了其他保税港区不易替代的首发优势。

借鉴这一经验，青岛自由贸易港区的建设可以分三步实施：第一步，建立青岛自由贸易港区。包括完成青岛自由贸易港区向国务院主管部门的申报工作，做好青岛自由贸易港区政策体系与工作条例细则的制定工作，以及做好青

岛自由贸易港区挂牌成立前必需的前期工作；第二步，全面实现自由贸易区功能。在制度创新的框架范围内，全面推进体制和机制创新。包括，制定离岸金融规则，开展离岸金融服务业务；构筑自由贸易港区运作模式，拓展试验区内的国际贸易和港航业务等；第三步，完善提升自由贸易港区功能。包括，基于实际情况的政策体系和管理体制的修订完善工作，以及依据自由贸易港区发展状况，形成与青岛自由贸易港区相适应的延展区域、拓展业务等。

（四）选择重点领域，实施重点突破

1. 国际航运业改革

（1）推进国际航运税收、国际航运中转和国际物流业务等政策的创新试点，积极担当东北亚国际中转枢纽港和国际物流中心的重任。借鉴英国的南开普敦港、德国基尔港和韩国釜山港的经验，争取航运中转免税的优惠政策。

（2）推进国际船舶登记制度的创新试点。包括，放宽船公司股权结构比例、船龄限制、船级社等准入条件等。在船舶购建过程中，可试行预登记制度，先办理船舶预登记，船舶购建完成后，再办理船舶正式登记；可试行第二船籍港制度①，设立为第二船籍制度试点的船籍登记港，精简登记审批手续，将审批制改为备案制、串联登记改为并联登记。

（3）推进国际航运税收政策试点。对已经在试验区内注册登记的航运企业从事海上国际航运业务取得的收入，实行增值税即征即退政策，企业所得税按15%征收；对注册在试验区内的保险企业从事国际航运保险业务取得的收入、仓储物流等服务企业从事货物运输、仓储、装卸搬运业务取得的收入，免征营业税；对注册在试验区内的支线船舶运输经营者，其燃油供应享受外轮免税油待遇。

（4）国家航运中转政策试点②。包括，在自由贸易港区内开展外国国籍船

---

① 针对我国远洋船队悬挂外国旗现象普遍的情况，交通部初步设想对我国国际航行船舶实行第二船籍制度或保税登记制度。它不仅有利于我国政府及时掌握外贸航运船队发展情况，合理配置国际海运资源，引导航运企业运力合理发展，还有利于集聚现代航运服务要素，加快国际航运事业建设。

② 所谓航运中转，就是大船运输到达一定目的港后，将其他尚需续运的货物分装小船继续送达的过程。航运中转的最主要原因是，国际上物流运输过程中，大船运费明显低于小船运费，且物流装载和通关效率较高，但大船装运也有局限性，由于船太大，不仅对深水港有特殊要求，而且因货物目的地往往是多元的，船主无法或不方便轮流去不同目的地卸货，因此需要选择一个合适港口一次卸完货物，那些尚未送达目的港口的货则由另外的小船续运。此时，如果有自由贸易港政策，来港口中转货物的转运业务不需要缴纳手续费和税费，港口自然就会具有更多竞争优势。这也是为什么世界上最著名的中转港，如新加坡、韩国釜山等均为自由港的原因。

舶运输经营者经营中国其他港口与青岛港间运输业务的试点；外国船主利用租用的中国籍船舶或者舱位，或者互换舱位等方式的运输业务；在完善相关监管制度和防止骗税措施基础上，实施的启运港退税政策（货物在始发港装船离港即可办理出口退税），以及由此而延伸的多项其他开放业务。

2. 贸易便利化改革

（1）通过联网监管、远程申报，简化报关通关手续，简化货物进出境备案手续；通过分类监管、风险管理等措施优化报关、通关流程；完善电子口岸，提高海关、检验检疫、税务等各监管部门数据共享和信息资源利用水平；建立跨区域便捷流通机制，提高货物在不同关区的流转效率。

（2）开展保税延展业务。包括，货物从国外进出港区不缴纳关税和进口环节税、无配额限制；国外入区货物正常检疫检验，对部分特殊商品、鲜活产品等实施快速通检模式；设立免税店，可在规定额度内购买免税商品；商品货物自由流转，通过网上备案、信息共享等措施，将海关监管重点从对保税港区内部的货物监管转到对进入企业的监管；鼓励在自由贸易港区内部开展期货保税交割业务和跨境电子商务试点等创新业务。

3. 金融创新和改革

（1）允许自由贸易港区探索拓宽人民币流入流出渠道，构建跨境人民币业务创新试验区；允许外国银行机构对设立在自由贸易区内的企业或项目发放人民币贷款；支持在港区内注册的企业和金融机构在国务院批准的额度范围之内，在国外发行人民币或外币债券。

（2）发展离岸金融业务；深化融资租赁改革，允许金融租赁公司在自由贸易港试验区内设立项目子公司；逐步允许境外企业参与商品期货交易，支持开展人民币跨境再保险业务。

（3）推进外汇管理改革试点，在有效监管前提下探索开展资本项目外汇可自由兑换；对在区内注册的外商投资企业，放开外债指标管理；试行有控制的货币自由兑换、资金汇入汇出自由等。

（4）鼓励商业银行在港区开展保理业务，支持银行保理业务与商业保理公司建立业务关系、向商业保理公司提供融资，建立银行保理与商业保理合作保理体系。

4. 投资便利化政策

根据中日韩自贸区谈判进程，探索实施外资准入前国民待遇和负面清单管理，降低外商投资准入限制，进一步扩大外商投资领域，尤其是服务贸易领域的开放，重点在金融、航运、文化、专业服务等领域先行先试，取消投资股比、经营范围等准入限制，营造自由的投资环境。

（五）广泛吸纳自由贸易港区建设的正能量

1. 调动省级行政力量

在 2013 年底结束的山东省重要工作会议上，山东省委、省政府已明确表态，要将支持青岛申报自由贸易港区列入整个山东省一项重大工程组织实施，并拟订了具体的工作方案，从各个方面采取切实行动支持青岛申报工作。与此同时，山东省和国家有关部委还出台了多项有利于自由贸易区建设的重要举措。例如，为解决解决青岛港疏港铁路疏运能力与港口吞吐量不匹配问题，青连铁路等项目快速上马①；再如，为解决青岛港疏港公路运输受制于不同管理部门的掣肘问题，有关体制改革的方案已经列入日程；为解决青岛计划单列身份妨碍其享受疏港公路省配政策优惠，青岛公路运费和运力受制于体制屏障和发展应用方向的限制等问题②，一个联网系统工程也已经纳入相关部门的创新工作规划。

2. 策划制度创新方案

自由贸易港区的建设是建立在制度创新基础上的③，为实现以开放促改革、促发展的目的，在自由贸易港区试验的过程中必须同步完成涉及服务贸易、投资、政府采购、知识产权保护、标准化等更多领域的制度创新。为适应这一需要，青岛必须吸纳全国优秀人才、集聚各个方面智慧，制订一流的制度创新方案，并形成领先于全国其他区域的制度创新设计方案。

（六）正确看待各地纷争自由贸易试验区现象

目前，除上海自由贸易试验区已获得国务院正式批复之外，国内申请建立

---

① 2014 年 2 月 19 日国家发改委已经正式批准新建青岛至连云港的铁路项目。青连铁路是我国"五纵五横"综合运输大通道中南北沿海运输通道的重要组成部分。项目工期 4 年，建成后，将为青岛董家口港区的建设和发展提供重要的基础支撑。

② 青岛港 2020 年将达到 7 亿吨以上的吞吐量，繁忙的胶济铁路只能承担有限的运量，其余的吞吐量如何从港口中疏导出来，已成为制约青岛港发展的一个重要的瓶颈。

③ 自由贸易港区的主要特征是"境内关外"，外国商品进出时除免交关税外，可以在区域内开展自由改装、加工、长期储存或销售等活动，可以进行转口贸易、出口贸易、商品展示及产品加工，享受税收、金融、货物及人员进出等政策上的优惠。自由贸易港区一般具有优越地理位置和港口条件，其营运功能与港口集散作用相结合，以吸引外国商品、扩大转口量。

自由贸易区的城市还有天津、深圳、厦门、青岛、广州、珠海、浙江舟山、大连、重庆、广西钦州、海南省等。

1. 天津市

天津市保税港区已经得到国务院批复，"天津自由贸易区总体方案"也已经上报国务院有关部门。从天津自由贸易区申报蓝本可以看出，天津自由贸易区将集中设置在东疆保税港区，而不是上海那种分散布局的形态。由于东疆保税港区在货物贸易方面获得的政策已经非常接近自由贸易区的要求，因此，天津市自由贸易区的试验方案将从国家战略高度出发，围绕推动贸易便利化的需求，主要从服务业和金融业开放两方面进行突破。在服务业开放方面，将全面放开对诸如法律咨询类高端服务业的进入限制，允许外国经营者涉足；在金融业开放方面，将积极推进利率市场化试验，以及自由贸易区内外资企业收入自由兑换和自由进出，同时，将围绕上述业务建立离岸金融服务中心。

2. 深圳市

深圳前海保税港区目前正在按照前海合作区发展战略实施转型，目标是，从物流港口向具有金融贸易特点的自由贸易园区升级，并配合香港实现深港货物及服务贸易一体化规划，将深圳自由贸易区建设与港澳体制相融合。深圳自由贸易区建设的基本内容包括：推动货物贸易便利化，在深圳港共建全球供应链管理中心；推动服务贸易自由化，加快深港两地资质互认的推进过程；降低准入门槛，实施更加开放的区内企业注册经营便利和自由选择权利，为深圳自由贸易区谋求更鲜明的特色、更显著的"成长效应"。

3. 厦门市

2011 年年底，国家发改委发布《厦门市深化两岸交流合作综合配套改革试验总体方案》，支持海沧保税港区等厦门市各类海关特殊监管区域进行优化整合，鼓励其在对台贸易、航运、税收等方面进行自由化探索。在此背景下，厦门市不失时机地制定了"厦门自由贸易区总体方案"，并已报送国家有关部门。按照这一方案，厦门市将以建设东南国际航运中心为目标，以深化两岸交流合作综合配套改革为契机，以海沧保税港区为试点，建设厦门对台自由贸易园区。

4. 浙江舟山

2013 年 1 月 23 日，国务院正式批复《浙江舟山群岛新区发展规划》，并且明确要求，通过发展浙江舟山港综合保税区，包括，条件成熟时探索建立自由贸易园区和自由港区，推动覆盖舟山群岛全域的改革方案。目前，浙江省正在对舟山群岛自由贸易园区的功能、区位、服务领域等开展深入论证，很快就会提出具有舟山特色的自由贸易港区试验方案。

5. 大连市

大连市申报自由贸易试验区的工作始于 2011 年。目前，国家发改委、商务部、科技部、海关总署等部委已在大连市长兴岛完成相关调研工作，关于"长兴岛自由贸易试验区"的方案已基本确定，自由贸易试验区申报工作正在积极运作中。与此同时，大连市正在将自由贸易区的申报与国家振兴东北老工业基地的战略紧密结合在一起，形成了一体化的联动效应。另外，大连自由贸易试验区的申报方案同样突出了面向日、韩的特色，突出了发挥自己优良的港口优势和面向整个东北地区的经济辐射功能等方面的特色。

6. 重庆市

重庆市政府指定"两江新区"政府牵头研究设立重庆市自由贸易区事宜，并确立了十余项关于重庆市建设自由贸易区的重大研究课题，面向全国研究机构和社会精英招标或委托研究。重庆市自由贸易区建设的基本目标是，在一个没有海港优势的内陆城市，采用一种全新的试验模式，促使重庆市以自由贸易区为支撑，真正成为内陆地区对外开放的高地。

7. 广州市

广州南沙新区自由贸易区 2013 年已经制定出详细的发展规划，并报送国务院有关部门。据悉，广州市南沙新区自由贸易区的规划面积为 24.52 平方公里，包括龙穴岛南部、北部和南沙湾三个区域，试验区建设的目标是，面向港澳地区继续担当华南地区乃至全国开放的桥头堡和前沿阵地，为全国提供开放和改革的可行性经验，并同时保持广州在全国的领先地位。

8. 广西钦州

广西钦州抓住"中国—东盟自由贸易区"设立的战略机遇，从自己的区位条件出发，正在致力于打造面向中国—东盟合作的自由贸易港区。广西钦州设定的自由贸易港区申报方案，重点突出了自己面向东盟开放的特色，以及这一区位的开放对中国发展布局的重大战略意义。同时，从广西特殊的地缘优势和面向东盟的历史传统等方面，论证了试验区建设的可行性。

9. 海南省

海南发挥海岛优势和国家已批复建设海南特殊旅游区的政策优势，将建立自由贸易区的专题研究与海南特殊制度创新优势相结合，制定了一系列新的改革和开放政策。其中，"离岛免税"政策，紧扣自由贸易区的政策需求，对加速海南自由贸易区规划进程有重要意义。

综合分析全国众多城市积极申报自由贸易实验区的动因，主要源于两种效应：一是排队效应，担心申报不够及时，漏掉出现的机会，或在未来审核中排到其他城市后面；二是表态效应，将高调申报自由贸易试验区作为所在城市建设开放型经济和创建国际化城市采取的一项重大措施。另外，积极申报自由贸易实验区还反映出一个共同的认知，以往人们趋之若鹜的各类海关特殊监管区在推动外向型经济发展方面已经显现出明显的局限性，积极寻求一种新的推动开放型经济发展的创新平台和开放高地，引领中国开放型经济获取新的优势，已经成为人们共同的愿望。顺应时代潮流，推动保税区等海关特殊监管区向自由贸易港区过渡，支持有条件的区域先行先试，进行改革和开放的更深层次的试验，具有重要的实践意义。

分析全国各地自由贸易试验区的申报方案还可看到一个共同特点：从各自的现实情况出发。在国家没有正式批复自由贸易试验区的情况下，各地实际上都已经利用现有的政策优势在有限的框架范围内进行了多方面探索。青岛自由贸易港区的试验，可以学习上海市的经验，先从理顺港区行政管理体制入手，提高属地范围内的海关特殊监管区管理效率和运行效益。在此基础上，可充分运用制度创新的力量，按照分三个阶段实现从保税区向自由贸易港区过渡的发展构想，从"港区合一"先行试点，争取批复保税港区，然后再向自由贸易港区演进。

附录：

中国（上海）自由贸易试验区总体方案

建立中国（上海）自由贸易试验区（以下简称试验区）是党中央、国务院作出的重大决策，是深入贯彻党的十八大精神，在新形势下推进改革开放的重大举措。为全面有效推进试验区工作，制定本方案。

一、总体要求

试验区肩负着我国在新时期加快政府职能转变、积极探索管理模式创新、促进贸易和投资便利化，为全面深化改革和扩大开放探索新途径、积累新经验的重要使命，是国家战略需要。

（一）指导思想

高举中国特色社会主义伟大旗帜，以邓小平理论、"三个代表"重要思想、科学发展观为指导，紧紧围绕国家战略，进一步解放思想，坚持先行先试，以开放促改革、促发展，率先建立符合国际化和法治化要求的跨境投资和贸易规则体系，使试验区成为我国进一步融入经济全球化的重要载体，打造中国经济升级版，为实现中华民族伟大复兴的中国梦做出贡献。

（二）总体目标

经过两年至三年的改革试验，加快转变政府职能，积极推进服务业扩大开放和外商投资管理体制改革，大力发展总部经济和新型贸易业态，加快探索资本项目可兑换和金融服务业全面开放，探索建立货物状态分类监管模式，努力形成促进投资和创新的政策支持体系，着力培育国际化和法治化的营商环境，力争建设成为具有国际水准的投资贸易便利、货币兑换自由、监管高效便捷、法制环境规范的自由贸易试验区，为我国扩大开放和深化改革探索新思路和新途径，更好地为全国服务。

（三）实施范围

试验区的范围涵盖上海外高桥保税区、上海外高桥保税物流园区、洋山保税港区和上海浦东机场综合保税区4个海关特殊监管区域，并根据先行先试推进情况以及产业发展和辐射带动需要，逐步拓展实施范围和试点政策范围，形成与上海国际经济、金融、贸易、航运中心建设的联动机制。

二、主要任务和措施

紧紧围绕面向世界、服务全国的战略要求和上海"四个中心"建设的战略任务，按照先行先试、风险可控、分步推进、逐步完善的方式，把扩大开放与体制改革相结合、把培育功能与政策创新相结合，形成与国际投资、贸易通行规则相衔接的基本制度框架。

（一）加快政府职能转变

深化行政管理体制改革，加快转变政府职能，改革创新政府管理方式，按照国际化、法治化的要求，积极探索建立与国际高标准投资和贸易规则体系相适应的行政管理体系，推进政府管理由注重事先审批，转为注重事中、事后监管。建立一口受理、综合审批和高效运作的服务模式，完善信息网络平台，实现不同部门的协同管理机制。建立行业信息跟踪、监管和归集的综合性评估机制，加强对试验区内企业在区外经营活动全过程的跟踪、管理和监督。建立集中统一的市场监管综合执法体系，在质量技术监督、食品药品监管、知识产权、工商、税务等管理领域，实现高效监管，积极鼓励社会力量参与市场监督。提高行政透明度，完善体现投资者参与、符合国际规则的信息公开机制。完善投资者权益有效保障机制，实现各类投资主体的公平竞争，允许符合条件的外国投资者自由转移其投资收益。建立知识产权纠纷调解、援助等解决机制。

（二）扩大投资领域的开放

1. 扩大服务业开放

选择金融服务、航运服务、商贸服务、专业服务、文化服务以及社会服务领域扩大开放（具体开放清单见附件），暂停或取消投资者资质要求、股比限制、经营范围限制等准入限制措施（银行业机构、信息通信服务除外），营造有利于各类投资者平等准入的市场环境。

2. 探索建立负面清单管理模式

借鉴国际通行规则，对外商投资试行准入前国民待遇，研究制订试验区外商投资与国民待遇等不符的负面清单，改革外商投资管理模式。对负面清单之外的领域，按照内外资一致的原则，将外商投资项目由核准制改为备案制（国务院规定对国内投资项目保留核准的除外），由上海市负责办理；将外商投资企业合同章程审批改为由上海市负责备案管理，备案后按国家有关规定办理相关手续；工商登记与商事登记制度改革相衔接，逐步优化登记流程；完善国家安全审查制度，在试验区内试点开展涉及外资的国家安全审查，构建安全高效的开放型经济体系。在总结试点经验的基础上，逐步形成与国际接轨的外商投资管理制度。

3. 构筑对外投资服务促进体系

改革境外投资管理方式，对境外投资开办企业实行以备案制为主的管理方式，对境外投资一般项目实行备案制，由上海市负责备案管理，提高境外投资便利化程度。创新投资服务促进机制，加强境外投资事后管理和服务，形成多部门共享的信息监测平台，做好对外直接投资统计和年检工作。支持试验区内各类投资主体开展多种形式的境外投资。鼓励在试验区设立专业从事境外股权投资的项目公司，支持有条件的投资者设立境外投资股权投资母基金。

（三）推进贸易发展方式转变

1. 推动贸易转型升级

积极培育贸易新型业态和功能，形成以技术、品牌、质量、服务为核心的外贸竞争新优势，加快提升我国在全球贸易价值链中的地位。鼓励跨国公司建立亚太地区总部，建立整合贸易、物流、结算等功能的营运中心。深化国际贸易结算中心试点，拓展专用账户的服务贸易跨境收付和融资功能。支持试验区内企业发展离岸业务。鼓励企业统筹开展国际国内贸易，实现内外贸一体化发展。探索在试验区内设立国际大宗商品交易和资源配置平台，开展能源产品、基本工业原料和大宗农产品的国际贸易。扩大完善期货保税交割试点，拓展仓单质押融资等功能。加快对外文化贸易基地建设。推动生物医药、软件信息、管理咨询、数据服务等外包业务发展。允许和支持各类融资租赁公司在试验区内设立项目子公司并开展境内外租赁服务。鼓励设立第三方检验鉴定机构，按照国际标准采信其检测结果。试点开展境内外高技术、高附加值的维修业务。加快培育跨境电子商务服务功能，试点建立与之相适应的海关监管、检验检疫、退税、跨境支付、物流等支撑系统。

2. 提升国际航运服务能级

积极发挥外高桥港、洋山深水港、浦东空港国际枢纽港的联动作用，探索形成具有国际竞争力的航运发展制度和运作模式。积极发展航运金融、国际船舶运输、国际船舶管理、国际航运经纪等产业。加快发展航运运价指数衍生品交易业务。推动中转集拼业务发展，允许中资公司拥有或控股拥有的非五星旗船，先行先试外贸进出口集装箱在国内沿海港口和上海港之间的沿海捎带业务。支持浦东机场增加国际中转货运航班。充分发挥上海的区域优势，利用中资"方便旗"船税收优惠政策，促进符合条件的船舶在上海落户登记。在试验区实行已在天津试点的国际船舶登记政策。简化国际船舶运输经营许可流程，形成高效率的船籍登记制度。

（四）深化金融领域的开放创新

1. 加快金融制度创新

在风险可控前提下，可在试验区内对人民币资本项目可兑换、金融市场利率市场化、人民币跨境使用等方面创造条件进行先行先试。在试验区内实现金融机构资产方价格实行市场化定价。探索面向国际的外汇管理改革试点，建立与自由贸易试验区相适应的外汇管理体制，全面实现贸易投资便利化。鼓励企业充分利用境内外两种资源、两个市场，实现跨境融资自由化。深化外债管理方式改革，促进跨境融资便利化。深化跨国公司总部外汇资金集中运营管理试点，促进跨国公司设立区域性或全球性资金管理中心。建立试验区金融改革创新与上海国际金融中心建设的联动机制。

2. 增强金融服务功能

推动金融服务业对符合条件的民营资本和外资金融机构全面开放，支持在试验区内设立外资银行和中外合资银行。允许金融市场在试验区内建立面向国际的交易平台。逐步允许境外企业参与商品期货交易。鼓励金融市场产品创新。支持股权托管交易机构在试验区内建立综合金融服务平台。支持开展人民币跨境再保险业务，培育发展再保险市场。

（五）完善法制领域的制度保障

完善法制保障，加快形成符合试验区发展需要的高标准投资和贸易规则体系。针对试点内容，需要停止实施有关行政法规和国务院文件的部分规定的，按规定程序办理。其中，经全国人民代表大会常务委员会授权，暂时调整《中华人民共和国外资企业法》、《中华人民共和国中外合资经营企业法》和《中华人民共和国中外合作经营企业法》规定的有关行政审批，自 2013 年 10 月 1 日起在 3 年内试行。各部门要支持试验区在服务业扩大开放、实施准入前国民待遇和负面清单管理模式等方面深化改革试点，及时解决试点过程中的制度保障问题。上海市要通过地方立法，建立与试点要求相适应的试验区管理制度。

三、营造相应的监管和税收制度环境

适应建立国际高水平投资和贸易服务体系的需要，创新监管模式，促进试验区内货物、服务等各类要素自由流动，推动服务业扩大开放和货物贸易深入发展，形成公开、透明的管理制度。同时，在维护现行税制公平、统一、规范的前提下，以培育功能为导向，完善相关政策。

（一）创新监管服务模式

1. 推进实施"一线放开"

允许企业凭进口舱单将货物直接入区，再凭进境货物备案清单向主管海关办理申报手续，探索简化进出境备案清单，简化国际中转、集拼和分拨等业务进出境手续；实行"进境检疫，适当放宽进出口检验"模式，创新监管技术和方法。探索构建相对独立的以贸易便利化为主的货物贸易区域和以扩大服务领域开放为主的服务贸易区域。在确保有效监管的前提下，探索建立货物状态分类监管模式。深化功能拓展，在严格执行货物进出口税收政策的前提下，允许在特定区域设立保税展示交易平台。

2. 坚决实施"二线安全高效管住"

优化卡口管理，加强电子信息联网，通过进出境清单比对、账册管理、卡口实货核注、风险分析等加强监管，促进二线监管模式与一线监管模式相衔接，推行"方便进出，严密防范质量安全风险"的检验检疫监管模式。加强电子账册管理，推动试验区内货物在各海关特殊监管区域之间和跨关区便捷流转。试验区内企业原则上不受地域限制，可到区外再投资或开展业务，如有专项规定要求办理相关手续，仍应按照专项规定办理。推进企业运营信息与监管系统对接。通过风险监控、第三方管理、保证金要求等方式实行有效监管，充分发挥上海市诚信体系建设的作用，加快形成企业商务诚信管理和经营活动专属管辖制度。

3. 进一步强化监管协作

以切实维护国家安全和市场公平竞争为原则，加强各有关部门与上海市政府的协同，提高维护经济社会安全的服务保障能力。试验区配合国务院有关部门严格实施经营者集中反垄断审查。加强海关、质检、工商、税务、外汇等管

理部门的协作。加快完善一体化监管方式，推进组建统一高效的口岸监管机构。探索试验区统一电子围网管理，建立风险可控的海关监管机制。

（二）探索与试验区相配套的税收政策

1. 实施促进投资的税收政策

注册在试验区内的企业或个人股东，因非货币性资产对外投资等资产重组行为而产生的资产评估增值部分，可在不超过 5 年期限内，分期缴纳所得税。对试验区内企业以股份或出资比例等股权形式给予企业高端人才和紧缺人才的奖励，实行已在中关村等地区试点的股权激励个人所得税分期纳税政策。

2. 实施促进贸易的税收政策

将试验区内注册的融资租赁企业或金融租赁公司在试验区内设立的项目子公司纳入融资租赁出口退税试点范围。对试验区内注册的国内租赁公司或租赁公司设立的项目子公司，经国家有关部门批准从境外购买空载重量在 25 吨以上并租赁给国内航空公司使用的飞机，享受相关进口环节增值税优惠政策。对设在试验区内的企业生产、加工并经"二线"销往内地的货物照章征收进口环节增值税、消费税。根据企业申请，试行对该内销货物按其对应进口料件或按实际报验状态征收关税的政策。在现行政策框架下，对试验区内生产企业和生产性服务业企业进口所需的机器、设备等货物予以免税，但生活性服务业等企业进口的货物以及法律、行政法规和相关规定明确不予免税的货物除外。完善启运港退税试点政策，适时研究扩大启运地、承运企业和运输工具等试点范围。

此外，在符合税制改革方向和国际惯例，以及不导致利润转移和税基侵蚀的前提下，积极研究完善适应境外股权投资和离岸业务发展的税收政策。

四、扎实做好组织实施

国务院统筹领导和协调试验区推进工作。上海市要精心组织实施，完善工作机制，落实工作责任，根据《方案》明确的目标定位和先行先试任务，按照"成熟的可先做，再逐步完善"的要求，形成可操作的具体计划，抓紧推进实施，并在推进过程中认真研究新情况、解决新问题，重大问题要及时向国务院请示报告。各有关部门要大力支持，积极做好协调配合、指导评估等工作，共同推进相关体制机制和政策创新，把试验区建设好、管理好。

附件：中国（上海）自由贸易试验区服务业扩大开放措施

附件：

中国（上海）自由贸易试验区服务业扩大开放措施

一、金融服务领域

1. 银行服务（国民经济行业分类：J 金融业——6620 货币银行服务）

开放措施

（1）允许符合条件的外资金融机构设立外资银行，符合条件的民营资本与外资金融机构共同设立中外合资银行。在条件具备时，适时在试验区内试点设立有限牌照银行。

（2）在完善相关管理办法，加强有效监管的前提下，允许试验区内符合条件的中资银行开办离岸业务。

2. 专业健康医疗保险（国民经济行业分类：J 金融业——6812 健康和意外保险）

开放措施

试点设立外资专业健康医疗保险机构。

3. 融资租赁（国民经济行业分类：J 金融业——6631 金融租赁服务）

开放措施

（1）融资租赁公司在试验区内设立的单机、单船子公司不设最低注册资本限制。

（2）允许融资租赁公司兼营与主营业务有关的商业保理业务。

二、航运服务领域

1. 远洋货物运输（国民经济行业分类：G 交通运输、仓储和邮政业——5521 远洋货物运输）

开放措施

（1）放宽中外合资、中外合作国际船舶运输企业的外资股比限制，由国务院交通运输主管部门制定相关管理试行办法。

（2）允许中资公司拥有或控股拥有的非五星旗船，先行先试外贸进出口集装箱在国内沿海港口和上海港之间的沿海捎带业务。

2. 国际船舶管理（国民经济行业分类：G 交通运输、仓储和邮政业——5539 其他水上运输辅助服务）

开放措施

允许设立外商独资国际船舶管理企业。

三、商贸服务领域

1. 增值电信（国民经济行业分类：I 信息传输、软件和信息技术服务

业——6319 其他电信业务，6420 互联网信息服务，6540 数据处理和存储服务，6592 呼叫中心）

开放措施

在保障网络信息安全的前提下，允许外资企业经营特定形式的部分增值电信业务，如涉及突破行政法规，须国务院批准同意。

2. 游戏机、游艺机销售及服务（国民经济行业分类：F 批发和零售业——5179 其他机械及电子商品批发）

开放措施

允许外资企业从事游戏游艺设备的生产和销售，通过文化主管部门内容审查的游戏游艺设备可面向国内市场销售。

四、专业服务领域

1. 律师服务（国民经济行业分类：L 租赁和商务服务业——7221 律师及相关法律服务）

开放措施

探索密切中国律师事务所与外国（港澳台地区）律师事务所业务合作的方式和机制。

2. 资信调查（国民经济行业分类：L 租赁和商务服务业——7295 信用服务）

开放措施

允许设立外商投资资信调查公司。

3. 旅行社（国民经济行业分类：L 租赁和商务服务业——7271 旅行社服务）

开放措施

允许在试验区内注册的符合条件的中外合资旅行社，从事除台湾地区以外的出境旅游业务。

4. 人才中介服务（国民经济行业分类：L 租赁和商务服务业——7262 职业中介服务）

开放措施

（1）允许设立中外合资人才中介机构，外方合资者可以拥有不超过 70% 的股权；允许港澳服务提供者设立独资人才中介机构。

（2）外资人才中介机构最低注册资本金要求由 30 万美元降低至 12.5 万美元。

5. 投资管理（国民经济行业分类：L 租赁和商务服务业——7211 企业总部管理）

开放措施

允许设立股份制外资投资性公司。

6. 工程设计（国民经济行业分类：M 科学研究与技术服务企业——7482 工程勘察设计）

开放措施

对试验区内为上海市提供服务的外资工程设计（不包括工程勘察）企业，取消首次申请资质时对投资者的工程设计业绩要求。

7. 建筑服务（国民经济行业分类：E 建筑业——47 房屋建筑业，48 土木工程建筑业，49 建筑安装业，50 建筑装饰和其他建筑业）

开放措施

对试验区内的外商独资建筑企业承揽上海市的中外联合建设项目时，不受建设项目的中外方投资比例限制。

五、文化服务领域

1. 演出经纪（国民经济行业分类：R 文化、体育和娱乐业——8941 文化娱乐经纪人）

开放措施

取消外资演出经纪机构的股比限制，允许设立外商独资演出经纪机构，为上海市提供服务。

2. 娱乐场所（国民经济行业分类：R 文化、体育和娱乐业——8911 歌舞厅娱乐活动）

开放措施

允许设立外商独资的娱乐场所，在试验区内提供服务。

六、社会服务领域

1. 教育培训、职业技能培训（国民经济行业分类：P 教育——8291 职业技能培训）

开放措施

（1）允许举办中外合作经营性教育培训机构。

（2）允许举办中外合作经营性职业技能培训机构。

2. 医疗服务（国民经济行业分类：Q 卫生和社会工作——8311 综合医院，8315 专科医院，8330 门诊部〔所〕）

开放措施

允许设立外商独资医疗机构。

注：以上各项开放措施只适用于注册在中国（上海）自由贸易试验区内的企业。

第四章

中韩两国原产地规则比较

在区域经济一体化和国际贸易全球化背景下，原产地规则作为重要的贸易工具和重要关税优惠依据，越来越受到世界各国的高度关注。本章以此为背景，将深入研究中韩两国原产地规则的生成背景、核心内容、关键要素，以及中韩两国原产地规则的共性、差异和产生的影响，并提出关于完善原产地规则，推进中韩两国自由贸易区建设的对策建议。

一、引　言

中韩两国自由贸易区（Free Trade Agreement，FTA）的研究意向，是由中国国务院发展研究中心和韩国对外经济政策研究院于2005年共同提出的。研究意向提出后，受到中韩两国高层高度关注，于2006年11月举行了中韩双方的高层会谈，同意于2007年年初正式启动"中韩自贸区官产学联合可行性研究"，并将原产地规则等敏感问题纳入中韩两国自由贸易区建设的视域。

原产地规则作为中日韩自由贸易区谈判当中一项重要内容，涉及各国若干核心利益，争议颇甚，能否达成共识，对谈判的进程乃至自由贸易区建设的质量至关重要。正因如此，该领域的研究引起了各国学者高度的关注和广泛的兴趣。

原产地规则之所以受到各方面的高度关注，是因为，随着生产国际化不断加强，产品生产过程常常出现多个国家共同参与的情形。在国际贸易中合理判定贸易标的——产品原产地，对相关国家的贸易利益和国民福利具有重要意义。另外，由于国际上没有统一的原产地规则，世界各国制定的五花八门的原产地标准，多以保护本国产业、增加本国国民福利为宗旨，彼此缺乏足够的谅解和沟通。因此，协调各国的原产地制度、规则和实施程序也就必然地成为中韩两国自由贸易区谈判的重要内容，它对中韩两国自由贸易区语境下的关税优惠和贸易安排具有至关重要的影响。

中国在原产地规则制定和保护领域已取得很大进展，但因起步比较晚，规则中的若干条款和相关保护系统的建设都还存在较多问题，就中国正在与他国协商的自由贸易区协定中关于原产地规则的条款来看，目前中韩两国还存在较多的认知差异。这说明，中韩两国在原产地规则的制定问题上产生冲突是不可避免的，深入研究中韩两国原产地规则的异同点，揭示它对各国贸易利益的重要影响，并积极谋求协调的途径，对中韩两国原产地规则的修订和相关制度的完善有重要意义，对中韩两国自由贸易区建设具有重要的推进作用。

二、原产地规则研究状况

中国学者孙健和张超（2007），通过分析南北型自由贸易区的原产地规则对其成员国产生的非对称性影响得出结论，认为原产地规则对发达成员国有利，对发展中成员国不利，严格的原产地规则会影响成员之间的贸易条件，使发达成员国的福利增加、发展中成员国的福利减少。何蓉和高谦（2007）介绍了自由贸易协定中的原产地规则对生产成本、贸易机会、投资效益和国民福利的影响。李廷和陈钰（2007）分析了自由贸易区中优惠原产地规则对不同产品的影响，认为，原产地规则使得中间产品贸易量增加，但限制了最终产品的贸易，随着出口商逐步适应原产地规则，其限制作用将会减小。袁波和金波（2010）通过对东盟自由贸易区原产地规则的研究发现，原产地标准越简单越有利于区域经济一体化形成，但同时会使区域外的国家更容易避开原产地规则，享受自由贸易区内部的关税优惠政策。张小瑜（2011）认为，尽管 FTA 覆盖范围越来越广泛，并逐渐延伸至服务贸易和投资，甚至政府采购、劳工政策和环境保护等新领域，但在货物贸易领域内削减关税和非关税仍是其最核心的内容，东亚自贸区原产地规则的协调具有特别重要的意义。

国外学者对原产地规则的研究比国内学者更为具体和深入。克鲁格（Krueger，1993）认为，原产地规则对出口保护有积极作用，高关税成员国的关税保护效应可以扩大到低关税成员国的产品中。劳埃德·J（Lloyd P. J，1993）主张用增值关税替代原产地规则，将原产地规则关税化，并认为，如果不能对自由贸易区带来的利益和所需的真实成本进行精确计算，就会使原产地规则的判定标准趋于武断。达塔古（Duttagupta，2000）指出，原产地规则产生的净福利是不确定的，它取决于原产地规则的严格程度和最终产品的出口能力。达塔古·普塔（Rupa Duttagupta）和阿尔温德·帕纳格里亚（Arvind Pan-agafiya，2003）分析了自由贸易区内原产地规则对政治、经济和福利水平的影响。他们认为，原产地规则在福利减少的自由贸易区是可行的，但在福利增加的自由贸易区却不是最优选择。埃斯特瓦德奥尔达尔（Estevadeordal，2003）总结了全球有代表性的区域贸易安排中原产地规则的使用情况，认为，其实施效果与制度的安排有密切的关系。帕特里克乔治（Patrick Georges，2008）分析了 NAFTA（North American Free Trade Agreement，北美自由贸易协议）原产地规则放宽后的经济效应，发现原产地规则会消除贸易扭曲效果，降低北美生产产品的单位成本，但同时也恶化了北美的贸易条件。由上述学者的观点可见，各国学者均对原产地规则产生的不同经济福利给予了高度关注，部分学者甚至将其与自由贸易区的可行性论证融为一体。上述研究的局限性在于，对原产地规则自身的内容缺乏深入剖析，对在这些规则背后的历史和制度因素缺乏深入的论证。

三、重要概念和相关理论

（一）原产地规则

原产地（Country of Origin）是指在征收、减免和进出口物品的通关过程中，按照优惠贸易协定（Preferential Trade Agreements，PTA）等规定而确定的物品生产、加工、制造的地区或国家。原产地规则（Rules of Origin）是为确定国际贸易中商品的原产地而制定的制度和措施的总称。世界贸易组织（WTO）制定的《原产地规则协议》将原产地规则定义为：任何成员方为确定货物的原产国而制定和实施的法律、法规及普遍适用的行政命令。原产地规则主要用于实施最惠国待遇、反倾销和反补贴、原产国标记和任何歧视性的数量限制、关税配额以及政府采购和贸易统计等。从世界各国制定的原产地制度来看，原产地规则主要包括制定原则、适用范围、原产地标准、程序规则、管理机构、罚则争端的解决方式等组成部分。其中，原产地标准是原产地规则的核心内容，它反映了各国的核心利益诉求，并对贸易各方的经济福利有重要的影响。

原产地规则按照适用目的不同，可以分为优惠原产地规则（Preferential Rules of Origin）和非优惠原产地规则（Non - Preferential Rules of Origin）。其中，优惠原产地规则，适用于普惠关税制度（Generalized System of Preference，GSP）框架下，单方面给予的关税优惠，或者在国家之间的 FTA 框架下，相互给予的关税优惠。该规则制定的目的是，识别原产地规则受益国，防止非受益国享受不正当优惠，确保优惠待遇制的实效性。

除优惠原产地规则以外的所有情况属于非优惠原产地规则。WTO 统一原产地规则（Harmonized Rules of Origin，HRO）属于非优惠原产地规则。一般来讲，该规则适用于需要识别货物原产地的贸易政策。比如，反倾销进口税、反补贴税、原产地标记、关税配额、政府采购以及贸易统计等。

目前，国际上并无原产地规则的统一标准，世界各国、各地区的原产地规则都带有各自利益的明显烙印。即便是同一个国家，当其面对不同的贸易伙伴时，关于原产地规则的具体规定也存在较大差异。

概括来讲，原产地规则可以分为以下几类：

1. 完全原产规则和非完全原产规则

按照货物加工制造过程中是否有非原产成分的参与，可以将原产地规则分为完全原产规则和非完全原产规则。其中，完全原产地规则是指，货物生产加工活动中原材料的来源、加工场所、技术等，完全来自同一国家。这类产品的特点是不含有任何国外进口零部件和原材料等；非完全原产规则，是指一国产品的生产加工过程中使用了进口的零部件或原材料等要素而生产出来的产品。对于该类非完全原产的产品，在各国原产地规则中经常采用的判断标准是，该产品是否有实质性改变①。

2. 优惠性原产地规则和非优惠性原产地规则

根据原产地规则的适用范围（是否规定有商业优惠政策）可以分为优惠性原产地规则和非优惠性原产地规则两种类型。目前，国际上流行的主要是优惠性原产地规则。所谓优惠性原产地规则是指，任何成员为确定货物是否有资格根据 GATT1994 第 1 条第 1 款的关税优惠的契约性或自主性贸易制度，而实施的普遍使用的法律、法规和行政裁决。按照此项规定，又可进一步将优惠性原产地规则区分为契约型优惠原产地规则、自主性优惠原产地规则。前者，主要用于建立自由贸易区的国家给予成员方的优惠贸易安排，如 NAFTA（North American Free Trade Agreement，北美自由贸易协议）等；后者，主要是发达国家给予贸易伙伴最惠国待遇而专门制定的规则。非优惠性原产地规则是指，超出适用 GATT1994 第 1 条第 1 款实施范围的关税优惠的契约性或与自主贸易制度无关的原产地规则，包括任何规定了非优惠性商业政策的原产地规定。我国

---

① 实质性改变标准，是指利用进口的原材料或半成品等在出口国（或地区）内进行制造、加工活动，并且加工制造后改变了它们原有的特性达到了实质性的改变。即进口原材料或半成品经过多种加工、制造程序后生产的制成品在性质、形状或用途上产生了永久性和实质性的变化。

2005 年 1 月 1 日开始实施的《中华人民共和国进出口货物原产地条例》是一种非优惠性的原产地规则。

3. 进口产品原产地规则和出口产品原产地规则

根据贸易过程中商品流向的不同，可以将原产地规则分为进口产品原产地规则、出口产品原产地规则。其中，进口产品原产地规则，是针对进口商品而制定的原产地规则，主要用于判定进口产品的产地、身份，是实行优惠贸易措施、差别关税、国别贸易统计以及政府采购等行为的重要依据；出口商品原产地规则是指，一国针对本国商品的出口制定并实施的原产地规则，用以判定从本国出口的产品是否具有本国原产地资格以及签发原产地证明书的依据。其目的主要是维护本国原产的出口商品应该享有的贸易待遇、进行贸易统计、出口管理等。

（二）原产地标准

原产地标准（Origin Criterion），指的是出口货物具备原产资格所应具备的条件。它是判定某种商品是否由本国或本地区生产制造以及签发原产地证书的依据，也是原产地规则当中最核心的内容。原产地认定是对某个特定物品的原产地到底来自哪个国家（地区）的确认。比如，A 国要进口 B 国生产的特定物品，该物品原产地是哪个国家（地区），或者 A 国要进口 B 国用从 C 国原材料生产的特定物品，该物品原产地是哪个国家（地区）等。决定特定物品的原产地有时只涉及一个国家（地区），有时涉及两个以上国家（地区）。即，原产地认定标准是指特定物品经过两个以上的国家（地区）生产时，该物品的原产地为哪个国家（地区）的确认问题。

目前，所有自由贸易协定中的原产地规则都采用优惠性原产地认定标准，以享受优惠关税、防止非缔约国或地区货物的间接进口。原产地一般是以产品的国籍认定的，但每个自由贸易协定对原产地的认定并没有统一标准。在实际执行这一制度的过程中，为了区分原产地的程度，可以根据产品生产过程中是否有进口要素的参与，将货物的原产地标准区分为完全获得标准（Wholly Produced Criterion）和实质性改变标准（Substantial Transformation Criterion）两类。这两个原产地认定标准也是 WTO 原产地规则中要求遵循的基本原则。

1. 完全获得标准

完全获得标准是指，在没有别国介入情况下，完全在一个国家（地区）

获得或生产的特定物品。一般来说，完全获得标准只适用于在原产地种植的植物或开采的矿物、在原产地出生和喂养的动物、用原产国船舶收获的水产品以及只用上述产品来生产的物品。《京都公约》规定只有下列产品应当视为在特定国家完全获得：

（1）从特定国家的土壤，水域或海底提取或得到的矿物产品；

（2）在特定国家境内收获、采摘或采集的植物产品；

（3）在特定国家的领域出生并喂养的活动物；

（4）从特定国家的动物取得产品；

（5）在特定国家的领域狩猎、捕捞或采集的产品；

（6）在特定国家注册的船舶捕捞获得的鱼类及其他产品；

（7）在特定国家的船舶上完全用上述6项所述产品加工、制造的产品；

（8）在特定国家领域以外根据该国拥有开发权的海床或底土提取的产品；

（9）在特定国家制造加工过程中产生的仅适用于原材料回收的废碎料或收集的仅适于原材料回收的旧货；

（10）完全用上述第1~9项所列产品在特定国家加工获得的产品。

2. 实质性改变标准

实质性改变标准是指当特定产品经过两个以上国家（地区）加工、生产、制造时，以最后给该货物实质性改变的国家（地区）作为原产地的标准。大多数工业制成品适用于这一标准。由于实际操作过程中，根据货物种类很难判断是否发生实质性改变，适用该标准来认定原产地的自由裁量较大。因而，实质性改变标准常被称为任意性太大且无法预见的标准。

在实质性改变标准中以下三种判断方法是应用最广泛的方法：一是税则归类改变标准，它以国际上统一的商品分类制度 HS 编码（Harmonized Commodity Description and Coding System）来判定实质性改变，当原材料在特定国家加工后发生税则归类改变时，则将该国判定为原产地；二是从价百分比标准，它是以产品的增值价值来判定是否发生实质性改变的标准；三是加工工序标准，它以特定制造工序为标准来判定实质性改变。三个标准中的税则归类改变标准和加工工序标准属于技术性标准，从价百分比标准属于经济性标准。其中，税则归类改变标准确认原产地的过程比较快速、正确、客观，是最常用的。

不同的实质性改变标准各有优缺点，各国在进行 FTA 谈判时，可以根据双边贸易的特点和规模，对不同产品磋商适用不同的标准（见表4-1）。

表 4-1　　　　　　　　　　　　实质性改变标准的优缺点比较

标准	原则	优点	缺点
税则归类改变标准	适用 HS，以生产出与原材料不同 HS 产品的国家判定为原产地	· 原产地认定标准机械、客观、可预测 · 容易证明生产者是否满足标准，可预测性高	· 难以根据关税分类编制产品表 · 分类商品根据技术进步，经济条件等随时需要更新 · 进口国和出口国要编制相同的编码表
从价百分比标准	在境内生产特定比例以上的增值价值，并进行最终制造或加工的国家认定为原产地	· 标准正确简单 · 根据商业记录或文件等可以认定并核实原产地	· 标准值在边界线时难以判断 · 原产地认定受原材料价格波动和汇率改变的影响 · 进口国和出口国在计算增值价值时有可能对制造费、经费等要素的构成和解释有不同的意见 · 签发原产地证书的费用对企业造成较大负担，后期审核消耗大量行政费用
加工工序标准	将实行最重要技术性制造或加工工序的国家认定为原产地	· 认定原产地条件正确客观 · 较容易确认生产商是否满足条件	· 需详细记录加工工序，编制困难 · 特例产品表编制困难，且需要根据技术进步，经济条件随时进行修改

资料来源：Kimhansung，Jomijin，Jungjaewan：《韩国 FTA 原产地规则的特征及利用战略》，对外经济政策研究院（KIEP），2008 年 12 月。

（1）税则归类改变标准。它是指特定产品加工制造后，如果其（HS）税则归类编码发生变化，则该产品产生实质性改变。该标准之所以被 WTO 称为判断产品是否实质性改变的最重要标准，是因为与其他标准相比，透明度较高、具有可预见性，实施当中任意性较低。税则归类改变一般常用 4 位数级（heading）、6 位数级（sub-heading）的改变作为标准，有时也利用 2 位数级（chapter）作为改变标准。一般来讲，HS 中 2 位数级税则归类改变标准，比 HS 中 4 位数级税则归类改变标准更加严格；HS 中 4 位数级税则归类改变标准，比 HS 中 6 位数级税则归类改变标准更加严格。

需注意的是，HS 编码变更有时并不完全反映产品制造、加工等实质性改变标准。例如，打火机原产地认定标准为 HS6 位数级税则归类改变标准时，中国用日产打火机喷管和部件（HS 9613.90.1000）生产打火机（HS9613.10.0000），原产地是中国，因为 HS6 位数级有了改变。如果打火机原产地认定标准为 HS4 位数级税则归类改变标准时，因为 HS4 位数级未改变，原产地则判定为日本（见表 4-2）。

表 4 - 2　　　　根据税则归类改变标准，判定打火机原产地的示例

税则归类改变标准	原材料（日本）	加工（中国）	判定原产地
HS6 位数级税则 归类改变标准	打火机喷管和部件 （HS 9613. 90. 1000）	打火机 （HS 9613. 10. 0000）	中国
HS4 位数级税则 归类改变标准	打火机喷管和部件 （HS 9613. 90. 1000）	打火机 （HS 9613. 10. 0000）	日本

（2）从价百分比标准。在该标准下，特定产品的价值中必须含有一定的当地含量，而且当地含量不能低于原产地规则中特定的最低百分比标准，才能确定其相应的原产地资格。即使该产品由两个以上国家生产，只要在当地产出了特定比例的增值价值就可以将该产品生产地判定为原产国。由于该标准具有保护国内产业的作用，在原产地规则中适用比较广泛。

从价百分比标准中增值比率分为：在特定国家发生的增值价值高于特定比率的区域含量（Local Contents，LC）、区域增值比例（Regional Value Contents，RVC）和特定国家以外的原材料（非原产地材料）低于特定比率的进口含量（Import Contents，MC）几种不同情况。根据 RVC 标准，增值价值比率计算方法可分为排除法、组合法、净成本法三种：

——排除法。即，用产品调整价格减去非原产材料价值的方法来计算境内增值价值。一般以 FOB（Free On Board）价格或出厂价（Ex - Works）为产品调整价格，非原产材料价格以 CIF（Cost, Insurance and Freight）计算。计算公式如下：

境内增值比例（RVC）=（产品价格 - 非原产材料价格）/产品价格

——组合法。即，用在产品调整价格中的国产材料来直接计算境内增值价值。一般以出口 FOB 价格或出厂价（Ex - Works）算出原产材料价格。计算公式如下：

境内增值比例 =（原产材料价格/产品价格）

——净成本法。即，用净成本减去非原产材料价值的方法来计算境内增值价值。净成本（NC）是从被生产者发生的费用中减去营销费、专利费、运输费及包装费等的价格。计算公式如下：

境内增值比例 =（净成本 - 非原产材料价格）/净成本

此外，非原产地材料低于特定比率的进口含量（MC）是设定最终产品价格中允许非原产地材料价值所占最高比例限额的方法。主要适用于欧洲地区。MC 方式用于计算最终产品的出厂价（Ex - Work Price）内非原产材料的价值。计算公式为：

境内增值比例 = 非原产材料价格/产品价格

需要指出的是，尽管从价百分比标准与其他标准相比简单明确，但在算出实际增值价值、证明和确认原产地的过程中会发生各种复杂问题。比如，该标准对汇率、会计标准及杂费等可变因素比较敏感，还需要给海关或贸易交易方提供相关资料。这些问题会给相关企业带来一种负担，所以该标准主要适用于特例形式。

（3）加工工序标准。该标准是根据影响产品基本特征的工序（技术性制造加工工序）清单，将发生指定工序的国家判定为原产地的一种方法。例如，咖啡以进行烘烤工序的国家、服装以进行裁剪工序的国家、TV 以生产显像管的国家作为原产地。该标准有两种方式：以进行特定工序的国家为原产地的正检验（Positive Test）方式；以只进行特定工序的国家不能判定为原产地的负检验（Negative Test）方式。

3. 补充标准

原产地认定大部分依据"完全获得标准"和"实质性改变标准"来判定，但为了完善税则归类改变标准、从价百分比标准等实质性改变标准在适用性上的矛盾，也适用于若干补充原产地标准。这些补充原产地标准主要是：微小含量标准（Deminimis）、累积标准（Accumulation）、不充分工序（Non-qualifying Operation）或微小加工标准（Minimal Process）、直接运输原则、境外加工承认（Outward Processing）、对配件和包装用品的规定等。

——微小含量标准。微小含量标准是指非原产材料价格在该物品的整体价格中占很少比率时，即使没有满足税则归类改变标准等原产地条件，也破例对此认定原产地的标准，微小含量标准主要用于纤维制品。

——累积标准。累积标准是将自由贸易协定对象国的原材料视为国产材料使用并将其认定为原产地的方法。根据享受这一优惠的国家范围可将之区分为双边累积（Bilateral Accumulation）标准、对角累积（Diagonal Accumulation）标准、完全累积（Full Accumulation）标准。

——不充分工序标准/微小加工标准。其基本精神是，不承认只做"微小加工"所引起的税号改变，这里的"微小加工"是指以下工作：运输或为了保存物品所做的工作；改善包装或为了提高物品的商品性所做的工作，或卸载、分类、包装、再包装等装载准备工作。

——直接运输原则。只对出口国直接运输到进口国的产品认定原产地。

——境外加工承认。使用国产部件在第三国生产半成品后，返回至本国进行最终生产的物品，将国产部件价格包含于境内增值价值的方法。

——对配件和包装用品的规定。部件、配件、工具等根据物品本身的属性变化情况认定原产地。进行零售所使用的包装用品和包装用具均遵循内容物的原产地规则，但包装用品和内容物在关税税率表中具有不同税号分类时，不适用于该规则。

四、韩国原产地规则的核心内容

（一）韩国原产地规则的产生与发展

韩国面积狭小，资源赋存有限，进出口依赖性强，对产品进口效应较敏感。为充分利用本国资源和保护本国产业发展，制定了比较适合本国情况的原产地规则，并在具体实施中取得了明显成效。

韩国原产地规则的相关法律包括：关税法及其试行规则和试行令、对外贸易法及其试行规则和试行令等。其中，1991 年颁布的《韩国对外贸易法》，制定了同时适用于进口和出口货物的非优惠原产地规则，并以总统令的形式发布执行；此后制定的《韩国原产地标志法》，对 628 种商品作出了必须加注原产地标识的规定[①]，使原产地规则的制度性规定得到了较为充分的体现。在韩国其他法律条文中也包含了若干有关原产地标记的规定及其管理原则，它们作为韩国原产地法律体系的补充，在不同的领域中同样发挥着重要作用。

（二）韩国原产地规则的主要内容

1. 原产地标准

根据韩国《原产地规则》的规定，产品原产国的标准主要包括两种类型：

（1）完全获得标准。对于完全由某一国生产的进口货物，该货物的生产国即为原产国。"完全在国内生产的货物"主要包括以下产品：一是该国领土范围内生产的动植物产品及矿产品；二是该国领土范围内饲养获得的或动物及其加工产品；三是该国领土海域内捕捞获得的海产品；四是该国船只在公共海域内获得的海产品；五是该国生产加工后所获得的废物、废料等；六是由上述五项产品加工制造的货物。

---

① 纳入《韩国原产地标志法》规定的 628 种商品主要是农产品和日用消费品。

（2）实质性改变标准。对经过两个或两个以上国家加工或制造的进口货物，以最后一个对货物做出实质性改变的国家作为货物的原产国。确认是否发生实质性改变的标准，主要是指经加工制造在税则归类发生 6 位税目转变的货物。对以下货物还可采用价值增值确定标准：一是对在该国加工或制造的货物，产品价值产生 35% 增值即可认为产品发生了实质改变；当至少有两个国家满足此要求时，生产产品主要部分的国家为货物原产国。此外，某些特殊商品还采用按主件确定原产国的方法。

2. 原产地标记管理

韩国《对外贸易法》从维护公正贸易秩序、保护本国贸易利益的角度出发，明确规定进口商或出口商在从事某些按规定必须标记原产地的商品进出口业务时，必须标记商品的原产地，违者将给予一定处罚。原产地确认、标记方法及关于标记的其他规定，应根据韩国总统令要求执行，不允许采用虚假方式或容易误会的方式制作和使用原产地标记，禁止损害、变更原产地标记；禁止应标明原产地标记的产品不标记或不完全标记原产地标记的行为。相关法律文件同时还规定，凡违反上述规定者，必须及时修正其行为，并将对其处以 3 年刑期或征收 3000 万韩元以下罚金。

（三）韩国原产地规则实施情况

目前，韩国已实施自由贸易协定 8 个，加上已签署、仍处在谈判或联合研究阶段的协定和协议，共有 30 个自由贸易谈判对象和建设蓝图（见表 4 - 3）。

表 4 - 3　　　　　韩国主要区域贸易安排原产地规则比较

协定名称	税则分类改变 CTC	增值百分比标准（RVC）			加工工序	累积制度	微小含量
		向上累加法	向下扣除法	净成本			
韩国—智利	CTC（2，4，6）ECTC	30%	45%；80%	—	主要加工工序	双边	8%（例外）
韩国—新加坡	CTC（2，4，6）ECTC	—	40%；45%；35%；50%；55%	—	主要加工工序	双边	10%8%
韩国—美国	CTC（2，4，6）ECTC	35%；35%；30%；40%；30%	45%；55%；35%；50%；40%	35%	主要加工工序	双边	10%（除外）7%
韩国—东盟	CTC（2，4）ECTC	40%；35%；45%	—		主要加工工序	双边	10%

续表

协定名称	税则分类改变 CTC	增值百分比标准（RVC）			加工工序	累积制度	微小含量
		向上累加法	向下扣除法	净成本			
韩国—欧洲自由贸易联盟	CTC（2，4，6）ECTC	进口成分 MC 50%；45%；55%；35%；60%		—	主要加工工序	双边	10%（HS－24 除外）
曼谷协定	—	进口成分 MC 55%		—	最后加工工序	双边	—

资料来源：梁瑞：《区域贸易安排原产地规则研究》，知识产权出版社 2012 年版。

比较韩国在已签订的自由贸易区内实施原产地规则的情况可见，自由贸易区内实质性改变的判定标准，主要采用税目分类改变标准及其例外的形式，不同的是针对不同的国家税目改变的严格程度存在差异；增值百分比标准，存在具体计算方法及标准的差异，其中只有与美国签订的自贸协定中采用了净成本的确定标准；在加工工序的规定上，只有"曼谷协定"中采用的是"最后加工工序"，其他的都是"主要加工工序"；自由贸易区协定（FTA）中也对累计制度以及微笑含量的运用和判定标准作出了明确规定。

五、中国原产地规则的核心内容

（一）中国原产地规则的产生与发展

中国加入世界贸易组织（WTO）前，采用对进口和出口货物分别管理的原产地规则。采取这一分别管理办法的主要依据是 1986 年 12 月海关总署颁布的《中华人民共和国海关关于进口货物原产地的暂行规定》、1992 年国务院颁布的《中华人民共和国出口货物原产地规则》及其实施细则。这些法规规定，我国出口货物的原产地认定、原产地证书签发，由当时的全国贸促会和国家商检局按照"加工工序辅以增值百分比"的规定执行；全国出口货物的原产地认定和证书签发工作，由当时的国家经贸部实施统一监督管理。

2001 年中国正式加入世界贸易组织后，进口和出口货物原产地规则相分离的情况，不仅不符合 WTO《原产地规则协议》要求，而且阻碍了中国对外贸易发展，加深了中国与有关贸易国家之间的贸易摩擦。在此背景下，中国国务院于 2004 年颁布了《中华人民共和国进出口货物原产地条例》。该规定自 2005 年 1 月 1 日起，与《关于非优惠制原产地规则中实质性改变标准的规定》

一道正式施行。这是新中国第一部在 WTO《原产地规则协议》框架下建立的、进出口业务相统一的、具有更高法律效力的货物原产地规则。

(二) 中国原产地规则的主要内容

国务院颁布的《中华人民共和国进出口货物原产地条例》共 27 条，分别在立法意义及适用范围、原产地标准、原产地的判定要素、反规避、货物原产地申报及预确定以及原产地标记管理等作出了明确规定。其主要内容可概括为如下几个方面：

1. 立法意义及适用范围

《中华人民共和国进出口货物原产地条例》第二条规定："本条例适用于实施最惠国待遇、反倾销和反补贴、保障措施、原产地标记管理、国别数量限制、关税配额等非优惠性贸易措施，以及进行政府采购、贸易统计等活动对进出口货物原产地的确定。实施优惠性贸易措施对进出口货物原产地的确定，不适用本条例。具体办法依照中华人民共和国缔结或者参加的国际公约、协定的有关规定另行制定。"

《中华人民共和国进出口货物原产地条例》明确地将其适用范围扩大到实施最惠国待遇、反倾销和反补贴、保障措施原产地标记管理、国别数量限制、关税配额等非优惠性贸易措施，以及进行政府采购、贸易统计等活动对进出口货物原产地的确定。同时还排除对从属于优惠性贸易措施的进出口货物原产地的确定适用。这就实现了我国原产地规则向"主动管理"的转变，对正确判定货物的原产地，合理制定各项贸易措施，保护民族产业以及引导国内外资投向具有重要意义。

2. 货物原产地标准

（1）完全获得标准。若某一货物是完全在一国家或地区内获得，则该国或地区即为该货物的原产地。《中华人民共和国进出口货物原产地条例》针对在一国或地区完全获得的判定做出以下规定：①在一国出生并饲养长大的动物，在野外捕捉、捕捞、搜集的动物及其动物制品，活动物身上的所得的物品，悬挂一国旗帜的合法船舶在其领海及公海的所得及其加工制品等；②该国领土范围内获得的植物及其加工产品；③在该国领土以及该国范围以外享有开采权的地区采掘的矿物产品；④弃置或者用于回收用途的废碎料的生产；⑤不能修复的物品及其零部件的收集；⑥其他天然生成品等。

（2）实质性改变标准。对经过两个或两个以上国家加工或制造的进口货物，以最后一个对货物做出实质性改变的国家作为货物的原产地。确定货物是否发生实质性改变的基本标准是税则归类改变标准，并以从价百分比和加工工序标准作补充。具体标准按照国家质量监督检验检疫总局、海关总署和商务部共同制定的《关于非优惠原产地规则中实质性改变标准的规定》执行。其中，从价百分比标准的规定是以生产加工后货物增值部分占货物总价值的 30% 以上为判定依据。在《适用制造或者加工工序及从价百分比标准的货物清单》中对适用制造加工工序和从价百分比标准判定实质性改变的货物已经具体列出，未列入《适用制造或者加工工序及从价百分比标准的货物清单》货物的实质性改变按照税则归类标准进行判定。

3. 原产地标记管理

货物及其包装上标注的原产地应与依照《中华人民共和国进出口货物原产地条例》的规定所确定的原产地一致。若进口货物上标注的原产地与所裁定的原产地不一致，则由海关责令更正，如果出口货物上标注的原产地名称与所裁定的原产地不一致，则由出入境检验检疫机构和海关责令更正。

（三）中国原产地规则实施情况

中国从 2003 年正式开始自由贸易区建设。到目前为止，中国已建立了 10 个自由贸易区并签订了自由贸易协定。它们分别是：中国与东盟、新加坡、巴基斯坦、新西兰、智利、秘鲁、哥斯达黎加自由贸易协定以及中国大陆与中国香港、中国澳门和中国台湾地区的经济合作框架协议。除与哥斯达黎加自由贸易协定外，其他 9 个自由贸易协定已经开始实施。

我国目前正在商谈的自由贸易区共有 5 个。它们分别是：中国与海湾合作委员会自由贸易区、中国与澳大利亚自由贸易区、中国与挪威自由贸易区、中国与瑞士自由贸易区、中国与冰岛自由贸易区。另外，中国与印度的区域贸易安排联合研究以及与韩国的自由贸易区联合研究已经完成。中日韩三国的自由贸易区谈判也已经进行了多轮的高层会谈，相关问题正在深入探讨过程中。

与多边自由贸易区谈判并行的另一重大事件是，2000 年 4 月，中国加入当时的《亚太贸易协定》（全称为《亚太经社会发展中成员国贸易谈判第一协定》）。目前，该协定拥有成员国家（地区）是：印度、韩国、孟加拉国、斯里兰卡、老挝和中国。《亚太贸易协定》是亚太区域中唯一的由发展中国家组成的关税互惠组织，也是中国加入的第一个具有实质性优惠安排的区域贸易协议（见表 4 - 4）。

表4-4　　　　　　　　中国主要区域贸易安排原产地规则比较

协定名称	税则分类改变（CTC）	增值百分比标准（%）		生产或加工工序（TR）	累积制度	微小含量（%）
		MC	RVC			
曼谷协定	—	55		最后加工工序	双边	—
CEPA	CTC（2，4）	—	30	最后加工工序	—	—
中国—东盟	CTC（4）	60	40	最后加工工序 主要加工工序	双边	—
中国—巴基斯坦	—	60	40	—	双边	—
中国—智利	CTC（2，4）		40，50	—	双边	8
中国—新西兰	CTC（2，4，6） ECTC		30；40； 45；50	主要加工工序	双边	10
中国—新加坡	—		40	—	双边	10

从表4-4中可以看出，中国对原产地规则的重要性认识程度明显不足。另外，面对不同的合作伙伴，原产地规则执行的标准不统一，原产地规则的相关规定差异较大。因为缺乏统一标准，面临不同谈判对象时遇到的纠结和冲突自然就会大大地增多。鉴于此，关于原产地规则的规定需要弥补三个不足：

第一，适用性标准不统一。CEPA①、中国—东盟自由贸易区、中国—智利自由贸易区内实质性改变的判定标准，采用的是税目分类改变标准；中国—新西兰自由贸易区内，采用的是税目分类改变标准及其例外；曼谷协定、中国—巴基斯坦自由贸易区、中国—新加坡自由贸易区，则未作明确说明。由此可见，中国在原产地规则的对外适用性方面并没有统一标准。

第二，加工工序缺乏统一规定。例如，亚太贸易协定（曼谷协定）、CEPA采用的是最后加工工序的判定形式；中国—东盟自由贸易区，采用的是主要加工工序与最后加工工序相结合的形式；中国—新西兰自由贸易区，采用的是主要加工工序形式；另外，其他的自由贸易协定在这方面未作明确说明，实际执行起来全凭各方谈判来把握具体的执行标准。

第三，对微小含量的运用和判定标准缺乏统一规定。在中国已对外签署的各项自由贸易区协定中，虽然对累计制度以及微小含量的运用和判定标准作出了明确规定，但在微小含量的使用上存在较大差异。在中国已经签署的自由贸易区协定中，超过半数的协定并未对微小含量做出规定。这种情况在一定程度上妨

① CEPA（Closer Economic Partnership Arrangement），即《关于建立更紧密经贸关系的安排》的英文简称，包括中央政府与香港特区政府签署的《内地与香港关于建立更紧密经贸关系的安排》、中央政府与澳门特区政府签署的《内地与澳门关于建立更紧密经贸关系的安排》。

碍了自由贸易税基的确定，给原本简单的工作流程添加了大量的负面效应。

六、中韩两国原产地规则的比较

（一）两国原产地规则的共同点

1. 共同的立法原则

中韩两国都是世界贸易组织（WTO）的成员国，按照 WTO 的要求，中韩两国的原产地规则必须以 WTO《原产地规则协议》为基础，并在此框架下制定合理的原产地标准。基于这一前提，中韩两国在原产地规则领域的立法原则具有共同点。这些立法原则包括：

（1）原产地规则的制定要透明、中性。明确列出所采用的原产地标准，不能用于实现贸易目标，不能阻碍国际贸易发展，不能规定各种过分严格或与制造加工无关的规定，进出口货物的原产地标准不应比国内货物标准严格，不得针对某些成员国采取歧视性措施，要以公平、统一、一致、合理的原则制定和实施相关规则。

（2）原产地规则应采用肯定性标准。与肯定性标准对应的否定性标准仅适用于对肯定性标准的补充或对个别特殊商品原产地的确定。

（3）原产地裁决，应当在请求提出后的 150 天内做出裁决。原产地裁决结果的有效期为 3 年。如遇特殊情况，应当采用有效方式明示，并采取有效办法保证其法律的有效性。

（4）原产地相关行为的监督。原产地规则的制定和实施并非仅是一项技术性工作，在其背后蕴含着深层的贸易利益和国民福利，因此，原产地的判定行为应当接受来自司法和行政两个方面的监督，以保证其履行相应职责。

2. 基本概念和基本内容一致

中韩两国制定的原产地规则对原产地的判定标准、适用范围等一些基本概念的规定是相同的，中韩两国对原产地规则中若干基本内容的规定也是一致的。这些基本一致的内容包括：

（1）保密条款。中韩两国都要求原产地工作经办人员，要对申请人提交的资料和信息做好保密工作，未经允许，不得泄露。之所以必须制定这一保密条款，主要是因为，申请人提交的申请资料往往涉及一些商业秘密，一旦泄密会对材料提交人造成经济或其他方面的损失。保密条款还规定，经办人员泄露申请人提交申请资料相关内容的，要对其给申请人造成的经济损失进行赔偿，造成严重损失或情节严重的还要承担相应的司法责任。

（2）预确定规则。中韩两国的原产地规则中都规定了原产地预确定的内容。所谓原产地预确定，是指各国海关可以根据进口商或者利益相关人在货物进口前提交的材料做出货物原产地的预确定裁决。此项裁决生效后，如果实际情况一直没有新的改变，或者没有人对此提出重新确认的要求，则各国海关在一定期限内将不再对货物原产地进行新的裁决。

（3）原产地审查制度。中韩两国海关在做出原产地裁决时，都有权利到该货物的原产地进行核查，这一核查可以包括一切与原产地裁决有关的内容，例如，原产地产品的设计、制造等。

（二）两国原产地规则的不同点

1. 价值增值的确定标准不同

中国相关法律法规对在该国加工、制造货物价值增值的确定按从价原则判定。从价百分比的判定标准是：由非本国（地区）原产材料进行制造、加工后的增值部分，占货物价值的30%以上。韩国对在该国加工、制造货物价值增值的确定标准是：如果相对于原材料中零部件产生35%的增值，即可视为发生了"实质性改变"。韩国法律关于产品实质性改变的判定标准，相对于中国来说较为宽松一些。

2. 原产地规则的制度性安排存在差异

中韩两国在有关原产地规则的制度性安排方面存在的差异主要表现在：中国的原产地规则制度性安排在早期协定中只涉及累积制度，且大多采用双边累积。后期自由贸易协定中才开始使用微小含量标准，用以放松税则分类改变标准；韩国则在原产地规则的制度性安排方面，普遍使用了与世界贸易组织（WTO）相关规定接轨的双边累积规则和微小含量规则。与其相比，简单的累积制度与微小含量规则相比显然已经明显落后了。

3. 制度性差异产生的影响

（1）由于中韩两国原产地标准的不同，中国出口到韩国的产品相对于韩国出口到中国的产品可能会面对更严格的贸易障碍。由于我国原产地标准过于宽松，导致很多贸易加工产品即使在我国的增值百分比变化很低，也能轻易获得我国有关部门颁发的原产地证书，并以"中国产品"名义出口，计入中国产品对外出口的统计数据，过分夸大我国的国际贸易顺差，导致有关方面对中国贸易形势产生误判，甚至会引致韩国为减少对华的国际贸易顺差而加大海关监察等国际贸易保护措施，损害中韩两国自由贸易的健康发展。

（2）中国原产地规则不如韩国原产地规则的体系健全。例如，中国在政府采购上未作明确规定，而韩国在这方面的规定比较明确。在政府采购规定上的这种差异，会导致中国在某些产品的采购和使用上过分依赖外国进口，缺乏对本国产品的支持力度，降低中国生产该类产品的竞争力。

（3）过于宽松的原产地规则会误导国际投资。中韩两国原产地规定上的差异，可能会导致国际投资向原产地规则较宽松的一方流动。某些国际投资者为了减少产品的生产加工成本和规避进出口限制，或者受贸易利益的诱惑，会将资金直接投向原产地规则相对宽松的国家或者对象国家，以谋取更高的贸易利益。

七、完善中韩两国原产地规则的建议

（一）改善相关法律规则和管理体系

中国在原产地规则领域的不足主要表现在三个方面：一是原产地规则内容过于简单，产品实质性改变的标准过于宽泛。我国现行的原产地规定是按照2004年颁布的《中华人民共和国进出口货物原产地条例》执行的，该条例最初制定的背景是为了与WTO规则接轨和平稳过渡，时至今日，其中有些规定已不再适合现在的国际贸易发展，需要进行必要修正；二是立法体系不够完善。目前，各国国际贸易中几乎所有进出口货物都涉及原产地问题，我国现行法律法规主要有《中华人民共和国进出口条例》、《中华人民共和国海关法》、《中华人民共和国原产地标记管理规定》、《中华人民共和国原产地标记管理规定实施办法》等，但缺乏各国普遍采用的《政府采购法》等；三是监督管理不够严格，违法不究和执法不严，甚至徇私枉法情况还大量存在。为了提高中国原产地管理制度的效力、扩大原产地管理制度的适用范围，需要制定原产地管理方面的专门法律，使原产地条例和规定上升为法律，并增强执法方面的监督力度。同时，应建立中央政府级别的原产地管理机构，解决中国没有类似"原产地确认委员会"等专门原产地管理机构，原产地管理权威性不足的问题，以便形成统一、高效的原产地管理体系。

　　韩国签订的 FTA 原产地认定办法中没有统一标准。对企业来说，按照各个不同自由贸易协定的要求，提供生产不同产品采用的"不同的原材料、不同的采购途径和生产方法"是一件非常麻烦的事情。为了提高韩国原产地的认定效率，需要制定便于韩国企业利用的简单而具有统一性的原产地标准。此外，韩国与数十个国家签署的自由贸易协定中关于原产地规则的差异，也给中小型出口企业带来混乱，尤其是复杂的原产地规则会引起额外的行政负担，因此，有些企业不愿意利用 FTA 优惠关税。在这种情况下，最佳方法是制定统一原产地规则，但从自由贸易协定的特征来看，几乎不可能出现统一的原产地规则。鉴于这一情况，韩国在与其他国家进行自由贸易协定谈判中，应尽量制定简单且易于理解的原产地规则，努力对原产地认定标准的共同事项、产品个别事项进行预先设计，使各个自由贸易协定的原产地认定标准尽量统一和相似。为了让进出口企业积极利用区域贸易协定，韩国的法律体系也应努力简化，并且可以考虑将分散于《关税法》、《对外贸易法》等多种形态的法律整合成一个统一的《自由贸易区关税特例法》。

(二) 简化原产地证明程序

　　韩国复杂的原产地规则加上严格的原产地证明程序会给缔约国带来多种有关行政程序和行政费用[①]。国际经验表明，如果原产地证明和核查程序过于复杂而严格，证明原产地的费用比享受优惠关税的额度还高，进出口商利用自由贸易区相关优惠政策的积极性就会大大减弱，利用原产地规则推动国际贸易发展，促进经济繁荣的目标就可能落空。

　　此外，由于每个自由贸易协定都有不同的核查方式和文件签发步骤，为了简化原产地认证出口商制度和原产地证书签发程序，需要对程序进行必要的简化。以美国自由贸易协定中的原产地规则为例，美国的原产地认证方式，采用的是自主证明方式。由于自主证明比机构证明方式更能减少相关部门对原产地规则的负担，这对中小出口企业来说可能会成为更加有利的方式。为了解决自主证明制度可能发生的虚假证明问题，美国明确规定了进口商或出口商承担的责任，并在此基础上导入了资料保管义务和海关原产地管理系统[②]。

　　目前，韩国已以大企业为中心开发并使用这一海关原产地管理系统，为了让中小企业也能使用原产地管理系统，韩国海关总署还针对中小企业实施了以

---

　　① 这里的行政费用（Administration Cost），是指与原产地证明相关的费用。通常情况下，原产地规则越严格、原产地证书签发程序越复杂，企业要承担的费用就越多。

　　② 海关原产地管理系统，是以各个相关协定的原产地认定标准为数据库，系统性管理原产地认定、证书发放、核实等所有相关业务的系统。

电子方式共享原产地确认书等工作程序。该系统投入运行后，不仅可以帮助企业实现对原料购买、产品生产、产品出口、最终核实等阶段的电算化管理，同时，还可以帮助韩国中小企业提高信誉度，帮助企业实现特定产品的原产地自动认定，并能与海关原产地管理系统链接，完成申请签发原产地证书和出口原材料原产地确认书等工作。由于这一系统大大节省了贸易界的物流费，缩短了通关所需时间，并有防止虚假原产地证书发放的功能，推出之后受到了广泛欢迎。

（三）中韩两国 FTA 原产地规则合作建议

1. 寻求原产地认定标准的最佳方案

对于原产地规则，中国主要采用的实质性改变标准是从价百分比标准和税则归类改变标准，而韩国主要采用的实质性改变标准是税则归类改变标准。在中韩两国自由贸易协定的谈判过程中具有特殊参考价值的是与中国和韩国都签订了与东盟和智利的 FTA（即中国—东盟 FTA、中国—智利 FTA、韩国—东盟 FTA、韩国—智利 FTA）。其中，中国和韩国与东盟签订的自由贸易协定中两国的原产地规则的主要认定标准都是 4 位数级税则归类改变标准和从价百分比标准，两种标准在原产地规则的认定标准中占较大比重。在推进中韩自由贸易协定签署的过程中，应积极寻求此类（以税则归类改变标准为主、以从价百分比标准为辅）的共同点。如果有些产品用税则归类改变标准无法充分认定原产地，可以先将这些产品挑选出来，然后用从价百分比标准来判定；对纤维制品、服装产品（HS 50 - 63 类）则可以采用加工工序标准来认定原产地，这样既可以将原产地规则简单化，又可以对税则归类改变标准的缺点进行完善，这应该是中韩两国之间最为理想的原产地认定方法。

2. 简化双方原产地证明文件

中韩两国自由贸易协定不管采用哪种原产地认定标准，都需要通过简化形式来节省费用和保持透明性。相比原产地证书的机构证明方式，采取自主证明方式更能减少企业的费用和负担。原产地认证出口商在申请签发原产地证书时，不仅可以省略多种文件的提交，省略签发机构的审核，简化申请书提交的程序（在网上也可提交），而且可以加快原产地证书的发放，为企业节省时间和费用。关于这种制度建设的具体内容，需要中韩两国在自由贸易协定的谈判过程中进行充分协商。

3. 中韩 FTA 原产地标准中引入境外加工条款

在韩国原产地规则中，具有境外加工条款的重要内容，但中国到目前为止还没有引入有关境外加工的条款。在韩国与中国签订自由贸易协定时是否引入"境外加工"条款对中韩两国自由贸易区的建设至关重要。原因有三个：

第一，对韩国来说，自由贸易协定中引入"境外加工条款"，是保持朝鲜半岛和平、民族和谐及民族经济发展的国际谈判基础，因此是必须导入的条款。中国也可以像韩国导入开城境外加工条款一样引入台湾、香港、澳门地区的"境外加工"。所以，自由贸易协定中的"境外加工"条款对中国来说也是可以实现"一国两制四个地区（大陆、台湾、香港、澳门）"的条款，在政治上有重大意义。

第二，中国可以通过与韩国签署自由贸易协定，推动东亚经济一体化，限制美国在东亚地区的影响力，并为构建新的合作秩序奠定重要基础。此外，韩国通过"境外加工"条款强调韩国与朝鲜贸易的特殊性，也有利于激活韩国与朝鲜的贸易，有利于恢复韩国与朝鲜的经济联系。如此一来，在中韩自由贸易协定中引入"境外加工"条款，就无形之中变成了一个涉及韩国·朝鲜·中国经济一体化的重要条款，这对东北亚地区的和平和东亚新合作秩序的建立具有重要影响。

第三，中国目前与其他 WTO 成员一样对朝鲜产品给予最惠国关税（Most Favoured Nation Tariff，简称 MFN）。朝鲜是中国传统的友好近邻，如果中国允许将朝鲜导入中韩自由贸易区原产地规则谈判的"境外加工"条款，必定对东亚地区的政治稳定和经济发展做出积极贡献。

4. 制定统一有效的原产地规则

原产地规则是海关确定进口货物原产国的依据，只有被认定为原产地的商品，才能在出口中享受自由贸易区税收优惠。按照这一要求，有效的原产地规则应当满足如下几方面要求：

（1）避免滥用原产地认证。为了满足过度限制性的原产地规则，企业可能会改变贸易和投资决策，牺牲资源配置的效率。例如，企业为满足 RVC（区域价值成分）标准而改变货物来源，仅仅在自由贸易区（FTA）成员内部采购，放弃自由贸易区外部更具竞争优势的原材料和中间产品，导致资源优化配置效率的损失。

（2）避免损害技术进步动力。为满足加工工序标准而放弃技术改造，使得技术进步动力减退；为享受优惠关税税率而改变投资决策，在自由贸易区成员内部而放弃到更具比较优势的其他国家进行产品加工、制造和装配。

（3）避免把原产地规则作为关税减让后保护国内市场的补充手段。在原产地规则谈判的过程中，应同时制定有效的、便于操作的程序性规则，以提高企业运营效率和行政效率，减少对人力资源和行政资源的浪费。

由于原产地规则作为自由贸易区谈判的难点和重点，是区域贸易安排中的重要组成部分，自由贸易区各成员国要想从区域贸易安排中获得最大利益，必须在自由贸易区谈判之前，对本国利益以及非成员方贸易情况进行深入调查研究，并在此基础上设计出符合本国利益的原产地规则框架。它有利于在正式谈判中与各个成员国进行针对性磋商，并从本国利益及自由贸易区贸易安排角度出发，确定合理谈判方案。

5. 运用原产地累积标准来调整贸易给惠区域

原产地规则实行是累计规则的主要目的是，进一步分解自由贸易区域内的生产环节，提高自由贸易区域内的产业分工水平，增加自由贸易区域内产品获得优惠的机会。累计规则的另一重要功能是，使原产地规则变得相对宽松，产生更多贸易创造效应，实现对区域内资源的有效分配。按照这一标准，可以从不同的贸易利益出发，在不同的自由贸易协定下采取不同的累计标准，以扩大或缩小给惠区域。

附录：

中华人民共和国进出口货物原产地条例

（2004 年 8 月 18 日国务院第 61 次常务会议通过）

第一条　为了正确确定进出口货物的原产地，有效实施各项贸易措施，促进对外贸易发展，制定本条例。

第二条　本条例适用于实施最惠国待遇、反倾销和反补贴、保障措施、原产地标记管理、国别数量限制、关税配额等非优惠性贸易措施以及进行政府采购、贸易统计等活动对进出口货物原产地的确定。

实施优惠性贸易措施对进出口货物原产地的确定，不适用本条例。具体办法依照中华人民共和国缔结或者参加的国际条约、协定的有关规定另行制定。

第三条　完全在一个国家（地区）获得的货物，以该国（地区）为原产地；两个以上国家（地区）参与生产的货物，以最后完成实质性改变的国家（地区）为原产地。

第四条　本条例第三条所称完全在一个国家（地区）获得的货物，是指：

（一）在该国（地区）出生并饲养的活的动物；

（二）在该国（地区）野外捕捉、捕捞、搜集的动物；

（三）从该国（地区）的活的动物获得的未经加工的物品；

（四）在该国（地区）收获的植物和植物产品；

（五）在该国（地区）采掘的矿物；

（六）在该国（地区）获得的除本条第（一）项至第（五）项范围之外的其他天然生成的物品；

（七）在该国（地区）生产过程中产生的只能弃置或者回收用作材料的废碎料；

（八）在该国（地区）收集的不能修复或者修理的物品，或者从该物品中回收的零件或者材料；

（九）由合法悬挂该国旗帜的船舶从其领海以外海域获得的海洋捕捞物和其他物品；

（十）在合法悬挂该国旗帜的加工船上加工本条第（九）项所列物品获得的产品；

（十一）从该国领海以外享有专有开采权的海床或者海床底土获得的物品；

（十二）在该国（地区）完全从本条第（一）项至第（十一）项所列物品中生产的产品。

第五条　在确定货物是否在一个国家（地区）完全获得时，不考虑下列微小加工或者处理：

（一）为运输、储存期间保存货物而作的加工或者处理；

（二）为货物便于装卸而作的加工或者处理；

（三）为货物销售而作的包装等加工或者处理。

第六条　本条例第三条规定的实质性改变的确定标准，以税则归类改变为基本标准；税则归类改变不能反映实质性改变的，以从价百分比、制造或者加工工序等为补充标准。具体标准由海关总署会同商务部、国家质量监督检验检疫总局制定。

本条第一款所称税则归类改变，是指在某一国家（地区）对非该国（地区）原产材料进行制造、加工后，所得货物在《中华人民共和国进出口税则》中某一级的税目归类发生了变化。

本条第一款所称从价百分比，是指在某一国家（地区）对非该国（地区）原产材料进行制造、加工后的增值部分，超过所得货物价值一定的百分比。

本条第一款所称制造或者加工工序，是指在某一国家（地区）进行的赋予制造、加工后所得货物基本特征的主要工序。

世界贸易组织《协调非优惠原产地规则》实施前，确定进出口货物原产地实质性改变的具体标准，由海关总署会同商务部、国家质量监督检验检疫总局根据实际情况另行制定。

第七条　货物生产过程中使用的能源、厂房、设备、机器和工具的原产地，以及未构成货物物质成分或者组成部件的材料的原产地，不影响该货物原产地的确定。

第八条　随所装货物进出口的包装、包装材料和容器，在《中华人民共和国进出口税则》中与该货物一并归类的，该包装、包装材料和容器的原产地不影响所装货物原产地的确定；对该包装、包装材料和容器的原产地不再单独确定，所装货物的原产地即为该包装、包装材料和容器的原产地。

随所装货物进出口的包装、包装材料和容器，在《中华人民共和国进出口税则》中与该货物不一并归类的，依照本条例的规定确定该包装、包装材料和容器的原产地。

第九条　按正常配备的种类和数量随货物进出口的附件、备件、工具和介绍说明性资料，在《中华人民共和国进出口税则》中与该货物一并归类的，该附件、备件、工具和介绍说明性资料的原产地不影响该货物原产地的确定；对该附件、备件、工具和介绍说明性资料的原产地不再单独确定，该货物的原产地即为该附件、备件、工具和介绍说明性资料的原产地。

随货物进出口的附件、备件、工具和介绍说明性资料在《中华人民共和国进出口税则》中虽与该货物一并归类，但超出正常配备的种类和数量的，以及在《中华人民共和国进出口税则》中与该货物不一并归类的，依照本条例的规定确定该附件、备件、工具和介绍说明性资料的原产地。

第十条　对货物所进行的任何加工或者处理，是为了规避中华人民共和国关于反倾销、反补贴和保障措施等有关规定的，海关在确定该货物的原产地时可以不考虑这类加工和处理。

第十一条　进口货物的收货人按照《中华人民共和国海关法》及有关规定办理进口货物的海关申报手续时，应当依照本条例规定的原产地确定标准如实申报进口货物的原产地；同一批货物的原产地不同的，应当分别申报原产地。

第十二条　进口货物进口前，进口货物的收货人或者与进口货物直接相关的其他当事人，在有正当理由的情况下，可以书面申请海关对将要进口的货物的原产地作出预确定决定；申请人应当按照规定向海关提供作出原产地预确定决定所需的资料。

海关应当在收到原产地预确定书面申请及全部必要资料之日起150天内，依照本条例的规定对该进口货物作出原产地预确定决定，并对外公布。

第十三条　海关接受申报后，应当按照本条例的规定审核确定进口货物的原产地。

已作出原产地预确定决定的货物，自预确定决定作出之日起3年内实际进口时，经海关审核其实际进口的货物与预确定决定所述货物相符，且本条例规定的原产地确定标准未发生变化的，海关不再重新确定该进口货物的原产地；

经海关审核其实际进口的货物与预确定决定所述货物不相符的，海关应当按照本条例的规定重新审核确定该进口货物的原产地。

第十四条　海关在审核确定进口货物原产地时，可以要求进口货物的收货人提交该进口货物的原产地证书，并予以审验；必要时，可以请求该货物出口国（地区）的有关机构对该货物的原产地进行核查。

第十五条　根据对外贸易经营者提出的书面申请，海关可以依照《中华人民共和国海关法》第四十三条的规定，对将要进口的货物的原产地预先作出确定原产地的行政裁定，并对外公布。

进口相同的货物，应当适用相同的行政裁定。

第十六条　国家对原产地标记实施管理。货物或者其包装上标有原产地标记的，其原产地标记所标明的原产地应当与依照本条例所确定的原产地相一致。

第十七条　出口货物发货人可以向国家质量监督检验检疫总局所属的各地出入境检验检疫机构、中国国际贸易促进委员会及其地方分会（以下简称签证机构），申请领取出口货物原产地证书。

第十八条　出口货物发货人申请领取出口货物原产地证书，应当在签证机构办理注册登记手续，按照规定如实申报出口货物的原产地，并向签证机构提供签发出口货物原产地证书所需的资料。

第十九条　签证机构接受出口货物发货人的申请后，应当按照规定审查确定出口货物的原产地，签发出口货物原产地证书；对不属于原产于中华人民共和国境内的出口货物，应当拒绝签发出口货物原产地证书。

出口货物原产地证书签发管理的具体办法，由国家质量监督检验检疫总局会同国务院其他有关部门、机构另行制定。

第二十条　应出口货物进口国（地区）有关机构的请求，海关、签证机构可以对出口货物的原产地情况进行核查，并及时将核查情况反馈进口国（地区）有关机构。

第二十一条　用于确定货物原产地的资料和信息，除按有关规定可以提供或者经提供该资料和信息的单位、个人的允许外，海关、签证机构应当对该资料和信息予以保密。

第二十二条　违反本条例规定申报进口货物原产地的，依照《中华人民共和国对外贸易法》、《中华人民共和国海关法》和《中华人民共和国海关行政处罚实施条例》的有关规定进行处罚。

第二十三条　提供虚假材料骗取出口货物原产地证书或者伪造、变造、买卖或者盗窃出口货物原产地证书的，由出入境检验检疫机构、海关处 5000 元以上 10 万元以下的罚款；骗取、伪造、变造、买卖或者盗窃作为海关放行凭证的出口货物原产地证书的，处货值金额等值以下的罚款，但货值金额低于

5000 元的，处 5000 元罚款。有违法所得的，由出入境检验检疫机构、海关没收违法所得。构成犯罪的，依法追究刑事责任。

第二十四条　进口货物的原产地标记与依照本条例所确定的原产地不一致的，由海关责令改正。

出口货物的原产地标记与依照本条例所确定的原产地不一致的，由海关、出入境检验检疫机构责令改正。

第二十五条　确定进出口货物原产地的工作人员违反本条例规定的程序确定原产地的，或者泄露所知悉的商业秘密的，或者滥用职权、玩忽职守、徇私舞弊的，依法给予行政处分；有违法所得的，没收违法所得；构成犯罪的，依法追究刑事责任。

第二十六条　本条例下列用语的含义：

获得，是指捕捉、捕捞、搜集、收获、采掘、加工或者生产等。

货物原产地，是指依照本条例确定的获得某一货物的国家（地区）。

原产地证书，是指出口国（地区）根据原产地规则和有关要求签发的，明确指出该证中所列货物原产于某一特定国家（地区）的书面文件。

原产地标记，是指在货物或者包装上用来表明该货物原产地的文字和图形。

第二十七条　本条例自 2005 年 1 月 1 日起施行。1992 年 3 月 8 日国务院发布的《中华人民共和国出口货物原产地规则》、1986 年 12 月 6 日海关总署发布的《中华人民共和国海关关于进口货物原产地的暂行规定》同时废止。

第五章

日本食品安全规制及对
中日食品贸易的影响

日本是对食品贸易安全关注较早的国家之一。它在长期改革和演进过程中逐渐形成的从"否定列表制度"到"肯定列表制度"的特殊规制模式，不仅推动了日本食品安全水平的提升，而且对整个世界食品贸易产生了重要影响。中国作为对日食品出口的大国，同样强烈地感受到日本食品安全规制的冲击，并已经从转变国内食品企业的发展模式、积极维护中国企业的合法权益、加强我国食品安全规制研究等方面做出了积极的回应。本章以此为背景，拟就日本食品安全规制体系的构成和内容，尤其是日本《食品残留农业化学品肯定列表制度》正式实施以后，对中日食品贸易的影响做一探析。

一、引　　言

（一）起源与现状

关于日本食品贸易监管的记载可追溯到 100 年前的明治与大正时期（1867～1926 年）。在长达 100 多年的改革历程中，日本食品安全规制逐渐从实体法规制转向自主规制、从事后查处转向事先防治，并整合各个方面的积极性，形成了集行政性、经济性、社会性"三位一体"较完备的管理机制。

国内外学者对食品安全规制的研究主要集中于三个领域：一是关于食品安全规制内容的研究，包括食品安全追溯制度、中毒报告制度以及食品标识制度的设计、改革和完善，以及相关制度实施效果的深度分析等；二是与食品安全规制相关的公共监督系统研究，包括确立以预防为基础的全程化安全管理理念、食品安全保障机制和食品安全的检测、检验标准设计等；三是自主性风险规制体系的设计，包括食品安全规制的标准、食品安全监督管理体系以及由实体法规转向自主规制的意义等。

目前，国内学者对食品安全规制及其贸易波及效果的研究还较少深入研究，相关研究文献大多寓于一般性概念分析和重要意义的阐述，不仅缺乏跨国别、有力度的调查研究，而且缺乏基于两国不同贸易政策的案例分析和基于贸易数据的实证研究。面对东亚区域经济合作与发展的新形势及中国开放型经济发展的内在需求，必须将食品安全规制及其相关领域的研究，纳入中国对日食品贸易发展的重大选题，并拓展研究思路、优化研究方法，尽快形成扎实有效的研究成果和具有可操作性的工作方案，将提升中国食品安全管理水平和增强中国食品企业的国际竞争力，看成是事关中国食品加工企业生死存亡的战略性问题。

（二）相关概念和理论

1. 食品安全和食品安全规制

食品安全包含两层含义：一是指狭义的食品安全性，即通常所说的食品"卫生"；二是指包括饮食文化和食物摄取方法在内的综合安全性，它是一种包含了食品的营养、卫生和科学等多元要素在内的综合性的食品安全，是包含了食物摄取方法和饮食文化等丰富内容的食品安全，是食品安全这一词汇随着人类对高水平生活不断追求而演变的有力证明。

食品安全规制，是以保护消费者健康、安全、卫生为目的，对食品生产经营活动制定一系列标准的工作体系和制度环境。食品安全规制的产生、演进与变迁离不开固有的环境、历史条件及特定发展背景。从世界范围看，食品安全规制已完成三次大的演进：第一次演进的成果是建立了良好食品安全生产规范；第二次演进的成果是建立了以鉴别、评价和控制食品中的危害因子为主要任务的食品安全检测、监控系统；第三次演进的成果是围绕健康保护目标将食品安全规制延伸到整个食物链。

我国对食品安全规制的认识同样经历了几个不同阶段：20世纪90年代前，中国食品安全规制重心是食品数量安全问题，规制目标局限于食品卫生管理层面。90年代以后，中国食品安全规制理念开始进入为食品链各个阶段提供基本安全保障阶段。为应对频发的食品安全事件，加快食品安全立法进程，至2006年，共制定食品安全法律、法规840多部，基本上解决了在食品监管领域内有法可依的问题。2008年以后，中国食品安全规制开始寻求管制模式等方面的突破。将原先食品药品监管总局并入卫生部，并将新卫生部作为食品安全规制领域的综合监督协调部门，负责食品药品领域的综合监管、组织协调和重大事故处置。同时，在立法层面，2009 年中国制定了第一部食品安全治理基本法——《食品安全法》。它突破《食品卫生法》的局限，把较低层次的食品卫生规制理念和一般性产品质量理念上升到世界卫生组织倡导的食品安全立法理念，更加重视对食品生产链全程的安全管控。这一阶段的食品安全规制改革，开始与国际规制发展演进路径高度吻合。

2. 规制理论

规制，是由行政机构依据有关法规制定并执行的直接干预市场资源配置机制或间接改变企业或消费者供需决策的一般规则或特殊行为。目前，关于规制理论的研究可以分为两大流派：一是侧重于说明相关事物或行为"应该怎么样"的研究，研究方法偏重于规制领域的规范分析；二是侧重于应用实证手段来证明考察对象"是什么"的研究，研究方法偏重于规制领域的实证分析。

从规制的内容看，可将之分为经济性规制和社会性规制两类：经济性规制，主要关注政府在约束企业定价、产业进入和退出方面的作用，主要针对自然垄断和信息不对称等特征的行为。经济性规制可通过以下方式实施：一是对产业的进入和退出的企业数量或者产业内企业竞争者的数量进行规制，例如，制定较高的标准和发放许可证等措施；二是对企业产品或者服务进行定价规制，包括费率水平规制或费率结构规制；三是对企业产量进行规制，限制或者鼓励企业进行生产；四是对企业产品质量进行规制，但其监督成本、检查成本较高，较少采用。社会性规制，以确保居民生命健康安全、防止公害和保护环境为目的而进行的规制，主要通过外部性政策、相应标准的设立、发放许可证、收取各种费用等方式进行。

3. 绿色技术贸易壁垒

各国以保护本国人民健康和安全为借口，在国际贸易中实行了特别严格的有关生态环境保护的技术法规与标准，从而对进口的外国商品造成一系列的技术性障碍，为保护环境直接或者间接的禁止或者限制贸易的措施。

日本使用绿色技术贸易壁垒手段对各国食品进口进行了严格限制。它不仅严格界定了进口产品的形态和品质，同时还对产品的生产工艺和生产方法有着严格的要求。对出入境的农产品，不仅从动植物虫害角度进行分析，还从食品的角度进行卫生防疫检查。

4. 非关税壁垒

非关税壁垒是发达国家限制商品进口和掠夺市场的重要手段之一，是政府用除关税之外的手段实施贸易限制的重要措施。最初的非关税壁垒主要作为限制进口的防御性措施；后来，非关税壁垒开始被用来作为同其他国家进行贸易谈判的手段。发达国家具有经济发展度和贸易地位等方面的优势，经常利用非关税壁垒对发展中国家进行各种类别的贸易歧视。

非关税壁垒的形态分为直接非关税壁垒和间接非关税壁垒两种类型。其中，直接非关税壁垒，是由海关对进口商品的数量和品种加以限制的措施。主要手段包括，进口限额制、进口许可证制、自动出口限额制等；间接非关税壁垒，主要通过对进口商品制定严格的海关手续或通过外汇管制，间接实现限制商品进口的目的。主要手段包括，对进口货征收国内税，实行外汇管制，烦琐的卫生安全质量标准以及包装装潢标准，制定购买国货和限制外国货的条例等。非关税壁垒作为一种保护国内工业的防御性手段，具有较强的针对性和灵活性，更深的隐蔽性和强大的歧视性，并具有限制进口的作用。

5. 食品安全壁垒

食品安全壁垒，是以一系列技术法规为核心，以保护进口国国生态环境和防止环境污染为名义制定的，涉及食品生产、包装运输、销售和使用多个环节的一系列严格的法规与标准，是通过对进口食品实行繁多的认证与检验检疫等程序评定，依次对出口到本国的食品进行限制的一种非关税壁垒。食品安全壁垒的表现形式具有多样性与全程性、表面上的合理合法性与实质上的保护性等特征，具有以科学环保为名义的隐蔽性，以及有针对性限制竞争等属性。

二、日本食品安全规制的体系构成

日本食品安全规制体系包括三个重要系统：一是以日本食品安全委员会、厚生劳动省、农林水产省为主要代表的食品安全的监管部门及其掌管的安全规制监督系统；二是比较完善的食品安全规制的法律体系，其中，2003年颁布的《食品安全基本法》，为日本食品安全行政制度提供了基本原则和要素；三是严格的检验、检疫制度及食品安全检测、监督体系。总结日本食品安全规制体系跌宕起伏的发展历程，可看到其如下几个特征：

第一，规制覆盖范围不断扩大。以日本肯定列表制度为例，1991年，日本只对26种农药、53种农产品制定了农药残留标准；1992年，日本开始不断扩大农产品残留农药标准的控制范围，到2001年时，其控制范围已经达到214种农药，130多品种的农产品，并且制定了近8000个标准指数。2003年，日本制定的农兽药残留标准达到了350种；2004年8月公布的"肯定列表"进一步制定和修改了669种动物用药残留、添加剂和农药标准，2006年颁布并实施的

"肯定列表"则对700多种农药以及饲料添加剂的成分设立了暂定标准。同时，日本还对不能确定具体标准的农药及饲料添加剂设定了一个统一标准，即0.01mg/kg的统一标准，一旦进口日本的食品中药剂含量超过这个标准，就将被建立在食品安全规制基础上的"绿色贸易壁垒"阻隔于食品贸易圈子之外。

第二，从政府主导到食品从业者自觉管理。日本食品安全规制以保护消费者安全和健康为由，对食品生产经营活动作出了一系列限制性规定。同时，日本政府还借鉴欧美等国建立食品安全规制体系的做法，设立了跨部门食品安全委员会，专门对食品安全事务进行管理，并在企业层面设立了食品安全危机小组，以便快速应对突发性食品安全引发的各类问题。此外，日本高度关注对消费者进行食品安全教育，促进消费者和生产者共同安心食品安全，为全面提升食品安全意识奠定了坚实社会基础。

第三，由事后应对转变为事前预防。为解决食品安全范围广、物种多、难以形成统一标准的难题，日本推行了一种企业自主性事后安全管理系统，要求企业自行制定行为准则和安全基准，并通过签订合同对企业外部生产经营活动进行控制。由于这种事后应对性的自主安全管理系统，受企业管理能力、商业道德因素约束，对超越企业管辖范围的规制活动影响力不足，往往难以独撑安全管理重任。随着食品安全问题日益增多，日本食品安全规制重点开始从事后应对转为事前防御，形成了预防为主，防御结合理念，企业自主安全规制系统逐渐演化成公共安全规制的补充条款。

第四，坚持消费者至上原则。强调将消费者利益放到最高位置，并要求与法律和法规的要求保持一致性、与利益相关者的需求保持一致性。为实现这一目标，日本的食品安全规制强调从源头抓起，制定了整个食品供应过程中各个阶段应采取的必要措施。为保障生产材料和产地品质的安全，日本食品法典委员会还同时制定了涉及产品制造、商品流通、进口贸易等环节的种类繁多的检验标准和管理规则，以及完备的动物检疫系统和肯定列表制度。在此基础上，日本综合各方面经验，制定并实施了《进口食品监督指导计划》等法律法规及配套的实施标准、规章制度，为日本食品安全规制提供了坚实的法律基础和有利的社会环境。

三、日本食品安全规制的核心内容

（一）过程化管理和安全追溯制度

所谓过程化管理，是指对食品生产到流通的整个过程的安全控制与监督，是一种基于流程的全面的质量监督和管理，只有保障每一个环节都达到了食品质量标准的要求，才能说它是符合日本食品安全规制要求的产品。

所谓安全追溯制度，是在采用激光码等技术手段对业户进行全面登记基础上，针对特定事件或专门事项进行问题查找的机制和体系。其功能在于，一旦出现食品安全问题，可以将责任直接追溯到到生产的源头，并迅速确定相关责任人，具有责任明确，监督到位的优点，对食品安全起到了预防和保障作用，同时也大大提高了食品安全监督的透明度，增强了管理机构公信力。

（二）　食品标识监督和处罚制度

它包括两项重要规定：一是在食品包装物及其容器外包装显要位置注明食品构成、功能和标识等内容；二是对日出口食品包装必须包括日文标识，以便日本国民容易读懂相关内容。严格的食品标识规定，减少了复杂烦琐包装样式对消费者的误导和遮蔽，提高了进口食品质量的真实性，为食品安全制度的展开奠定了基础。

监督和处罚制度，是指地方质量技术监督部门发现标注内容不符合法律和行政法规或不符合食品真实属性时，可直接对进口食品予以限制进口数量、征收违章罚金等处罚措施。此规制看似简单，实则为进入日本食品市场筑起了较高贸易壁垒。

（三）　食品肯定列表制度

肯定列表制度是针对大部分对日出口农产品和食品而设限的规制内容。它涉及的领域很广，其中，农业化学品残留限量包括"沿用原限量标准而未重新制定暂定限量标准"、"暂定标准"、"禁用物质"、"豁免物质"和"一律标准"五大类型；对尚不能确定具体标准的兽药、农药以及饲料添加剂成分的，设定 0.01mg/kg 的统一标准，一旦进口食品中药残含量超过设定标准将会被禁止进口。

从日本食品肯定列表制度实施的效果来看，它严重限制了中国水产品对日本出口（中国是日本最大水产品贸易伙伴），维护了日本国内水产品的自给自足，成为一个强有力的保护本国食品生产经营的武器。

（四）　食品中毒报告制度

日本的食品中毒报告制度包括中毒死亡报告制度、报告催促制度和中毒患者报告制度等内容。按照这一制度的要求，一旦发生食品中毒事件，不仅要查处中毒原因，确认中毒者中毒程度、确定中毒人数和中毒时间长短，还要制定详细记录并归档，如果有所延误或疏漏，报告催促制度将发挥重要监督作用。这一看似烦琐的报告制度，因为具有报告事项的严格要求、监管流程的严格规定，无形之中为建立科学的食品安全标准，严控食品的质量，将食品中毒事件减少到最低限度创造了良好条件。

（五）特殊食品安全管理制度

日本食品安全规制体系中的特殊食品，包括特定保健用品，转基因食品，进口食品安全规制措施等。它们具有受众面小、物种杂、难管理等属性。由特殊食品的上述属性所决定，日本食品安全规制系统对特殊食品采用了量体定制的管理制度，扩大了食品安全规制的覆盖领域，保障了国内消费者多元化利益。同时，也减少了管理的漏洞，为其建立严格监察系统和实施高标准的安全规制创造了条件，为建立较高的食品贸易绿色壁垒奠定了基础。

四、日本食品安全规制的成因分析

（一）日本原因分析

1. 设置食品进口的非技术壁垒

日本是亚洲最大的农产品进口国，其农产品自给率不足40%，需要大量进口农产品、水产品才能满足国内的需求。随着WTO农业谈判的深入，开放农产品进口市场已成为一个必然趋势。在日本一项民意调查中，有78.6%的被调查者对此表现出不同程度的忧虑和不安。在此背景下，日本不仅要依靠进口食品补充国内生产不足存在的缺陷，同时，也需从经济安全角度对国内市场进行保护。为实现这一目标，日本农林水产省特别提出了"农产品贸易均衡性"概念，反对日本农产品市场过度开放，要求日本政府采取有效的食品安全规制，在保证日本国民对农产品、水产品实际需求的同时，防止国外食品进口对日本相关产业形成冲击，以保护国内农业生产者的利益。

2. 提高农产品自给率

提高农业发展水平，提高农产品自给率是日本应对国际贸易自由化的一项重要措施。尤其是随着中国对日出口量的不断提高，它对日本本国农业发展造成的影响已经引起了各方面重视。为此，日本新《农业基本法》作出了专门规定，要求提高本国粮食的供给率，全面提升日本食品的国际竞争力，并对农产品自给率的模式进行了具体规划和设计。新《农业基本法》同时还指出，提高农产品自给率，需要创造适合农业发展的外部环境，不能过度开放日本的食品进口市场，以免国外产品进口对日本本国市场造成过大的冲击。

3. 提高食品质量

日本作为发达国家，本国消费者对食品质量和安全有较高的要求，迫于消费者和行业协会的压力，日本政府势必高调关注食品安全问题，并通过一系列措施保护国内消费者利益。近年来，在全球已爆发多次重大食品安全事件的情况下，日本政府采用严苛的食品质量标准对待进口食品，尤其是加强对中国食品的稽查可谓一箭双雕。一来因为中国进口食品多为配料供应，不直接进入日本市场，进口限制不会影响日本食品供应；二来能通过社会舆论保证日本政府在国民中的支持率。

（二）中国原因分析

我国食品之所以会受到日本食品安全规制的影响，还因为我国现行的食品残留检测标准与发达国家存在较大差距。这一差距具体表现在三个方面：

1. 残留限量标准覆盖面狭窄

我国现行的农药残留标准有9项，主要以国家标准 GB2763—2005《食品中农药最大残留限量》为核心，分别对水产品、茶叶、花生、水果、叶菜、玉米和柑橘等食品进行检测，涉及农业化学药品不到 200 种，限量指标仅有 2000 个。

我国登记在册的农药有 600 种，覆盖面仅为农药种类的 1/3 左右。2010年，日本厚生省曾向我国提供农药残留检测超标的 5 种农药，可惜的是，我国对这 5 种农药均未作农药残留的相关规定。另外，与欧美发达国家相比，我国农药残留的限量标准亦相差甚远，美国农药残留的限量指标约 7400 个，欧盟关于农药残留的限量指标更是多达 26988 个。

2. 残留限量标准缺乏更新

我国现行的农药残留限量标准都是在日本"肯定列表制度"颁布之前制定的，大部分指标都要宽于日本食品安全规制的标准要求。以越霉素 A 在鸡可食组织中的残留限量标准为例，我国限量标准规定为 2ppm，是日本"肯定列表制度"中"一律标准"的 200 倍。但到目前为止，我国还没有对其进行修改。农药残留限量标准低于日本食品安全规制的标准，导致我国对日出口食品在国内检测即使合格，在日本也会由于新标准而检测超标。

另外，由于没有及时对那些与国际标准不统一的农药残留限量标准及时进行清理废止，在中华人民共和国国家标准 GB2763—2005《食品中农药最大残留限量》颁布之后，NY774—2004、NY775—2004、NY831—2004 等标准中对残留限量的标准已经与中国现行的残留限量标准相抵触。以叶菜为例，氯氟氰菊酯的残留标准在 GB2763—2005 中规定为 0.2mg/kg，但在 NY774—2004 中规定则为 0.5mg/kg。另外，我国对食品添加剂的现行标准是 2006 年颁布的 GB2760《食品添加剂使用卫生标准》，该标准颁布后虽经多次增补，但已经不再适应形势需求，需要进行彻底更新。

3. 残留限量检测技术老化

以商检标准为例，我国 1992 年制定了 100 项标准、1995 年制定了 68 项标准、1997 年制定了 67 项标准、2000 年以后制定了 72 项标准，其中，标龄超过 10 年的标准比例在 55% 以上。而 GB/T2795《出口冻兔肉中六六六、滴滴涕残留限量检测方法》是 1981 年颁布的标准，标龄居然长达 30 余年。

我国农药残留检测方法和标准亦不配套。1994 年和 1996 年对 GB2763—2005 进行了修订，分别发布了草甘膦、敌菌灵、矮壮素、灭草松和多效锉等农药残留限量标准，但迄今为止，我国还没有相关检测方法出台，造成农药残留限量标准成了摆设。总之，由于我国农业还处于低水平发展阶段，农业标准化水平尚待提高，农民多是按照经验进行种植和养殖，缺乏良好种植和养殖规范。众多原因结合在一起，严重影响我国对日食品的出口。

（三）国际原因分析

1. 国际社会对食品安全的关注

面对经济迅速增长导致的资源过度开发和生态环境破坏的严峻形势，人们开始意识到环境保护的重要性，如何保证经济的可持续发展成为人类社会共同的追求。尤其是 20 世纪 90 年代开始爆发的若干闻名世界的食品污染事件（如二噁英污染禽畜饲料、疯牛病、口蹄疫、可口可乐污染等），使食品安全的信任问题更加突出。为满足各国居民保障食品安全的需求，许多国家制定了严格的技术法规，要求进口食品符合规定质量和卫生标准。我国对日食品出口受自身发展水平的限制，目前还无法完全满足技术法规和标准的要求，出现不达标情况，甚至出现因为违反相关标准和法规而遭到禁运的情况，应当说，也是发展进程中难以避免的一种现象。

2. 贸易保护主义的威胁和限制

由于中国以农产品为代表的劳动密集型产品（如蔬菜、水产品和禽类）具有极强的价格优势，得到国外消费者普遍认可，当其大量进入国际市场后，对其他国家的食品自给率带来严重的冲击。据中国海关统计，我国约有3/4的农产品是以欧美和日本等国家或地区为市场的，并且在这些市场上占据了相当大的市场份额。加入WTO之后，由于其成员国已经无法通过"灌水手段"对本国市场进行保护，以欧盟和日本为代表的经济实体和国家便开始依靠其科技优势和经济实力，针对相关商品设计高标准的技术要求，不断提高食品进口门槛，通过技术壁垒来实施贸易保护。

3. 贸易摩擦的增多

由于世界初级农产品的市场需求是相对稳定的，且在发达国家农业规模化和机械化浪潮推动下，供给能力获得了充分的保障，世界初级农产品市场已经处于饱和状态。加之，近年来，我国农产品国内市场供大于求，农产品对外出口压力增加，部分农产品价格已经低于世界平均价格，这些产品进入国际农产品市场后，对其他国家的农产品很容易形成替代，在一定程度上冲击了一些农产品进口国的市场利益。在此背景下，我国农产品出口成为众多国家，尤其是国内市场空间相对狭窄、国内同类产业需要加以扶持和保护的国家贸易壁垒和限制的主要对象。

五、日本食品安全规制对中日食品贸易的影响

（一）中国食品贸易的国际地位

据WTO公布的统计数据，目前，世界十大食品出口国是：美国、荷兰、法国、德国、比利时、西班牙、中国、意大利、加拿大和英国；世界主要食品进口国是：美国、德国、日本、英国、比利时和中国。近年来，美国在世界食品市场所占的份额虽有所减弱，但其首席的地位无人撼动，中国是唯一进入食品进出口贸易额前10位的发展中国家。

分析相关数据可见，我国食品出口规模虽然增长较快，地位突出，但市场

竞争力不高,总体上还处在品牌少、层次低、竞争能力较弱阶段。从市场份额占看,中国出口食品占世界市场份额为3.69%,在世界食品市场占有率排名上位列第七;从贸易竞争力指数看,中国位居第二,且一直是世界食品净出口国;从显性比较优势指数看①,中国在十大贸易出口国家中位居最末一位;从产业内贸易指数看,中国排名第4,表明中国食品贸易竞争力开始逐渐走强(见表5-1)。

表5-1　　　　1990~2006年世界十大食品出口国贸易竞争力平均水平比较

国别	世界市场份额	贸易竞争力	显性比较优势指数	产业内贸易指数
美国	9.17	-0.07	1.07	92.59
荷兰	7.75	0.26	1.98	73.65
法国	6.74	0.13	1.66	87.25
德国	6.44	-0.12	0.70	87.80
比利时	3.94	0.06	1.29	93.67
西班牙	3.76	0.03	2.21	96.67
中国	3.69	0.10	0.46	90.26
加拿大	3.59	0.15	1.11	86.00
意大利	3.54	-0.15	1.04	84.85
英国	2.76	-0.39	0.74	61.29

数据来源:根据WTO international trade statistics 计算。

(二) 中国对日食品贸易状况

据中国商务部数据显示,2012年日本从中国进口的主要农产品贸易额占总进口贸易额的4%,日本约55%的进口鸡肉制品来自中国,约44%进口冷冻蔬菜和新鲜蔬菜来自中国。1988~2006年,中国对日食品贸易基本上呈逐年递增态势,2006年中日之间的食品贸易额曾达到93百亿日元的最高峰,2008年后出现较大下挫,2009年达到最低点,当年对日食品出口额仅为64百亿日元,比2006年下降31.2%,但2011年又重回到75百亿日元,其中升幅最大的是水产类和果蔬类(见图5-1)。

---

① 显性比较优势,指的是一国总出口中某类产品所占份额相对于该产品在世界贸易总额中所占比例的大小。

（百亿日元）

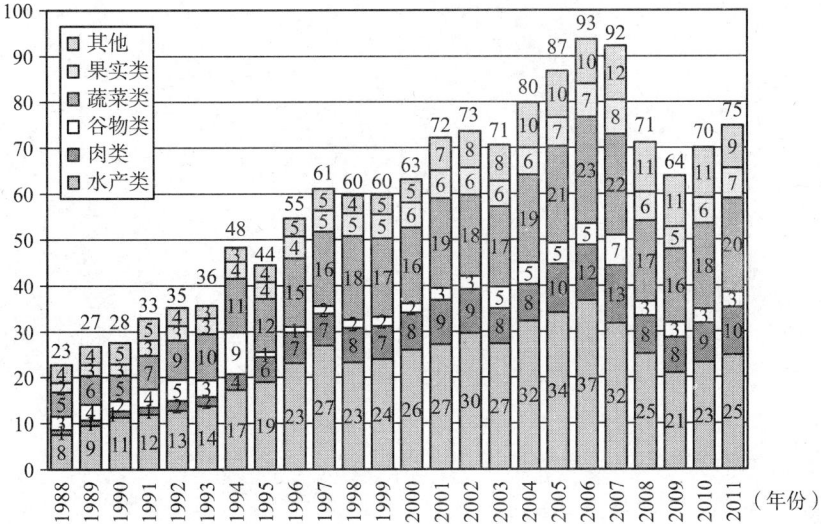

图 5-1　中国产食品进口额的推移（百亿日元）

资料来源：日本财务省贸易统计（2012）。

　　分析 2008 年中日食品贸易额急速下滑的原因，显然与这一时期日本食品安全规制的日趋强化有重要干系。据有关资料反映，2008 年日本扣留中国出口日本的各类食品共 295 批次。其中，水质产品占 25.1%，蔬菜、水果类占 24.1%，肉制品、粮食、谷物合计占 7.5%（见图 5-2）。这些被扣留的出口食品中，因为农药、兽药残留超标被扣留的占 37.9%；因为细菌、大肠杆菌超标被扣留的占 20.8%，因为添加剂超标被扣留的占 11.2%（见图 5-3）。

（%）

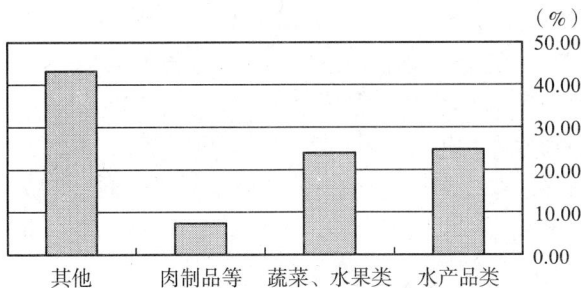

图 5-2　2008 年出口食品被扣比例

（%）

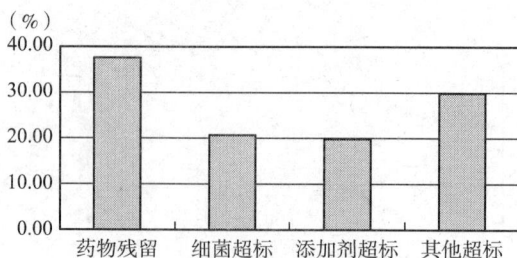

图 5 - 3　　2008 年被扣食品原因分解

日本安全规制措施严重影响了我国食品出口。以水产品为例，日本肯定列表制度出台后，中国对日水产品出口被限制情况大批涌现。据统计，2009 年中国被扣留的出口水产品占日本扣留全部水产品比重达到 29%。2011 年，日本对中国出口食品扣留批次达到 295 次，其中，水产品 86 个批次（冷冻水产品被扣 61 次，水产制品 13 次，鲜活水产品 12 次）。日本肯定列表制度已成为中国对日食品出口最大绿色壁垒。

六、食品安全规制的启示及中国食品业的应对措施

（一）日本食品安全规制的启示

1. 坚持消费者优先理念

日本食品安全规制以消费者至上为立法原则，要求食品安全规制部门把消费者健康和利益放在最高地位，并构建了全过程质量管理和全流程责任追踪系统，形成了保证食品安全的规制体系和食品贸易技术壁垒，维护了本国消费者权益。我们应借鉴日本的经验，建立以食品安全法为核心，以各种具体法规为补充的食品安全法律体系，形成符合我国食品贸易现状、有利于保护人民的健康、有利于我国食品企业发展的法律框架，为我国的食品贸易、食品质量和食品安全提供有效保障。

2. 健全食品安全检验和检疫标准

为确保食品安全规制的实施，日本农林水产省和后生劳动省等跨部门的国家食品安全机构，在承担食品安全风险评估和管理和监督职能的同时，通过设立化学、生物、新食品评估组，以及对近千种农药设立检验标准，全面落实了

对食品进行严格检验的要求。由于所有进入日本市场的食品必须履行食品检疫的各种手续，大大提高了进口食品的合格率，降低了潜在风险，保障了食品质量，同时也对国外食品进口形成了巨大贸易壁垒。借鉴日本经验，我国也应当组建权威性的食品安全保障部门、建立能够与国际接轨的检验检疫标准、完善适用于食品安全专用的检验检疫系统，同时，要提升检验检疫设施的水平，落实上述职能机构或社会组织履行相应职能的责任，并形成有力的督察机制。

3. 加强对食品安全规制者的监督

为确保食品安全规制系统的有效运转，日本对规制者的规制权限进行了合理的限制，明令禁止在权责范围内出现寻租事件，一旦发现滥用权限的规制者，有关当事人或机构将受到严厉制裁。这一做法对净化社会风气，确保食品安全规制的国家利益起到了基础性的保障作用。借鉴日本经验，我国对食品安全规制系统从业人员也应当规定明确的责任和义务，并建立明确的工作条令、严格的执法系统，以避免规制者寻租现象的发生。对违反法规的人员应坚决查处、绝不姑息；对以身试法的当事人应予以严厉惩处。以便真正树立国家法律明镜高悬，各个领域的败德行为不能肆意妄为的社会舆论和法治环境。

4. 提供食品安全指导和技术改造扶持

日本在建立严格的食品安全规制系统的同时，加强了本国企业安全生产模式建设和技术设施改造，并收到明显成效。我们应借鉴日本经验，鼓励国内企业进行食品标准化建设，鼓励国内企业实施技术改造和进行安全生产模式建设，并对进行技术改造的企业上调贷款数额，对企业技术改造消耗的费用给予一定比例贴补，努力将我国食品企业扶持起来，为保障食品安全和增强食品出口的竞争力打好根本性的基础。

（二）中国食品业的应对措施

中国食品企业要想突破日本食品安全规制的绿色屏障，继续保持对日食品出口的竞争力，除据理力争，剔除歧视性的规定外，必须根据相关规则的要求练好企业内功，并满足如下几项要求：

第一，加强检查指导和培训教育，减少从业人员在食品生产和食品加工过程中的农药、兽药滥用行为，杜绝危害消费者人身健康的添加剂使用，禁止使用出口地禁止的添加剂，并加强预防和检测、检查工作，为中国食品产业走出去奠定人力资源、工作规范、监察制度等方面的可靠保障。

第二，组织专业队伍，建立观察学习和研究平台，及时把握国外食品市场供需变化情况和国际食品贸易动向，及时了解进出口市场技术性贸易壁垒及主要贸易国贸易手段的变化，并有的放矢地采取应对策略。

第三，将食品安全督查工作贯穿到整个食品生产和加工、输送过程的各个环节，将食品安全和质量的评估工作落实到食品生产、加工、销售的各个环节，同时，拟定与国际接轨的技术标准、质量标准，严格控制产品出口质量，建立基于产品品质的全链条管理和控制系统。

第四，定期举行政策发布会、业内信息"吹风会"，及时了解政府支持食品加工企业实施技术改造和改善生产模式的政策，抓住各个不同时期的发展机遇，促进企业以及整个食品业更新换代，为企业的长远发展奠定坚实基础。

第五，针对日本市场进行重点的食品安全形象铺垫和绿色食品广告宣传，加强与日本民间团体和组织（如农业协同组合、生活协同组合）的合作，提高我国食品企业品牌在日本消费者当中的美誉度和影响力。

第六，按照食品加工和生产的新工艺、新技术培训从业员工，提高食品业从业者的专业技能和职业道德素养，保证我国食品产业领域的员工能够跟上时代前进步伐，能够适应复杂多变的国际贸易市场要求。

此外，还可以采用直接、间接投资方式，实施跨国投资经营，在食品输出国本地进行食品生产和加工，并引进国内外能够满足食品安全生产需求的先进技术和装备，包括采用日本品牌企业的先进生产标准和技术，以渗透和效仿方式，破解绿色壁垒限制，增强竞争实力，全面提升中国食品对日出口的竞争力。

附录：

日本"食品中残留农业化学品肯定列表制度"

一、日本"肯定列表制度"概述

食品中残留农业化学品肯定列表制度（Positive List System，简称"肯定列表制度"），是指日本为加强食品（包括可食用农产品）中农业化学品（包括农药、兽药和饲料添加剂）残留管理而制定的一项新制度。

肯定列表制度涉及的农业化学品残留限量包括，沿用原限量标准而未重新制定暂定限量标准、暂定标准、禁用物质、豁免物质和一律标准五大类型。其中，沿用原限量标准而未重新制定暂定限量标准，涉及农业化学品 63 种，农产品、食品 175 种，残留限量标准 2470 条；暂定标准，涉及农业化学品 734 种、农产品食品 264 种，暂定限量标准 51392 条；禁用物质为 15 种；豁免物质共 68 种；一律标准是对未涵盖在上述标准中的所有其他农业化学品制定一个统一限量标准：0.01ppm，即食品中农业化学品最大残留限量不得超过 0.01 毫克/公斤。

2006 年 6 月，日本"肯定列表制度"开始实施，它对农业化学品在食品中的残留设限数量之广、检测数目之多，限量标准之严格，前所未有，对各国对日商品的出口产生了重大的影响。

二、"肯定列表制度"对中国输日农产品的影响

（一）"肯定列表制度"使对日农产品出口受阻

目前，中国农业化学品残留限量标准尚不健全，不但设限项目少，而且限量要求低，与"肯定列表制度"有很大差距。日本"肯定列表制度"对 516 种农药制定了具体的限量标准，中国对其中的 405 种农药未制定任何限量标准，占总量的 78%. 涉及 187 种（类）农畜产品和 32061 条限量标准；日本"肯定列表制度"对 236 种兽药和饲料添加剂制定了具体限量标准，中国对其中 120 种未制定任何限量标准，涉及畜禽及水产品 45 类，限制标准 1824 条。即使是已经制定了限量标准的种类，中国农业化学品残留限量标准也明显过于宽松。同一种产品，日本暂定限量标准严于中国现行限量标准的农业化学品有 74 种（类）、247 项，占总量的 25%。

由于上述方面的差异，日本"肯定列表制度"实施后中国生产的农产品出口日本收到了严重的阻滞。据日本厚生劳动省公布的各口岸卫生检疫所资料统计显示：中国是出口日本农产品及食品被检验出不合格并被扣留批次最多的国家。日本厚生劳动省参照"肯定列表制度"的新标准对来自中国、美国和泰国等 20 个国家（地区）进行的农药残超标摸底检查也显示：在违规的 114 件数中，中国占 40 件，违规比高达 35%. 其中 17 种农产品农残超标。以大葱为例，对莠去津残留检查 255 件，违规 1 件，莠去津超标 1.5 倍；对三唑磷（三落松）残留检查 510 件，违规 2 件，三唑磷（三落松）超标 2.25 倍。中国农产品在日本进口查验和"肯定列表制度"的摸底调查中违规比例较高。因此，"肯定列表制度"实施后. 中国农产品必然会成为日本卫生检疫部门的重点查防对象。

（二）"肯定列表制度"使出口企业成本增加

日本"肯定列表制度"大幅度增加了农业化学品的限量数目、检测项目，全面提高了检测标准。生产或出口农产品企业为达到进口标准，需要对农、兽药残留进行准确的检测和有效的监控，必然要增加科研和设备投入：检测项目的剧增无疑会大幅增加企业的检测费用；此外，由于某些病虫害的特效药禁止喷洒，将可能导致产量下降，或者迫使企业去寻找更加昂贵的替代品，同样导

致出口成本的大幅增加。企业出口成本的大幅增加势必会使农产品的竞争更加激烈，可能会迫使某些粗放型企业和零散的、小规模企业彻底退出日本市场。

日本"肯定列表制度"设限数目、检测项目的大幅增加使产品出口难度加大。在"肯定列表制度"中，仅"暂定标准"涉及的农业化学品、食品和限量标准，就分别是过去全部规定的 2.8 倍、1.4 倍和 5.6 倍。每种农产品、食品涉及的残留限量标准平均为 200 项，有的甚至超过 400 项，检测项目预计将增加 5 倍以上。例如，猪肉、大米的检测项目数将分别从原来的 25 个、129 个增加至 428 个、579 个。数目剧增的设限检测项目，严格的限量标准，特别是被誉为"世界上最苛刻的农残比"的"一律标准"无疑会使出口产品农兽药残留超标风险加大，增加企业产品出口日本的难度。检测项目增多势必会加长检验周期，而产品在口岸滞留时间越长越会增加不确定因素，很可能会使企业贻误商机。特别是对出口时令生鲜品的企业来说，更是面临着更大的经营风险。

（三）"肯定列表制度"广泛的产业波及影响

日本"肯定列表制度"不但对输日农产品企业产生了重大影响，而且波及这些企业的上游企业甚至整个的产业链，并且影响到相关人员的收入、就业和相关产业部门的经济效益。以禽肉产品为例。如果禽肉产品出口日本受阻，将影响到屠宰加工厂商的利益，影响到养殖场、饲料加工厂，乃至种植玉米、大豆等农民的收益，甚至会引发一系列社会问题，影响社会安定发展。中国山东、辽宁、浙江、福建和河北等省农产品出口日本的主要出口地区，对日出口占其农产品出口总量的比例分别高达 39%、49%、41%、49% 和 47%。对日农产品出口受阻将严重影响这些地区的经济发展。

（四）"肯定列表制度"对中国农产品出口产生重大影响

根据商务部对外贸易司和中国食品土畜进出口商会联合公布的《对日出口农产品风险评估报告》肉类制品、蔬菜、水果及制品、水产品、食用菌、茶叶、谷物受"肯定列表制度"影响最为严重。其中，大葱、茶叶、鲜香菇、鳗鱼等产品在日本实施"肯定列表制度"后，有可能被列入首批重点检查清单，出口受阻风险最大。花生（及制品）、蜂蜜、大米等产品出口受阻风险则次之。

以烤鳗为例，"肯定列表制度"的实施将会对中国烤鳗出口产生巨大影响。日本是中国第一大烤鳗出口市场，中国鳗鱼在日本进口鳗鱼市场中也占据首位，同时，中国烤鳗业与日本存在激烈竞争关系。从 2002 年开始，日本对中国烤鳗启动数起关于汞、磺胺类、恩诺沙星残留、孔雀石绿和硝基呋喃药物调查。持续的技术壁垒使中国对日出口烤鳗大幅度下降。鳗鱼养殖场面临的出口压力越来越大，部分烤鳗出口企业也长期处于停产状态。

2006 年 5 月 29 日，"肯定列表制度"正式实施。面对剧增的检测项目、苛刻的检测标准、复杂的检测程序、昂贵的检测费用以及飘忽不定的"一律标准"，中国绝大多数出口烤鳗企业即使面对出口烤鳗的黄金季节也无人敢于贸然出口，而是选择停产，静观其变。据悉，目前，中国广东的烤鳗厂已经全面停产。

三、政策建议及应对措施

日本"肯定列表制度"几乎涵盖中国所有出口日本的农产品，影响到山东、辽宁、浙江、福建和河北等主要出口地区的5000多家企业的经济发展和农民增收。深入研究日本"肯定列表制度"，探讨有效的应对措施，对解决"三农"问题、全面建设小康社会具有重要的意义。

（一）正确看待日本"肯定列表制度"

日本"肯定列表制度"限量标准苛刻，特别是其中的"一律标准"极大地增加了产品出口风险，很可能会被贸易保护主义者利用，成为潜在的贸易壁垒。但从食品安全角度看，日本"肯定列表制度"的实施又有其合理之处。将农业化学品危及食品安全的所有因素置于控制之下，保护国民人身健康，使其免受来自食品中农药残留的毒害，这一点无可厚非。另外，从世界贸易组织成员方就农药及残留管理措施提交的通报逐年上升这一点上也能看出，各国对农药使用和残留的限量要求将日趋严格，日本"肯定列表制度"的实施是大势所趋。在"肯定列表制度"的压力之下，会促使农产品生产环节加速标准化进程，推动中国农产品和食品安全程度的快速提升。

（二）建立"公司＋基地＋标准化"农产品出口企业管理模式

农产品出口企业应联合或建立自己的种植、养殖基地，避免出口企业与生产流通监管脱节，使出口企业与基地成为一个相对稳定、质量共管、风险共担、利益共享的有机整体，从而对产品自始至终实行统一的标准化管理。种植、养殖基地要科学、规范地使用农、兽药品，对检验检疫进行备案管理，建立农兽药残留追溯和控制体系，做到"源头可控制、过程可追溯、质量有保证"。另外，企业也要随时关注、收集关于农兽药及残留量等相关信息并与日方进行及时沟通，尽可能地减少进口风险。

（三）加快国内与国际农产品安全技术标准接轨工作

受经济发展阶段限制，目前，中国尚未建成系统的农产品安全管理体系，农业化学品残留标准不仅在残留设限数量、设限标准上与国际标准有较大差距，而且在安全技术标准的实施方面也存有较多的漏洞和空白。解决这些问题，要求国家应尽快出台与国际接轨的农药、兽药残留量检测国家标准，并加强国家农产品安全卫生制度的建设工作，提供工作的规范和依托的法律依据，以便使相关部门的管理和社会各个方面的监督有法可依，有规可循。

（四）建立全国协调一致的农兽药监控体系

发挥国家行政管理部门的作用，建立覆盖中个农业生产领域的、健全有效的农兽药管理监控体系，并使之充分发挥出监控作用；国家有关部门应当对国家禁用的高毒、高残农兽药进行专项整治，普及安全使用农药、兽药。饲料添加剂等知识，推广使用高效低残农药，兽药和无污染添加剂。同时，要发挥社会舆论和媒体的作用，加强社会舆论的引导，形成立体化的社会监督系统，对遵纪守法的企业和绿色农业的发展要给予政策鼓励，对任意施为无视法律的企业要加大打击力度，违法必究，执法必严，不给其搞投机、钻空子的机会。

（五）提高中国农药、兽药检测技术与设备水平

日本"肯定列表制度"涉及231种兽药和添加剂，而中国目前的检测方法仅能覆盖其中的76种，其余155种目前中国尚未建立相应的检测方法。解决这一问题，迫切要求相关部门及实验室添置必须具备的检测设备，迫切需要收集和研究新的药残检测方法，提高检测能力和检测水平，为中国出口农产品提供农、兽药残留的监测、监控技术支持。由于若干检测设备价格昂贵，检测部门缺乏购置的能力，国家应充分考虑这一实际情况，面向社会服务机构，提供一定量的资金支持，同时，积极推广购买社会服务的方式，以便尽快提高我国出口农产品的检验、检测水平。

第六章

FTA 对中日两国服务
贸易的影响及对策

中国和日本作为亚洲两大经济体，在服务贸易发展方面有很多相似之处。但两国经济发展层级差别较大，在多个方面又存在众多分歧和冲突。本章从中日两国服务贸易发展现状入手，拟就自由贸易区（Free Trade Agreement，FTA）建设对中日两国服务贸易的影响做一解析，并提出相应对策建议。

一、引　言

服务贸易（Trade in Service）是一种跨越国界进行服务品交易的商业活动。服务贸易涉及的内容包括旅游、运输、保险、金融、通信、邮电、建筑安装与承包工程、计算机与信息、专利与技术许可、咨询、教育、医疗保健、广告宣传、电影音像等。

西方学者对服务贸易的探讨是从"服务"的概念开始的。霍尔（T. P. Hill）1977 年提出了至今仍被理论界公认的服务概念。他指出：服务是指人或隶属于一定经济单位的物在事先合意的前提下，以提供劳动的形式满足他人某种特殊需要，并使他人从中受益的一种有偿或无偿的活动。20 世纪 80 年代，巴格瓦蒂（B hagwatti）、桑普（G. Sampson）和斯内普（R. Snape）扩展了霍尔的"服务"概念，将其分为两类：一类为需要物理上接近的服务；另一类为不需要物理上接近的服务。以此为基础，巴格瓦蒂将服务贸易的方式分为四种：一是消费者和生产者都不移动的服务贸易；二是消费者移动到生产者所在国进行的服务贸易；三是生产者移动到消费者所在国进行的服务贸易；四是消费者和生产者移动到第三国进行的服务贸易。巴格瓦蒂（B hagwatti）为了克服无法把服务贸易与生产要素的国际流动区分开的缺陷，把生产要素国际流动区分为暂时流动和永久流动，他认为，生产要素在国际上暂时流动为服务贸易，资本在国际上永久流动属于国际直接投资，人力在国际上永久流动属于国际移民。

进入 21 世纪后，伴随现代信息技术发展和网络技术广泛应用，服务贸易的商业模式发生了重大变化。中国电子商务中心分析了电子商务在服务贸易领域的应用，并将寻找贸易伙伴（使过程简化，突破时空限制，节约成本）、简化洽谈程序（借助电子邮件、网络实时谈论、图片传送等沟通方式，节约贸易成本和时间）、实现网络交易（通过网络完成产品订购和资金支付）纳入服务贸易方式变革的表现。

与此同时，人们开始探讨如何通过服务业发展促进区域经济转型升级的问题。美国肯特州大学大卫·麦基（David L. McKee）在极理论框架下，通过对服务业在其他商业活动中作用的研究，提出了将服务业作为区域经济"增长极"的理论。克里斯多福·艾森巴赫（Felix Eschenbach）通过实证研究发现，服务政策改革对促进服务业发展，进而加速区域经济升级有重要意义。毛拉特（F. Moulaert & F. Djellal）从产业集群出发，对现代服务业区域选择和空间分布的影响因素给出了新解释，并认为，人力资源与现代服务业发展具有显著的前后关联性。丹尼（Danielst）在对英国现代服务业进行系统研究的基础上，阐述了投资成本对现代服务业发展的重要影响。他认为，投资成本在一定程度上决定着现代服务业的功能与水平。

另外，有关学者还从各国产业结构的差异及其互补性、竞争性出发，对服务贸易给不同国家带来的国民福利进行了研究。例如，孙速超指出，由于不同国家经济的依赖性大，服务领域的贸易合作对区域经济发展有重大推动作用；赵卓飞阐述了服务贸易在中日韩自由贸易区建设中的地位，并指出，服务业是中日韩三国经济的重要组成部分，三国双边服务贸易的发展有很大潜力，建立中日韩自由贸易区可以从多个方面促进中日韩三国服务贸易的发展。

二、中日两国服务贸易发展现状

据中国商务部信息显示，2012 年，我国服务进出口总额（按国际收支口径统计）达到 4705.8 亿美元，比高速成长的 2011 年再度增长 12.3%，超过世界服务进出口平均增幅 10.3 个百分点，占世界服务进出口总额的 5.6%；占我国对外贸易总额的比重为 10.8%，同比提升 0.5 个百分点。

分析我国服务进出口总额的变动趋势可以看到三个重要特征：

第一，进口增长明显快于出口。2012 年，我国服务进口继续保持较高的增长速度，当年服务进口总额为 2801.4 亿美元，同比增长为 18.2%；2012 年，我国服务出口总额为 1904.4 亿美元，同比增长为 4.6%。需要关注的是，2012 年，我国服务出口总额明显低于服务进口总额 897 亿美元，二者相比，服务出口的增长速度比服务进口的增长速度相差 13.6 个百分点（见图 6－1）。

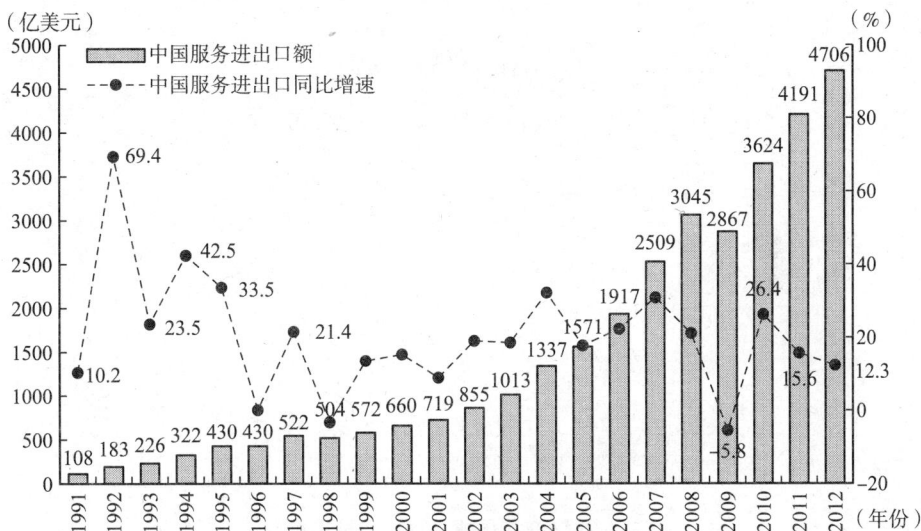

图 6－1　中国服务进出口额及增长率（1991～2012 年）

资料来源：中国商务部服务贸易司（来自商务部网站，2013 年 7 月）。

第二，服务贸易逆差继续扩大。2012 年，我国服务贸易逆差 897 亿美元，同比增长 1.6 倍。逆差主要集中于旅游业、运输服务业、保险服务业、专有权利使用费和特许费等领域。上述各业的逆差额为：519.5 亿美元、469.5 亿美元、172.7 亿美元、167.1 亿美元。与此同时，在一些高端服务业领域，如咨询业、计算机和信息服务业出现了较大的顺差。其中，咨询业、计算机和信息服务业的顺差数额为：134.3 亿美元和 106.1 亿美元（见图 6－2）。

第三，进出口世界排名提升。2012 年，我国服务进出口总额的世界排名，紧随美国和德国之后，位居世界服务贸易进出口国家第三位；服务出口居世界服务出口国家第五位（前四位依次为美国、英国、德国、法国）；服务进口居世界服务进口国家的第三位（前两位为美国和德国）（见表 6－1）。

（亿美元）

图表纵轴刻度：250, 150, 50, −50, −150, −250, −350, −450, −550, −650

各项数据：
- 运输服务 −469.5
- 旅游 −519.5
- 通信服务 1.4
- 建筑服务 86.3
- 保险服务 −172.7
- 金融服务 −0.4
- 计算机和信息服务 106.1
- 专有权利使用费和特许费 −167.1
- 咨询 134.3
- 广告、宣传 19.8
- 电影、音像 −1.3
- 其他商业服务 88.6

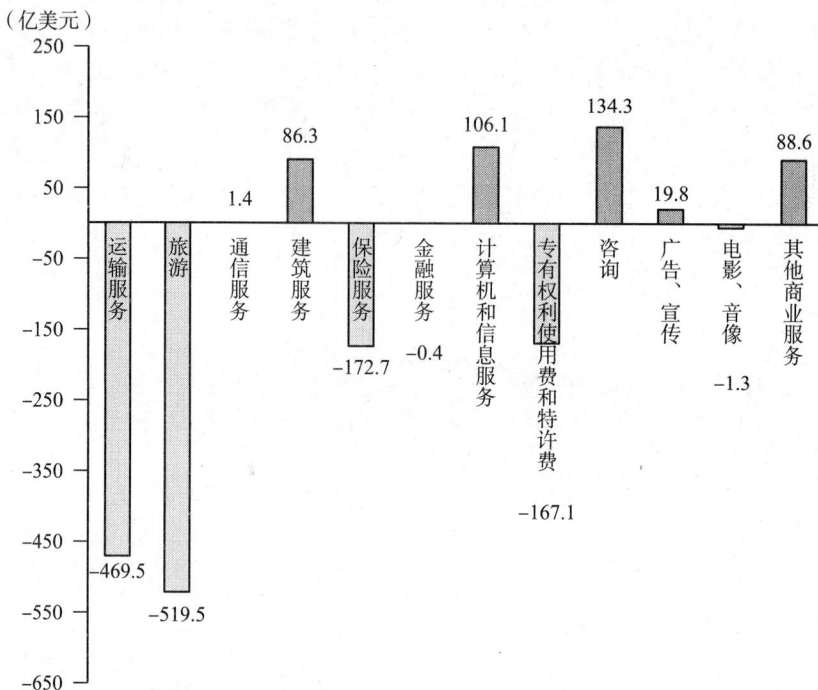

图 6 - 2　2012 年中国服务进出口额结构分布情况

资料来源：中国商务部服务贸易司（来自商务部网站，2013 年 7 月）。

表 6 - 1	1997 ~ 2012 年中国服务进出口世界排名		
年份	进出口	出口	进口
1997	13	15	11
1998	12	14	12
1999	13	14	10
2000	12	12	10
2001	13	12	10
2002	9	11	9
2003	9	9	8
2004	9	9	8
2005	9	9	7
2006	8	8	7
2007	6	7	5
2008	5	5	5
2009	4	5	4
2010	4	4	3
2011	4	4	3
2012	3	5	3

资料来源：中国商务部服务贸易司（商务部网站，2013 年 7 月）。

另据有关资料反映，日本服务贸易总额从 2000 年的 1843.6 亿美元增加到 2007 年的 2792.6 亿美元，年均递增 10.4%。其间，日本服务贸易的出口和进口增长率均呈波浪式上升趋势，并在 2004 年达到高峰。2000~2007 年，日本服务贸易出口和进口的年均增速分别为 10.4% 和 4.4%，服务贸易出口增长势头明显强于服务贸易进口，贸易逆差整体上呈缩减趋势，进出口差额从 2000 年 458.6 亿美元下降到 2007 年的 212.1 亿美元。

表 6-2 　　　　　　　**2000~2007 年日本服务贸易进出口数据** 　　　　单位：亿美元

年份	2000	2001	2002	2003	2004	2005	2006	2007
出口	692.5	644.6	656.8	775.7	975.6	1103	1173.4	1290.3
进口	1151.1	1071.6	1062.0	1088.1	1318.1	1342.7	1355.7	1502.3
总额	1843.6	1716.2	1718.8	1863.8	2293.7	2445.7	2529.1	2792.6
差额	-458.6	-427	-405.2	-312.4	-342.5	-239.7	-182.1	-212.1

比较 2000~2007 年中日服务贸易发展趋势可以看出，中日两国服务贸易总额一直保持稳步提升的趋势，中国服务贸易逆差连年逆差，且呈逐年扩大趋势，2009 年进出口差额高至 288 亿美元。日本服务贸易虽然也是连年逆差，但呈现持续缩小趋势，其 2006 年服务贸易逆差已经降低至 182 亿美元。根据中日两国服务贸易相对变化情况的比较可发现两个重要现象：一是中国服务贸易进口和出口额增长速度明显高于日本的增长速度；二是中国的服务贸易占本国总贸易的比重小于日本，这说明，中国服务贸易的发展水平低于日本。

进一步分析近年来中国服务进出口总额的构成情况可见，伴随中国经济快速发展，咨询、计算机和信息服务、广告宣传、金融服务、专有权利使用费和特许费等高附加值服务出口快速增长，他们分别比 2011 年增长了 17.8%、18.6%、18.2%、122.5%、40.1%；同时，专有权利使用费和特许费、金融服务、通信服务进口增势亦十分显著，增幅分别为 20.7%、158.4%、38.6%。这一情况表明，中国服务贸易的内部结构正在悄然生变，若干高端服务业的形态正在逐渐成长，并已经开始在国际服务贸易中占据越来越重要的位置。

三、基于 FTA 建设的 PEST 分析

PEST 是一种宏观环境分析模型。它主要包含四方面的内容，即 Political（政治）、Economic（经济）、Social（社会）和 Technological（科技）。近年来，为提升其准确性，人们为 PEST 分析模型增加了 Education（教育）和 Demographics（人口统计）两个新要素，建立了 PESTED 模型。为简化分析内容，本章将仍采用传统的 PEST 分析方法。

（一）政治环境分析（Political）

政治环境，指的是一个国家或地区在一定时期内的政治背景，包括政治体系的存在和政治体系从事的政治活动、进行的政治决策等。马克思·韦伯（1922）对政治与经济发展的关系进行了最初的探究，结论是，经济发展依托于一定的政治环境，政治环境对国际贸易具有至关重要的影响。

中日两国历史上虽有恩怨，但自 1972 年中日两国建交以来，两国邦交正常化，友好交往不断发展。期间，虽曾出现很多挫折，并在一段时间出现"政冷经热"现象，但就总体趋势而言，中日两国的政治环境已得到极大改善，政治互信因素对中日经贸关系的阻碍作用正在减弱。近年来，有关"钓鱼岛"归属等政治敏感问题，再度掀起巨大政治波澜，并同时降低了中日两国的政治互信程度，对两国之间的经贸合作产生了显著阻碍作用。尽管如此，从长远来看，这仍是中日政治关系不断发展过程中的一个插曲，伴随整个世界和平发展环境的改善，以及中日两国人民之间的互信，中日两国之间的政治环境一定会不断得到新的改善。

（二）经济环境分析（Economic）

经济环境，指的是经济发展所面临的条件和基础，包括社会经济状况、国家经济政策等。中日两国隔海相望，具有较好的贸易地理条件，充分发挥这种地缘经济的环境优势，有利于促进中国与东亚各国之间更广泛的经贸合作。另外，从经济发展水平来看，中国是典型发展中国家，日本处于发达国家行列，两国之间较大的发展梯度大大提升了两国经济之间的互补性。日本先进的科技水平和发达的制造技术为中日贸易提供了巨大的发展空间；中国经过 30 多年快速发展，居民收入水平和消费能力不断提升，具有庞大的需求市场。中日两国要素禀赋和发展阶段的差异，为两国市场融合创造了有利条件。

2008 年以来，受美债危机和欧债危机影响，全球经济增长速度明显趋缓，东北亚地区经济的持续繁荣引起了整个世界的高度关注。为继续保持东北亚地区的增长活力，中日两国高层之间的谈判和磋商越来越频繁，部长级会议已紧锣密鼓进行了多轮，这一切都为中日两国的经济与贸易合作奠定了良好基础。

（三）　社会环境分析（Social）

社会环境主要指的是社会发展状况、人口状况和文化背景，包括社会的管理体系、人口的数量和结构、社会道德风尚、价值观、文化传统等内容。社会文化环境对人们的生活环境和经济社会活动有着至关重要的影响。

中日两国均具有庞大的人口规模①，充分发挥国家资源为本国国民谋取更大福利是中日两国政府共同的目标和诉求。同时，从历史传统的渊源看，中日两国同属东方文化源流，具有相同的文化蕴脉，在社会道德取向、文化理念和价值观上没有太大冲突，非意识形态领域的相互认同感较强。另外，中日两国历经现代文明制度的熏陶和洗礼，国民文化素质和社会文明程度均不断提升，先进社会管理工具的应用和国家治理制度的影响力已广泛植入社会生活各个领域，并对整个社会文化环境产生了重要影响。

（四）　技术环境分析（Technological）

技术环境是指一国经济发展所达到的科学技术水平，包括产业的生产工艺水平、科技创新和专利制度等。日本长期奉行科技立国、创新立国的发展宗旨，具有较为完善的专利保障制度和创新服务系统，在电子信息、工业制造、机械装备等产业领域具有明显科技优势，产业工艺水平更新较快，新技术开发和应用迅速。

中国与日本相比，科技创新效率相对落后，专利技术产业化水平不高，两国之间开展技术贸易和技术合作的空间及领域十分广阔。我们应正确认识中国目前所处的发展阶段，加强创新激励，鼓励创造更多具有自主知识产权的专利技术成果，鼓励加强科技成果的应用和技术转让，鼓励建立中试基地、科技孵化器等有利于提升科技成果质量和水平的创新服务平台，全面提升科技成果的产出数量和科技成果的产业水平，同时，通过贸易手段，加强与日本等国家之间的技术转让和互通有无。在出现政治环境等方面的障碍时，可先从民间做起，机会成熟后再放大其影响力。

根据 PEST 分析可以得出以下结论：

目前，中日之间服务贸易发展面临的环境尚有待完善。自由贸易区的谈判将受到某些环境因素一定的阻滞，但从长远看，中日服务贸易发展所需要的政

---

① 2009 年中国公布的全国人口普查统计的总人口为 13.3146 亿，排名世界第 1 位；2011 年日本公布的人口普查统计显示，日本总人口为 1.2776 亿，排名世界第 10 位。

治环境、经济环境、社会文化环境以及科技环境都会得到极大改善，中日自由贸易区的谈判和建设，有助于改善各个方面的贸易环境①，有利于推进中日两国经济贸易关系发展，有利于为中日服务贸易发展创造一个长期繁荣的局面。

四、自由贸易区建设对服务贸易的预期影响

（一） 促进市场准入和贸易便利化②

市场准入是指一国对他国货物、劳务及资本参与本国市场的程度，包括关税与非关税壁垒的限制以及许可制度等。中日韩自由贸易区建立后，将使中日之间现有的贸易范围和市场进一步扩大，开拓新的投资领域和市场空间，相关行业和部门的开业权限制将大幅度减少，来自原产地的各类商品和服务将享受更多的关税减免，并将通过贸易便利化产生更多的商业机会和社会福利。

另外，市场准入和贸易便利化水平提高，将使中日两国间贸易障碍、贸易摩擦大大减少，双方之间贸易渠道会不断拓宽，两国之间的贸易规模将会出现较快的增长。与此同时，各类针对性中国产品出口的特殊限制措施和报复性措施将会减少，中日两国之间的服务贸易限制将会减少，服务贸易波及的领域、发展的规模、参与的程度将发生有利于两国贸易的增长、有利于国民福利增加的重要变化。

（二） 消除贸易壁垒和贸易歧视

自由贸易区建设将推动东亚各国之间的市场开放、扩大技术转移和服务交易，促进中日两国相关生产领域的技术革新，提高本地区的生产率水平，降低若干行业的生产成本和贸易成本。例如，中国的劳动力成本远低于日本，中日韩自由贸易区的建立有利于通过低成本劳动力的流动，降低整体的生产要素成

---

① 中日韩三国在自由贸易区框架下历经多轮谈判，已达成若干共识。内容包括，货物贸易的自由化水平、协定范围及各领域谈判的原则、框架和内容、要素等。根据已经达成的共识，各方同意，各国最终实现自由化的产品应占全部商品税目的90％，涵盖进口产品总额85％，并通过出要价谈判达到互利、公平、共赢结果。

② 贸易便利化，是指参与贸易的双方之间贸易的简便和贸易效率的提高。也可将之理解为贸易流程和贸易路径的简化及规范程度的提升。

本，两国的生产设施将会得到更充分利用并获得更高收益率；又如，要素的低成本效应有利于发展两国之间的服务外包业务，推动知识技能等人力资本因素在两国之间的传播，并释放出以往被埋没了的知识累积效应，推动中日两国专业化分工和生产效率提升；再如，自由竞争市场的充分发育，将激励两国的生产者和服务提供者不断创新，为中日两国国民福利的提升创造广泛社会基础和源源不断的创新成果支持。

(三) 拓宽服务贸易的范围和领域

自由贸易区建立后，中日两国之间的市场开放程度将不断扩大，市场对于资源配置的作用将得到充分发挥，两国之间发展服务贸易的政策将更开放、更宽松，各类经济资源向有效率方向的移动将更加快捷。与此同时，两国政府对贸易清单内的服务贸易项目的限制将进一步减少，中日两国相关服务业的可贸易性会大幅度提高，开放性服务业部门将进一步增加，服务贸易的范围将进一步拓宽，服务贸易的规模将迅速扩大，服务贸易的深度将不断增强。从经济效应看，自由贸易区建设将促进参与各方产业结构调整，提高各国资源综合利用水平，推动产业链优化和整合，进而促进中日两国劳动力市场和产品消费市场扩大，提高现代服务贸易的质量。

(四) 提高制造业的全要素生产率

服务贸易自由化将降低服务价格，提高服务质量，促进相关服务部门生产效率提高，同时，将推动若干服务领域产业化、社会化，提升产业发展效率。例如，开放法律、会计、咨询服务及信息和中介服务、金融保险服务，工业设计及相关流程的外包服务，将对实体产业部门（制造业及相关部门）生产效率、管理方式、营销模式和资源整合与组织产生重要影响，并提高生产制造部门的全要素生产率。鉴于这一情况，依据中日两国产业链各自的比较优势，建立更加开放、更加便利的体制和机制，对获取更大贸易乘数和国民福利有重要意义（见表 6 - 3）。

表 6 - 3　　　　　　　自由贸易区建立后出口将增加的部门

进口国/出口国	中国	日本
扩大生产	服装、农产品、电子电器、加工食品	机械、纤维、电子电器、汽车
减少生产	汽车、纤维、金属	农产品、服装、水产品

资料来源：韩国三星研究所。

五、受自由贸易区建设影响较大的服务领域

（一）旅游、文化部门

由于中日两国具有相似的文化基础，基于文化交融的摩擦相对较少，彼此之间对各自的文化理念和价值观具有较强的社会认同感。中日韩自由贸易区建立后，两国之间跨境人员流动将会加强，人文交流会更加密切，民间交往会更为密切，这将为中日两国服务贸易的发展带来前所未有的契机。抓住这一契机，大力发展中日旅游服务和文化服务产业，对改变中日两国旅游和文化部门贸易额在两国服务贸易总额中占比较低的情况有重要意义。

随着中日两国互动旅游时代的到来，服务贸易将成为加强国际合作、调整经济结构、促进经济发展的新动力，在此过程中，基于休闲式、体验式的旅游和文化服务活动将进入快速上升通道，有关旅游产业发展的规划应做出与之相适应的调整。另外，随着数字化比重的增加，服务贸易不可避免地进入了数字化时代，电子商务、电子贸易将作为数字创新型贸易的典型表现占有越来越重要的地位，积极建设数字贸易背景下的电子贸易设施已成为新时期一项迫切需求。

（二）金融服务部门

中日韩自由贸易区建设过程中，将全面推动金融领域的制度创新，为贸易的便利化、投资的便利化和金融创新工程的建设创造有利条件，受此影响，与自由贸易区相关领域的国际投资规模势必大幅提升、金融服务业对外开放的进程势必加快，针对若干服务领域的投资也将更加自由和开放，所有这些，都将提高中日两国对外投融资的规模、都将对外资流入和流出的格局产生深刻影响，并将促进中日两国相关金融服务行业经营模式的改进和创新，促进现代化金融体系的升级和完善。

（三）科技服务部门

科技服务是在现代化产业分工和产业融合生长趋势下形成的新产业分类，是以技术和知识向社会提供服务的产业领域。科技服务的基本内容包括科学研究、专业技术服务、技术推广和知识产权服务等。关于科技服务的实证研究表

明，科学技术是国民经济发展的内生动力和源泉，科技创新和发明会促进产业结构不断完善和升级。目前，中国的科技服务行业还比较落后，与同期日本科技服务行业相比有很大差距。自由贸易区建立将极大地改善科技发展环境，无论是科技人员交流还是技术、专利转让和交易都会更便捷、更有效。

另外，伴随信息技术高度发达和普及，通讯工具和传播媒介的移动化、轻薄化、便携性发展趋势为科技服务提供了新的手段，同时也对现代服务业发展的模式和路径提出了新的要求和严峻挑战。借鉴西方工业发达国家服务业管理的经验，采用适合现代服务业发展的管理模式，有利于全面提升我国服务部门的效率和水平，有利于中国服务业跟上大数据时代和互联网技术发展的潮流，有利于充分把握中日韩自由贸易区建设给中日服务贸易高水平发展提供的机遇，有利于整合资源，完成中国服务业发展的各项宏伟目标。

六、推动中日两国服务贸易发展的举措

（一）为服务业高端化创造科技研发基础①

服务贸易高端化与科技研发基础分不开。日本的科技研发条件一直位居世界前列，我国与之相比存在着较大差距。据 2012 年瑞士洛桑国际管理发展学院（IMD）发布的《全球竞争力》报告反映，我国科技基础条件世界排名列第 17 位，日本排名列第 2 位；从研发费用（R&D）总额、研发费用占 GDP 比重、外国专利取得件数等单项指标看，我国排名也都明显落后于日本。它表明，推动我国服务业高端化，必须改善科技研发基础，才能为新兴服务业发展和传统服务业改造奠定坚实基础。

（二）延揽服务业发展的优秀人才

我国从事服务业的人员在总就业人口中的占比明显低于日本等发达国家（地区），甚至低于一些发展中国家。2006 年，我国从事住宿和餐饮业的就业人员占比为 1.6%，而日本旅馆和饭店业的就业人数比率为 5.3%；我国仅有 3.3% 的人员就业于房地产、租赁和商务服务业，日本房地产、租赁及商业活

---

① 高端服务业属于一个全新的概念，主要是依托信息技术和现代管理理念发展起来的，处于服务业高端部分的行业。高端服务业是现代服务业发展的核心，具有高科技含量、高人力资本投入、高附加值、高产业带动力、高开放度、低资源消耗、低环境污染等特征。

动的就业人员比率为 11.6%；在卫生、社会保障和社会福利业，以及居民服务和其他服务业领域，我国就业人员比率比日本低近 10 个百分点。加快构筑专业人才培养机制，吸引更多优秀人才到各个服务业领域从业，满足我国服务贸易对各类专业人才的迫切需求，尤其是计算机和信息服务、专有权利使用和特许、咨询等高附加值行业发展对人才的迫切需求，对我国服务贸易的快速发展具有重要的现实意义。

（三） 服务业市场开放采取灵活渐进策略

中日韩自由贸易区的建设有助于促进中日两国服务贸易发展水平的提升，但同时也会加大区域经济范围内同类服务业务之间的市场竞争，给各个参与方的国内服务部门带来较大冲击。考虑到现阶段中国服务贸易的竞争力还较弱、服务领域的敏感部门还较多等现实情况，建议在中日韩自由贸易区建设过程中，对中国服务业市场的开放采取"灵活渐进"策略，分阶段推进而不是一揽子放开，这种灵活渐进的策略有利于在实现服务贸易自由化和便利化目标的同时，保证整个服务贸易格局的秩序性和稳定性。

与此相适应，中国服务业开放承诺的减让表，适宜采用"正面清单"方式而不是"负面清单"方式①。理由是，"正面清单"模式，有利于限定市场冲击的范围和效果，有利于将市场决定与政府引导有机结合起来，有利于保持市场转型的相对稳定性，避免急躁突进给服务业市场造成过大的冲击。

（四） 大力推动服务外包

服务外包是指企业将价值链中原本由自身提供的具有基础性的、共性的业务剥离出来，外包给企业外部的专业服务组织完成的经济活动。现代服务外包是由信息网络技术和计算机操作系统共同完成的。服务外包有利于重组价值链、优化资源配置，降低企业成本，有利于增强企业核心竞争力。据报道，受2008 年世界性金融危机的影响，2009 年全球服务外包规模有所下降，但 2010年以来服务支出仍保持了 3.5% 左右的增长速度，2011 年全球服务支出约为8400 亿美元。

国内服务外包业务同样发展迅速。据中国商务部数据反映，2011 年中国

①　负面清单管理模式，是指政府只对那些有明确规定不开放的领域、不允许外商进入的领域进行监管，除了清单上的禁区，其他行业、领域和经济活动都许可。凡是针对外资的与国民待遇、最惠国待遇不符的管理措施，或业绩要求、高管要求等方面的管理措施均以清单方式列明。所谓负面清单管理模式，相当于外商投资领域的"黑名单"，列明了外商不能投资的领域和产业。

服务外包合同执行金额达到 300 亿美元。其中，承接离岸服务外包合同执行金额近 200 亿美元。需要强调的是，我国服务外包目前仍位于产业价值链低端。例如，在 IT 行业项目，各类项目 80% 以上集中在软件开发及测试、数据录入等领域，高端业务领域（设计、整体解决方案、研发）则很少有人涉足。再如，我国汽车和造船产业规模均已名列世界前茅，但其中的核心技术、关键技术并未掌握在中国企业手中，这些均与中国专业技术能力不足密切相关。实践证明，专业技术能力不足限制了高端服务业的发展，阻碍了服务业利润空间的提升。为扭转这一情况，必须摆脱传统的单纯依赖人力数量和劳动强度的追加、单纯依赖资本投入的发展模式，建立新的创新服务体系、实施新的创新管理方式、搭建新的创新网络系统、创立新的创新资源整合机制，切实提升各类创新主体的创新能力。

七、自由贸易区建设中的若干谈判策略

（一）服务贸易领域的障碍和挑战

自由贸易区虽给参与各方带来整体经济效益的增加，但也存在利益冲突和分歧。分析各国在自由贸易区谈判中的分歧主要有如下几点：

1. 市场开放领域的分歧

由于中日两国经济差异较大、产业分工不同，不同经济和社会领域的承受能力差别较大，导致各自的市场开放意愿存在较多分歧。

2. 规则认知不同产生的分歧

由于中日两国之间在经济统计标准、市场规则等方面存在的差异，导致市场准入规则、贸易范围调整、入境检验准则等方面的谈判协商遇到障碍。

3. 比较优势不同产生的分歧

由于中日之间对敏感性产业的认知存在差异，且敏感产业在短时期内难以解决，如何在利益交错的产业之间解决矛盾冲突，将是自由贸易区推进过程中遇到的重大挑战之一。

此外，目前中日两国之间存在一定的贸易失衡，在未来的自由贸易中是否能实现贸易平衡还是一个未知数。可以肯定地说，绝对贸易平衡是无法实现的，如何通过市场的调整和国家高层的相互协商，推动共同市场形成合理的贸易结构，缩小各国的贸易失衡，促进国际贸易良性发展，将是中日自由贸易区建设过程中面临的重要挑战之一。

（二）应对 FTA 谈判的对策建议

1. 非歧视性待遇条款的谈判

非歧视待遇是 WTO 基本原则之一。它要求 WTO 成员方在实施某种优惠待遇和限制措施时，不要对成员方实施歧视待遇。非歧视待遇由无条件最惠国待遇和国民待遇条款体现出来。最惠国待遇的含义是一成员现在和将来给予另一成员的优惠、特权和豁免，都不应低于该成员给予任何第三方的优惠、特权和豁免。国民待遇的含义是，一方成员保证另一成员的公民、企业和船舶在本国境内享受与本国公民、企业和船舶同等的待遇。国民待遇是与非国民待遇、超国民待遇等概念相对应的一个概念。在中日自由贸易区谈判过程中，应当坚持在服务业领域纳入非歧视性待遇条款。坚持这一条款的意义在于，它有利于在中日两国之间搭建一个推动服务业协同发展的协作机制，以便确保国际经济贸易秩序的稳定和有效，为两国服务业的健康发展创造有利的制度条件。

2. 特殊敏感部门的谈判

消除现存贸易壁垒是实现服务贸易自由化的基本要求，也是实现贸易便利化的基本前提。中日自由贸易区谈判过程中，应当本着"逐渐建设"原则，充分考虑贸易自由化的要求，循序渐进地开放国内市场。同时，在谈判过程中各方也应保持必要理解、让步，谈判中应采取分步实施、逐渐深化的建设模式，以便提升谈判工作的效率和保障谈判成果的有效实施。

3. 高于 GATS 水平的承诺[①]

《服务贸易总协定》（GATS）是一个带有示范性的协作模式，对于中日韩自由贸易区来说，因为各参与方有更深厚的合作传统、文化渊源、产业互补的合作基础，应当在《服务贸易总协定》（GATS）原有水平上进一步深化谈判

---

① 中国商务部发言人沈丹阳 2013 年 10 月 17 日表示，中国政府正式宣布参加服务贸易协定谈判，将在谈判中坚持开放性和平等性原则，为多边化贸易谈判注入更多的活力。沈丹阳说，中国已经成为世界服务贸易第三大国，中方充分认识到服务业和服务贸易对经济增长和社会发展的重要性。我们将继续通过发展国内服务业和扩大服务业对外开放，构建公平竞争的市场环境，促进国内经济可持续的发展。

的内容，取得新的突破性进展，以便更充分发挥自由贸易区的作用。

4. 在平等基础上共享自由化进展

中日自由贸易区的建立是经济和政治互信的产物，也是两国经济文化不断交流融合的过程。基于经济和政治互信及平等交流的需求，谈判各方必须坚持平等原则，遵循互利、互惠、共享的理念，主动开展多层次、多领域的国际合作，通过建立渐进的融合机制，打破彼此隔绝的发展模式，开拓新的高效、持久的发展模式。实践已经证明，以互利共赢为合作基础，有利于中日两国不断适应自由贸易、分享竞争利益，对贸易自由化带来的冲击保持高度的理解和形成有效的协调机制；有利于实现中日两国之间的互惠贸易，增加各国的国民福利，增强 FTA 成员的国际竞争力。

下篇

第七章

青岛高端产业和高端
产业聚集区建设

建设以青岛为龙头的胶东半岛高端产业聚集区，是山东省委、省政府建设经济强省的一个重要举措。它既为青岛带来了新的历史机遇，同时也提出了严峻挑战。积极开展高端产业和高端产业集聚区的研究，对全面落实山东省委、省政府建设山东高端产业集聚先行区、示范区的任务有重要意义。

一、高端产业和高端产业集聚区概念

（一）高端产业

高端产业，指的是那些处在产业价值链高端领域、产品附加值较高的生产环节或服务领域。高端产业不是静止的，它常表现为以高新技术为核心、以高端产品为标志、以产业组织体系高端化为主体的产业高端化过程。其中，产业高端化指的是产业不断向更高水平的延伸和成长过程。它包含三层属性：一是产业结构不断优化；二是技术水平和管理水平不断创新；三是支撑产业高端发展的要素集聚能力不断上升。

学界对高端产业的认知，偏重于生产要素评价及不同产业环节附加值的比较。例如，李士梅（2008）认为，高端产业是第一次产业、第二次产业和第三次产业的更高发展。它在第一次产业表现为农业效益提高和农业可持续发展，表现形态是位于价值链顶端的优质、生态、绿色的高端农业；它在第二次产业表现为通过核心技术和关键装备的自主开发，建立国产化的高端制造业；它在第三次产业表现为形成面对消费者和生产者的高端服务业。中国 WTO 谈判代表龙永图（2009）认为，发展高端产业最重要的是加强优势企业集聚度、专业服务集聚度、专业人才集聚度，并且需要提供交通和通信设施等基础服务。如果没有基础工作支撑,高端产业会丧失辐射能力、集聚能力、推动能力和媒介能力。

产业结构的高端化、高质化、高新化有三种实现模式:

第一,引入高端产业。主要路径有三:一是抢占现代产业体系的上游领域,以高端项目的引进推动产业高端化发展;二是引进国际高端产业先进技术和管理理念、经营方式、组织形式,促进现有产业体系全面提升发展的层次;三是充分利用地理区位、市场体制、投资环境优势,主动承接新一轮高端产业国际转移契机,吸引国内外知名大企业集团设立总部、地区总部、研发中心、采购中心、营销中心等;四是进一步完善优势产业链条,优化产业配套环境,提高高端服务业与本地产业的融合度,增强高端产业的根植性和存活度。

第二,催生高端产业。指的是依靠技术或产业融合促进产业高端化发展,利用现代技术和一些特殊政策措施,催生出一批高端产业。具体工作包括四个方面:一是要通过知识创新、技能创新和管理创新,培育扶持知识密集型的高端产业,提供具有高技术含量、高人力资本含量、高附加值的高端产品,不断抢占高端产业发展制高点,提升高端产业市场竞争力;二是积极促进技术与产业融合,通过发展科学技术和不断创新商业模式,加快技术与产业的融合,不断推出新的产业形态,如计算机服务、专业技术服务、网络通讯服务等;三是通过产业延伸,依托高新技术和先进制造业优势,以产业链延伸为切入点,加快完善生产前期研发、设计,中期管理、融资和后期物流配送、市场销售、售后服务、信息反馈等服务环节,不断完善服务功能,培育壮大高端产业集群;四是在旧工业区改造及新工业园区建设过程中,鼓励具有比较优势的产业及产业集群,形成上中下游产业互动发展格局,强化高端产业支撑作用,增强产业配套服务能力。

第三,产业高端化。指的是以升级方式,促进传统产业的高端化。这种向产业高端领域渗透和延伸的方式,不仅能充分利用现有产业资源,而且能通过技术改造,提升传统产业发展水平,有效发挥传统产业优势。具体工作包括:一是促进高新技术与传统产业融合渗透,在国家相关战略推动和市场需求拉动下,逐步形成新的产业形态;二是以信息化支持新型工业化,在传统产业领域不断创新高端产品,提升产业的高端发展水平。

(二) 高端产业集聚区

高端产业聚集区,指的是高端产业集群化、融合化、生态化的空间集合体。所谓产业集群化,是指某一产业领域相互关联的企业及其支撑体系在一定区域内大量集聚,并逐渐发展成为具有持续竞争优势的企业群落的过程;所谓产业融合化，是指不同发展层面的企业相互推进，逐渐形成产业融合和利益共享的现象；所谓产业生态化，是指产业演化过程与环境的友好性、与地缘文化的交融和对生态文明的共享。

从世界发展经验来看，一些世界著名的产业集群区域大都经历了"从分散到集聚，再从集聚到扩散"的过程。充分利用产业集群内部的技术优势、合作优势、创新优势打造核心高端产业，再通过技术扩散、资本扩散、信息扩散、产品扩散等多种方式，加强高端产业对周边地区的引导和聚集作用，使其形成产业结构的阶梯状分布模式，被实践证明是一条成功发展路径。另外，实现高端产业集聚区发展目标，必须瞄准世界产业最新发展趋势，坚持走新型工业化道路，发展壮大优势产业，大力发展现代服务业，努力构造现代产业体系，使产业聚集区成为附加值高、竞争力强、带动力大、吸纳就业多的产业高地。例如，新加坡政府将劳动密集、增值低微的制造企业不断有序迁出，留下其总部和研发部门，通过抓好品牌建设、完善扶持机制、做好产业基地规划，实现总部经济集群化发展，目前，有 6000 多家跨国公司的区域总部设在新加坡，使得该国经济发展保持高度连续性。

国际经验还表明，空间集聚是高端产业发展内在需求，它对高端产业降低成本，提高物质、能量和信息交换效率有重要意义。香港、新加坡、东京、纽约等城市，土地面积并不大，它们之所以能够吸附全球资源，创造巨大产值，就在于具有强劲的"增核扶链"效应。所谓增核扶链，就是立足高端、高辐射和高渗透，建设具有核心技术和品牌的发展战略，增加发展极核，扶持配套产业链，推动集群发展，赢取广阔的发展空间。例如，美国硅谷的信息产业和近年来兴起的生物技术、医疗设备产业集聚区；新加坡金融业的集聚发展；印度班加罗尔地区软件产业基地的成功发展；日本东京高端制造业和生产性服务业的发展；中国台湾新竹工业园电子通讯设备、精密机械和生物技术聚集区的形成；中国大陆北京中关村电子信息产业的集聚发展等。

近年来，国内许多城市都对高端产业提出了各自的发展构想：

1. 北京市：建设六大集聚区

北京市提出走高端产业集聚之路，发展低污染、低能耗的都市型现代农业、高新技术产业、现代制造业、文化创意产业和现代服务业，并规划了中关村科技园区、金融街、北京经济技术开发区、北京商务中心区、顺义临空经济区和奥林匹克中心区六大高端产业功能区。目前，六大高端产业功能区已成为首都经济向高端、高效、高辐射方向发展的重要力量，成为国内外优质资本聚集的重要区域。

2. 上海市：聚焦产业资源

上海市围绕转变经济发展方式，发展对提升自主创新能力有重要推动作用的优势产业领域，聚焦新能源、民用航空制造业、先进重大装备、生物医药、电子信息制造业、新能源汽车、海洋工程装备、新材料、软件和信息服务业9个重点领域。同时，立足上海产业、金融、科技、人才的综合优势，推动集成创新和自主创新，助推上海制造业全面迈向产业高端领域。

3. 天津市：创新产业形态

天津市提出加快构建高端化、高质化、高新化产业结构，力争用5～10年时间，把天津滨海新区建设成为国内超大型的高端要素集聚、高新技术企业云集的高端产业集聚区，使之具备培育具有国际竞争力的跨国大公司的能力，成为新产业和新业态的发源地，成为引领世界高科技潮流的高端产业聚集区域。

4. 无锡市：制造业和服务业"双轮驱动"

无锡市坚持先进制造业与高端服务业"双轮驱动"，推动产业结构从一般加工业为主向先进制造业和高端服务业为主转变、增长动力从投资驱动为主向创新驱动为主转变、要素支撑从物质资源为主向人力资源为主转变，完成包括IC、光伏、光机电、服务外包等在内的"五年实现六个1000亿元"的产业规划，全面提升无锡市的高端产业产出比重和影响力。

5. 大连市：建设产业孵化基地

大连市提出依托国家现代服务业产业化基地，完成生态科技创新城、洁净能源关键技术研发与孵化基地、生物技术与集成电路研发设计基地、光电子研发与孵化基地建设；实施科技中介机构建设工程、跨国科技服务机构引进工程、高端人才培养与引进工程、高端科技服务业发展环境建设工程及国际技术商品和服务交易市场建设工程，全面推进国家高端科技服务业国际化示范城市建设。

6. 深圳市：建设高端产业带

深圳市提出建设"环CBD高端产业带"，形成全市高端服务业核心区。同时，在其周边以集群化的产业片区为节点，将各具特色的产业区串联成带，推动周边工业区全面改造升级，形成南联香港、北拓珠三角的"圈层式"产业布局结构，为现代化中心城区建设奠定产业基础。

7. 青岛市：担纲龙头责任

青岛市提出要担纲高端产业聚集区"龙头"城市责任，与周边城市错位竞争、合作共赢，并制定了打造区域产业融合平台、建立城市合作互动机制、全面优化区域经济范围内的产业空间等建设方案，以及依托青岛城市发展优势，全面提升服务外包等高端服务业发展规模和品质，改善产业结构分布形态等宏伟发展规划。

二、青岛市高端产业发展的背景条件

（一）产值结构与就业结构现状

1. 第三产业产值比重不断增大

2011 年青岛市实现生产总值（GDP）6615.60 亿元，比上年增长 11.7%。其中，第一次产业增加值 306.38 亿元，增长 5.0%；第二次产业增加值 3150.72 亿元，增长 11.6%；第三次产业增加值 3158.50 亿元，增长 12.4%。三次产业的比例关系由上年的 4.9∶48.7∶46.4 调整为 4.6∶47.6∶47.8，第三产业增加值首次超过第二产业[①]。

2. 产业人口非农化步伐不断加快

随着耕地减少和工业化、城市化推进，特别是第二、第三次产业迅速发展，青岛第一次产业就业人员向第二、第三次产业转移进程明显加快，第一次产业从业人员比重迅速下降，第二、第三次产业从业人员比重持续提升。从表 7-1 可见，青岛三次产业从业人员构成已由 1978 年的 61.3∶25.6∶13.1 转变为 2011 年的 19.2∶41.2∶39.6，第一次产业就业比重持续下降，第三次产业就业比重持续稳步上升，就业结构已由"一、二、三"型转变为"二、三、一"型，第二、第三次产业已成为吸收全社会劳动力资源的主要渠道，青岛已进入产业转型升级和高端化发展新经济时期。

---

① 2012 年青岛 GDP 达 7302.11 亿元，按可比价格计算，增长 10.6%，其中，第一产业增加值 324.41 亿元，第二产业增加值 3402.23 亿元，第三产业增加值 3575.47 亿元。

表 7 – 1　　　　　　　青岛市主要年份产值结构、就业结构变动表

年份	全市 GDP 构成（%）			社会从业人员构成（%）		
	第一产业	第二产业	第三产业	第一产业	第二产业	第三产业
1978	22.7	52.7	24.6	61.3	25.6	13.1
1980	21.0	54.0	25.0	55.1	29.4	15.5
1985	25.9	45.6	28.5	47.3	33.1	19.6
1990	21.7	48.0	30.3	44.4	34.9	20.7
1995	17.8	46.6	35.6	41.5	35.4	23.1
2000	11.8	46.6	41.6	36.4	33.9	29.7
2001	10.5	47.0	42.5	33.4	35.5	31.1
2002	9.3	47.9	42.8	29.4	37.2	33.4
2003	8.0	49.4	42.6	27.3	37.4	35.3
2004	7.2	50.7	42.1	24.8	39.4	35.8
2005	6.6	51.8	41.6	22.2	41.8	36.0
2006	5.7	52.3	42.0	21.0	42.8	36.2
2007	5.4	51.6	43.0	20.2	43.1	36.7
2008	5.1	50.8	44.1	19.9	43.0	37.1
2009	4.7	49.9	45.4	20.1	41.9	38.0
2010	4.9	48.7	46.4	19.5	41.4	39.1
2011	4.6	47.6	47.8	19.2	41.2	39.6

资料来源：根据《2012 年青岛统计年鉴》整理。

（二）工业内部结构和制造业发展状况

青岛市长期坚持产业发展的"大项目—产业链—产业集群—产业基地"发展方针，并且围绕产业集群实施资源统筹、科学指导、政策扶持，逐步形成了石化、汽车、造船、港口、家电电子等重点产业集群，并且产业集群的"吸盘"和"雪球"效应日益释放，带动全市的工业内部结构发生了重要变化。

1. 重工业在工业经济中的地位明显提高

改革开放之初，青岛市全部独立核算工业企业的年产值仅 56.55 亿元，其中，轻工业占比超过 65%，正因如此，青岛被称为"中国轻纺工业城"。改革开放 30 余年来，青岛产业结构和工业区域布局发生显著变化，青岛市轻、重工业产值比例已由 1978 年的 59.6 : 40.4 调整为 2011 年的 40.5 : 59.5。昔日的"中国轻纺工业城"正在向制造业基地、重化工业基地转变。

2. 先进制造业发展步伐加快

改革开放以来，青岛基础行业的瓶颈制约得到较大改善，优势传统行业得到进一步巩固发展。同时，青岛若干新兴产业成长步伐加快，通信设备、计算机及其他电子设备制造业等技术含量高的产业得到迅猛发展，成为拉动工业乃至整个经济增长的重要力量。2010 年全市规模以上工业累计完成高新技术产业产值 5400 亿元，同比增长 22.8%，占规模以上工业总产值的比重达到 46.7%，产值和比重两项指标均在山东省排第 1 位。

3. 非公有制经济快速发展

改革开放 30 余年来，青岛的所有制结构已形成个体、私营、外资、合资、联营、股份制等经济形式共同发展格局，非公有制经济在规模、速度、结构和地位方面实现了历史性跨越，数量和质量迈上了新台阶。尤其在贸易、餐饮、房地产中介、居民服务和其他服务业中，非公有制经济占比已在 80% 以上，成为占主要地位的经济形式。

（三）国际产业转移状况①

第一，从转移层次看，呈现出劳动密集型产业向资本技术密集型产业、传统产业向新兴产业、制造业向服务业、低附加值产业向高附加值产业不断提升趋势。服务业开始成为国际产业转移的热点，高新技术产业的国际产业转移速度明显加快。随着经济全球化趋势深入发展、技术创新和扩散速度加快以及发展中国家知识产权保护水平的提高，发达国家不仅将高新技术产业的加工组装环节转移到发展中国家，并且将其配套的零部件生产、物流、营销等环节甚至部分研发活动，也通过项目外包和业务离岸化的方式向外转移，以便最大限度地降低成本和加快成本回收，缩短整个产业链从研发到盈利的周期。

第二，从转移方式看，国际产业转移方式呈现多样化趋势。项目外包、跨国公司业务离岸化、配套产业转移、国际服务贸易等方式，成为国际产业转移特别是服务业转移的主要方式。2010 年，全球服务外包市场已经达到 20 万亿美元，为 1993 年的 4 倍。另外，投资方式也由单一直接投资和单一股权安排，转换成包含直接投资和股权安排在内的独资、合资、收购、兼并和非股权安排等多样化的方式，间接投资和非股权投资越来越多，证券投资和跨国企业并购

---

① 国际产业转移指的是，某一国家或地区的企业按照区域比较优势原则，通过跨国界的直接投资和国际贸易方式，把部分产业的生产、销售甚至研发活动（机构）转移到另一国家或地区，从而使该产业在空间分布上发生迁移的活动。

成为国际投资和产业转移的一种重要方式。

第三，从转移规模来看，发达国家为获得全球竞争优势，将更多向发展中国家转移生产环节，产业转移速度进一步加快。发展中国家为实现赶超战略，不断扩大对发达国家产业转移的接纳，以加快本国产业结构升级和高度化，促进了国际产业转移规模扩大。据统计，全球外国直接投资总额 1995 年为 3310 亿美元，2011 年达到 1.5 万亿美元。从外商直接投资青睐的国家和地区来看，中国排名第 1 位；印度和美国分别排名第 2 位和第 3 位。

（四）发展方式转型和产业结构升级状况

第一，劳动力成本上升，推动产业向高加工度、高附加值转型。近年来，由于劳动力成本快速提高，劳动力的供求格局发生了明显的变化，推动主导产业从劳动密集型向资本技术密集型、知识密集型升级，推动企业技术创新和产业链的提升成为增长的重要推动力量（见表 7 - 2）。

表 7 - 2　　　　　　　　　不同工业化阶段产业升级的推动因素

	主要内容	驱动因素	主导产业	贡献来源顺序变更
工业化前期	对自然资源的开发	自然资源大量投入	农业	劳动力、自然资源
工业化初期	机器替代手工劳动	劳动力大量投入	纺织工业	劳动力、资本、规模经济
工业化中期	中间产品增加、生产迂回程度提高	资本积累	重化工业	资本、规模经济、技术进步、劳动力
工业化后期	生产效率提高	技术进步	加工组装工业	技术进步、资本、规模经济、劳动力
后工业化期	学习和创新	新的知识	高新技术产业和服务业	知识进步、人力资本、技术进步

第二，外部成本显性化，为节能环保型产业提供了广阔发展前景。近年来，我国基础能源、原材料使用量快速增长，带来了废弃物排放的增加，给环境和可持续发展带来巨大压力，加强环境保护和治理，促进可持续发展，已成为全社会的普遍呼声。随着居民环保意识增强和国家政策调整，继续沿用传统的"大量生产、大量排放废弃物"的生产方式，为企业带来潜在经营风险、招致巨额经济损失的可能性急剧上升。"减量化、再利用、再循环"的低碳经济理念正成为经营时尚，推广和应用节能、环保新技术，发展绿色产业、环保产业拥有广阔发展空间。

第三，经营成本的结构性改变，为产业结构优化提供了强大动力。钢铁、水泥、有色金属、化工等重化工业快速发展，导致对煤炭、石油、铁矿石等基础物品和重要原材料的需求大幅增加，并拉动能源、原材料价格持续上涨；国家强化环境执法、调整相关税费标准，使企业在减少污染物排放、加强废弃物综合利用等方面的支出显著增加；国家加大耕地保护力度，接受产业转移的地区再次出现"招商大战"的可能性已显著下降，廉价供应工业建设用地的局面正在改变。另外，能源原材料价格上升、使资源利用率高，加工精度深、设备利用率高的大型成套生产设备的竞争优势凸显；土地使用价格提高，要求企业集约化生产，节约使用资源和能源。所有这些都为企业的高端化发展提供了良好机遇。

第四，收入快速增长和社会财富急剧扩张，夯实了服务业快速发展的基础。居民收入快速增长和持有实物资产规模急剧膨胀，以及居民持有的金融资产快速增加，不仅衍生出使用、养护、维修、租赁乃至回收利用各类资产的社会服务需求，而且推动了居民消费结构升级，增加了对汽车、住房等耐用消费品的购买需求，以及对教育、旅游、咨询、金融类服务的需求。从企业角度看，社会财富急剧扩张表现为生产能力急剧扩张、投资持续高速增长，生产经营规模扩大，同时，也对企业提出了采用先进组织形式，将生产、经营、管理活动建立在专业分析和科学决策基础上的要求，为研发外包、管理咨询、会计法律服务、广告与企业形象设计等提供了广阔发展空间。

三、青岛市高端产业发展的重点领域

（一）高新技术产业

高新技术产业重点发展方向包括：（1）软件产业：重点发展嵌入式软件、IT 服务外包软件、数字动漫和集成电路等。（2）新材料产业：特种金属和无机非金属等新型金属材料、高分子材料、能源及环境友好材料、纳米材料、海洋新材料、新型复合材料及生物新材料等。（3）数字家电产业：家庭网关、网络热水器、网络冰箱、网络流媒体电视、无线终端家庭环境监控系统等，以及 TFT－LCD 及液晶模组，芯片设计与制造，新一代移动通信、光电通信、射频识别（RFID）应用等。（4）高速列车产业：高速动车组和城市轨道机车，机车自动控制系统和车体材料、机车关键零部件等配套产品。（5）半导体照明产业：LED 高效照明产品，氮化镓基 MOCVD 装备技术和高亮度 LED 产业等。（6）LCOS（新型硅基液晶）显示产业：激光光源的 LCOS 数字高清显示产业。（7）新型纺织机械产业：新型自动络筒机、清梳联、粗细联、细络联等成套棉纺设备等。（8）生物工程产业：秸秆、废油脂等生物质转化的技术开发和产业化，废弃生物资源和微生物利用，微生物工程、生物材料、生物酶、生物育种、生物肥料和生物农药等绿色农用产品。（9）新能源产业：高性能锂离子动力电池、太阳能电池及组件、发光 LED、海洋能源和风能等。（10）海洋装备与海洋种苗产业：海洋工程装备、船载监测仪器、海洋环境监测设备、海洋油气开采装备、深远海洋探测等海洋工程设备及特种船舶和配套产品，现代海水养殖新品种培育、海水健康养殖工程等高技术产业发展。

（二）先进装备制造业

先进装备制造业重点发展方向包括：（1）市场需求良好的超大型变压器等电力装备、海洋工程装备、节能环保设备、新型生物工程设备、集成电路制造装备和兆瓦级风电装备制造；（2）装备制造业绿色化、信息化和国产化工程；（3）基于现代信息技术应用的数字化橡胶密炼系统、子午线数字化成型和异戊橡胶生产装置、网络化轮胎检测输送线、轮胎成型柔性制造成型系统、生产过程信息采集等关键装备和生产线；（4）高端造船和修船业、化工装备制造、橡胶机械制造、纺织机械制造、发电设备等通用和专用装备的研发和制造。

（三）高端电子信息产业

高端电子信息产业重点发展方向：（1）下一代互联网、新一代移动通信、光电子通信和射频识别（RFID）技术；（2）网络化、数字化、智能化产业发展需求；（3）芯片技术和电视面板研发和制造产业；（4）信息技术、自动控制技术、资源快速重组技术；（5）有利于改造传统产业的生产流程和经营模式，有利于提高生产效率，提升产品品质，增加产品附加值。加快产业升级换代的产业领域。

（四）高端服务业

高端服务业重点发展方向：（1）高端金融服务。推进风险投资、票据交易、离岸金融等新金融业务及衍生产品开发，建设区域性金融中心和财富中心，加大对高端服务业的信贷支持。（2）高端信息服务。21 世纪的现代营销与从前已大不相同，信息业务流程和知识处理外包服务、建设云数据中心、打造青岛信息港。（3）高端工业设计。包括前景诱人的工业设计、动漫游戏、软件开发、建筑设计、广告与咨询、新闻出版、影视制作等产业领域，以设计为主的创意产业。（4）高端会展业。筹建专业化、规模化会展公司，提高会展业服务外包水平，打造高端会议、展览、节庆活动等会展"新亮点"。（5）高端港航业。以国际中转、国际采购、国际配送、国际转口贸易为核心的口岸物流、制造业物流和普货物流，以供应链一体化为导向的制造业物流，以信息快速传送和电子商务为纽带的城市配送物流等。（6）高端旅游业。以海岛、游艇油轮、温泉度假、高尔夫球等休闲场所为依托，吸引国际知名酒店来青连锁经营和承担国际旅游代理商；建设在全国有影响力的旅游门户网站和旅游资讯集成网络。（7）高端商务活动。根据城市整体功能需求，积极发展以现代连锁经营为标志的高端商务群；发展各类专营业务，以市场的专业化推动相关区域同类或相关业务的重大发展；发展以新型电子商务为特色的现代商贸流通业，并为之创造赖以生存的信息服务环境。（8）高端咨询业。积极推动以法律服务、会计服务、咨询服务、知识产权服务、公共关系服务、产权交易服务为核心的各类专业中介服务业务，建立良好的中介评估监督和行业自律监督组织，确保高端咨询业务的快速发展。

（五）高端农业

高端农业重点发展方向包括：（1）以生物利用技术、农业信息化技术、高效低残留农业投入品和新型农业设施等高端技术的应用为基点，全面提升农业的生产技术水平、环境和生态保障水平，充分满足农产品生产安全、环保、高效的内在需求；（2）借鉴国外精准农业发展经验，高标准建设一批以农产品精深加工、农产品储运物流为主的高端涉农加工和物流企业；（3）深入推进农业优势产业的区域化、产业化和生态化，集中打造一批产业规模大、生产水平高的区域主导产业基地，全面提升农业产业化经营的规模和档次；（4）推行绿色农业发展理念，加快出口农产品示范区建设，培植和扩大产品出口竞争优势；（5）整合改造科技、教育、信息和服务资源，为高端农业发展提供全方位的基础设施服务领域的支持。

（六）高端海洋产业

高端海洋产业重点发展方向包括：（1）海洋特种船舶、大型专业远洋渔船、豪华游艇、海洋工程机械、海上钻井平台、海洋仪器仪表等海洋应用设施和设备的制造；（2）海洋油气、天然气、海底矿产等海洋资源的勘探开采输送和精细加工，以及优势系列石化产品的开发；（3）深海资源开发利用技术及其相关设施的开发、制备；（4）积极推动以现代生物技术为重点的海水养殖育种工程，以生物萃取技术为重点的海洋食品精深加工业的发展；（5）推进海洋生物制品、新型海洋医药保健品、海洋功能性食品的研发和生产，并高度重视其品牌效应的集聚；（6）滨海休闲度假、海岛观光、原生态湿地、邮轮与游艇旅游、海洋文化体验等高端旅游产品的开发；（7）海水淡化和海水系统综合利用项目的培育及其经济技术效能的提升；（8）推动波能、潮汐能等海洋新能源产业发展，依托高端研发机构和组织，建设现代海洋新能源研发基地和产业发展基地。

四、青岛高端产业聚集区规划和建设方案

（一）先进装备制造产业基地

1. 机车汽车制造功能区

以南车四方、庞巴迪、福宏集团等优势企业为依托，重点发展高速轨道交通装备、轻轨车、地铁车辆、机车配套产品，及其上下游产业链的配套项目，建设高水平的集研发、制造、物流于一体的高速列车产业化制造基地；以上汽通用五菱30万辆轿车项目、35万台轿车发动机项目、上汽通用出口轿车基地的配套产品发展需求为契机，发展青岛品牌的特种汽车和以汽车发动机为主的零部件产品，形成研发、生产、销售、服务等产品开发及配套服务体系，打造国内重要汽车及零部件生产基地。

2. 大型电力装备制造功能区

以特锐德、汉河电缆、东方电力、捷能动力等重点企业为依托，推动大型变压器研究与制造，发展高附加值新型变压器生产、创新新型电线电缆，提升产业链内部的产品技术水平和生产规模；推动中大型汽轮机、高效完整输变电设备研制和生产、推动规模化大型电力装备制造等。

3. 海洋工程装备制造功能区

围绕深潜、海洋油气、海洋生物、深海采矿、海水淡化等新兴海洋技术，发展海洋工程装备，并特别注意开发深水石油开发所需的勘探、钻井、海上浮式储油平台、深潜器等海洋工程设施，创建国家级海洋工程制造基地。

4. 集成电路设计与制造功能区

以规划设计的集成电路工业园为依托，以晶圆芯片生产线建设为核心，打造包括芯片设计、光刻盘设计制造、硅芯片供应、引线框架供应、芯片封装、芯片测试等环节的高端产业链，带动 IC 研发设计外包、封装测试外包及相关配套产业的发展，形成集成电路产业集聚区，促进青岛集成电路产业的高效发展。

5. 节能环保设备制造功能区

依托骨干企业和重点研发机构，发展烟气脱硫、脱硝除尘成套设备，发展城市垃圾处理成套设备、水污染防治及废水资源化成套工艺设备、环境监测设备；鼓励海水淡化装备研究、开发和产业化；大力发展和引进大型环保设备和资源综合利用设备，将青岛建成国家重要的环保装备制造基地。

6. 新型生物工程设备制造功能区

以国家生物产业基地建设为契机，加快新型生物高聚物医疗设备、降解薄膜生产设备、生物柴油生产设备、新型生物传感器、新型啤酒发酵设备、生物工程技术处理设备等新型生物工程设备制造业发展，并不断巩固和提升青岛在该产业领域的发展优势。

7. 新型医疗设备制造功能区

依托已初具规模的医药产业基础平台，加强数字化医学影像设备、分析检验设备及系统、数字超声诊断设备、电子内窥镜等新型医疗设备及相关医用新材料设备的研究与开发，突破制约人工晶体产业化的"瓶颈"，关注新型医药材料开发和应用对人们健康和生活的影响，积极抢占产业发展的制高点。

（二）高技术产业基地

1. 电子信息产业功能区

通过引进技术消化吸收和自主创新，建成拥有自主知识产权和核心技术的国家级电子信息研发和生产基地；通过争创国家信息服务外包基地、国家信息技术创新基地，推进电子信息产业与其他制造业的联动和融合发展，建成国内重要通信设备研发和生产基地、新兴集成电路设计和生产基地、重要嵌入式软件产业化基地；大力推广绿色制造技术、大规模个性化定制技术、数字智能化家电、数字接收机等高端技术产品开发，建成以世界家电品牌支撑的、具有国内领先水平的信息家电产业功能区。

2. 生物医药产业功能区

优化青岛生物医药产业布局，拓展生物产业发展空间，加快建设生物医药中试基地、产业化孵化基地、动物繁育养殖实验中心。打造以华仁、黄海、海尔药业、康地恩、博新等企业为代表的崂山——即墨生物医药产业功能区；以国风、国大、东海等企业为代表的开发区——胶南生物医药产业功能区；以即墨——胶州种苗基地为龙头的优良海水养殖新品种产业功能区，以九联、万福、长寿、正大等企业为代表的莱西——平度特色农产品深加工产业区。

3. 新材料产业功能区

以青大新材料产业园、高新区新材料团地、胶南新型金属、玻璃、橡胶材料园为依托，引导优势企业进军高分子弹性体材料、石化合成树脂与功能塑料、环境友好型功能纤维材料、特种金属材料等新的产业领域，争取用 5 年时间，形成特色鲜明、具有国际领先水平的新材料产业功能区。

4. 海洋高技术产业功能区

突出海洋勘探设备研发、海洋生物医药、海洋功能食品、海洋生物新材料及海洋新能源利用的研发和产业化特色，加快国家海洋科学研究中心建设；依托国家海洋科学研究中心，打造鳌山卫海洋产业化基地带动我市海洋高技术产业跨越式发展，形成具有国际领先水平的海洋高技术产业功能区。

（三）高端服务业基地

1. 金融业功能区

以香港中路、市北 CBD、崂山金融服务区为载体，吸引国内外金融企业来青岛设立地区总部及后台业务、产品研发、资金运用、客户服务、数据备份等职能中心；支持青岛银行、中信万通证券扩展服务功能，提升服务品牌，努力做大做强；加快期货市场等现代商品交易场所的规划建设，鼓励发展产业投资基金、风险创业投资和新型担保业务，并使之充分发挥作用；加快发展金融资本市场，提高直接融资比重；支持保险业组织创新、产品创新、服务创新和管理创新。争取青岛金融业增加值年均增长 20% 以上，到 2015 年占服务业比重达到 10% 左右。

2. 科技与信息服务业功能区

推动崂山科技城、胶州湾北部高新区创业服务中心建设；鼓励科技服务的专业化、企业化发展；推动计算机、广播电视、电子通信"三网融合"；引进和培育一批具有国际影响的科技与信息服务外包企业，促进青岛服务外包和服务贸易快速发展。争取全市科技与信息服务业增加值年均增长 20% 以上，到 2015 年占服务业比重达到 10% 以上。

3. 文化创意产业功能区

推进国家文化产业研究中心、国家动漫创意产业基地、青岛创意媒体学院、"派乐达"动漫城、1919 创意园建设，形成新的文化创意产业布局；依托北京电影学院创意媒体学院等艺术资源，重点发展影视创作、文化传媒、策划设计等文化创意活动，建设青岛影视传媒交易基地、影视作品传播中心；扶持一批文化企业做大做强，打造"创意青岛"品牌。争取全市文化创意产业增加值年均增长 18% 以上，到 2015 年占服务业比重达 16% 以上。

完善文化创意产业发展链条，重点开发教育、文化、出版、广播影视等数字内容产品。对新建数字内容的生产性企业，将在企业所得税税收方面给予优惠。加强对创意设计项目的孵化、推动、改革和完善。改革完善文化创意产业的投融资体制，鼓励投资人以知识产权、实物等作价出资成立文化创意企业。支持创意企业与各高校联合建设创意产业人才实训基地。

4. 现代物流业功能区

加强与国内外大企业，特别是跨国公司开展战略合作，培育物流龙头企业，加快空港和铁路物流园区建设，完善海港、空港、铁路集装箱现代物流系统，开通面向海内外主要物流区域的航线和服务链，打造服务全省、辐射全国、联系国内外（以东北亚经济区为重点）的现代物流基地。

五、打造青岛高端产业聚集区的对策

（一）为高端产业发展提供人才支持

优先满足三类人才需求：一是专业人才需求，包括金融保险、国际贸易、现代物流、信息服务、创意产业为重点的现代服务业人才，以及微电子、化工、汽车、精品钢材、航空航天等为重点的先进制造业人才；二是具有战略思维和国际视野、熟悉国际商务运行规则、具有跨文化沟通能力的高层次经营管理和服务人才；三是具有较高知识层次和创新能力、具有较强适应能力、掌握精湛技艺的高技能人才。

为适应全市高端产业发展，需从以下方面提供人才保障：

第一，采取团队引进、核心人才引进、项目引进等方式吸引海外高端人才。设立引进创新创业领军人才专项资金，对批准引进的创新创业领军人才给予一次性经费资助，努力为高端产业发展提供人才保障。

第二，制定适合青岛地方经济和社会发展需求的人才评估标准和体系。重视引进高端人才的同时，关注青岛"本土人才"建设，重点引进和培养一批在产业一线从事研发的工程技术型专家。

第三，鼓励国内外知名人才培训机构入驻青岛，为区内服务外包企业提供招聘、培训等人力资源服务。在促进产学研合作方面继续大力扶持，建立创新平台与项目对接的产学研协同机制。

第四，妥善解决好引进人才的医疗保险、配偶就业、子女上学和租住房屋等问题。探索建立科技人员创业失败保险基金，减轻科技人员创业失败压力。为社会创新型人才的发明专利以及创新性"非共识"项目提供资助，促进创新型人才脱颖而出。

（二）为高端产业发展提供充裕资金保证

设立"青岛市创业引导基金"，吸引海内外创业投资机构以参股、委托管理和提供融资担保等方式来青岛发展创业投资事业，引导社会资金流向创业风险投资企业；在符合法律法规和监管许可前提下，支持保险公司投资创业风险投资企业，允许证券公司开展创业风险投资业务，允许创业风险投资企业在法律规定的范围内通过债权融资方式增强投资能力；建立政策性信用担保机构，形成担保机构资本金补充和多层次风险分担机制，引导和激励社会资金建立中小企业信用担保机制。

为适应这一要求需采取如下措施：

第一，设立创业投资引导基金，加大对高端产业的扶持力度，重点支持关系产业全局的关键领域、战略性新兴产业的领头项目，侧重解决创新企业和新兴产业早期融资困难问题。

第二，设立自主创新重大专项资金，支持战略性高端产业技术创新、重大科技成果转化。每年确定一批具有世界前沿水平的重大科技攻关项目，通过自主创新重大专项实施，集中财力物力实现关键技术和核心技术重点突破。

第三，设立产业结构调整专项资金，专项用于支持工业结构调整，鼓励淘汰落后产能、引导低端产业有序转移或高端化发展，建立产业结构调整和企业消长监测体系，促进产业结构转型升级。

（三）为高端产业发展提供科技创新体系

第一，支持企业组建产业技术联盟，促进不同组织之间的知识流动。政府科技计划要更多反映企业科技需求，优先支持企业牵头、市场前景好的科技项目。同时，将企业创新投入和创新能力建设作为企业负责人业绩考核重要内容，把技术要素参与分配作为企业产权制度改革重要内容，增强企业创新意识和创新动力。

第二，完善科技资源统筹配置机制。统筹安排技术改造、科技开发、环保、引智等方面用于自主创新的财政投入以及评比、表彰、奖励等各类行政资源；建立资助和补偿机制，推动科技资源共享，统筹协调中央和省驻青科研院所、高等院校、大企业的科技力量，集中开展科技攻关；强化全社会科技公共资源的整合和公共服务供给，增强创新活动的外溢效应。

第三，建立科技投入有效管理新机制。建立健全科技资金有效使用制度，规范科技资金使用申报和审批程序，发挥专家在立项审批过程中的积极作用，完善"自由申报、招标投标、专家评审、社会公示、政府决策"管理模式。加强科技资金监督管理，推行科技投入资金绩效评价制度，确保财政科技投入资金有效使用。

第四，完善科技成果转化促进机制。实行转化项目认定制度，保护科技成果所有者合法权益；完善财政税收、金融保险、工商、土地等配套政策，加强科技成果转化奖励，鼓励科技成果在青优先转化。

（四）为高端产业发展提供体制和机制环境

第一，深化行政管理体制改革。加快转变政府职能，优化组织体系，完善运行机制，创新区域经济管理模式，提高决策水平，提升行政运营效率。

第二，打破条块分割和区划限制，建立更加紧密的区域内部协调机制和协作关系，促进区域内部重大生产力布局、重要资源开发、市场体系、基础设施、公共资源配置一体化。

第三，加快国有重点企业、垄断行业股份制改造和战略重组，推动国有资本尽快从一般性竞争领域退出，向基础性、先导性、战略性和具有竞争优势的领域集中，优化整个社会的资源配置机制。

第四，创造非公有制经济健康发展的优良环境，推动国有资本、民营资本和外资经济融合发展，加快形成各种所有制经济平等竞争、相互促进的新格局。

（五）为高端产业发展提供对外开放环境

第一，拓展对外开放的广度与深度，全方位、高水平参与国际竞争与合作。加快出口商品结构调整和升级，做大做强一批机电和高新技术出口龙头企业，加快建设一批科技兴贸创新基地，形成一批优势出口产业集群。

第二，创新招商引资方式，大力推行区域招商、产业招商，积极吸引外资投向高端技术密集的产业和产品。鼓励企业与跨国公司开展战略合作，吸引更多跨国公司特别是世界 500 强企业设立高端产业加工基地、研发中心和地区总部。重点引进一批产业层次高、投资规模大、技术水平先进、带动能力强的外商投资大项目。

第三，充分发挥保税港区、出口加工区、经济园区、高新区的功能优势，通过互动合作、功能叠加、政策延伸，实现区港联动发展。加快口岸大通关平台建设，提高通关效率。

第四，发挥区位优势，积极争取自由贸易试验区落户青岛，主动开展贸易便利化、金融工程创新和自由港试点。主动参与环渤海经济圈的开发建设，积极扩大与天津滨海新区、长三角、珠三角等国内重点经济区域的合作交流。

（六）为高端产业发展提供政策与管理保障

第一，实施国家和省级振兴计划。选择一批重点建设项目纳入国家或省重点产业振兴规划，对首次投向市场，具有较大市场潜力并符合政府采购需求条件的产品，优先进行政府采购；对已经纳入重点建设领域的投资项目，要按照产业振兴计划要求，创造优良生态环境和产业业态，发挥政府前期引导和实施全流程监督工作。

第二，实施重点行业振兴计划。支持有实力的企业争取国家高技术产业化项目或纳入重点行业振兴规划，支持市级以上企业技术中心启动高技术产业化项目的立项研究；对列入国家和青岛市重点专项的项目，落实相应政策支持。

第三，创新城市发展战略。发挥全域统筹、三城联动优势，重点推进青岛高新区建设，把青岛高新区建成青岛市高技术产业的新集聚区，为产业空间结构调整和优化提供重要的支撑作用。

第四，大力发展现代服务业。支持服务外包企业申请国际资质认证，鼓励服务外包企业进行技术改造，培育自主品牌，提高企业承接服务外包的能力，努力将青岛建设成为全球服务外包的重要基地和"国家服务外包示范城市"。

第五，完善现代物流产业发展格局。支持现代物流企业拓展网络服务体系，鼓励完善提升物流园区功能、鼓励物流服务外包，有效延长产业链。争取韩国大韩航空设立区域性分拨中心、推进胶州铁路集装箱中心站建设。

第六，加强环境保护和生态安全。建成一批资源节约型、清洁生产型、生态环保型示范项目。加强城市公共绿地和生态隔离带建设，实施环境综合整治工程，打造好城市的生态走廊、文化走廊、绿色走廊。

第八章

青岛造船业国际竞争力评价及对策

本章从全球价值链视角提供了评价造船业国际竞争力的基本思路、建立了基于价值链的竞争力评价体系和评价模型，并选择世界范围内 15 个最重要造船城市作为样本，对青岛造船产业的国际竞争能力进行了全方位的比较研究。在此基础上，提出了提高青岛造船产业国际竞争力的对策。

一、全球造船业发展历程及布局

（一）全球造船业发展历程

从 19 世纪初开始，伴随科技进步和工业革命的不断深化，全球造船业竞争格局不断变换，并先后经历了 4 个重要发展时期。

1. 欧美领先时期（1820~1950 年）

19 世纪 20 年代，以蒸汽机与钢铁的大量应用为先导的船舶技术革命，使造船业迅速发展成为一个综合性产业。英国曾经凭借其钢铁冶炼的巨大技术优势，在 1900 年将钢船产量提高到 100 万吨，成为当时世界的海上霸主；20 世纪 50 年代之前，英国造船业无论从产量上还是从技术上都占据世界领先地位。其他西欧国家与英国一起引领了当时世界造船业的发展。这一时期的世界造船强国主要有：英国、美国、德国、瑞典、挪威、芬兰等。

2. 日本崛起时期（1950~1990 年）

第二次世界大战以后，基于劳动力成本上升和船舶辅助产业高附加值的诱惑，欧美造船企业开始逐渐将造船制造环节转移到亚洲。日本抓住这一战略机遇，大量承接来自欧美造船产业的转移，在政府强力产业政策支持下，大量引进欧美的先进船舶设计技术，扩大了船舶建造规模、缩短了船舶建造周期，迅速成长为世界第一造船大国，并将这一地位一直保持到20世纪90年代。

3. 韩国成长时期（1990年至今）

20世纪60年代，韩国开始将造船业列为国家重点发展的主导产业。历经30多年的努力，1999年，韩国新承接的船舶订单量首次超过日本；2000年，韩国造船业三大指标（即手持订单数量、新增订单数量、完工量）全面超过日本。此后，为应对国内钢材与原材料不足、技术人员与生产工人短缺等问题，韩国造船业开始向越南、菲律宾等低成本国家转移制造环节，并且已经在全球多个国家建立了自己的造船基地和生产加工企业，进一步奠定了自己的世界船王地位。

4. 造船中心向中国转移

进入21世纪后，世界造船订单开始大规模向中国转移。2009年中国船舶造船完工量达到4242万载重吨，新承接订单量达到2660万载重吨，手持订单量达到18817万载重吨，均略低于韩国，但远高于日本，居世界第二位（见表8-1）。2010年中韩两国造船业主要指标开始进入一种互相超越的竞争局面。尽管中国造船业在技术创新等层面还远不如韩国，但多项指标已经显示出中国造船业的发展潜力，不断接近甚至赶超韩国已是一个不争的事实。

表8-1 　　　　　　　　　2009年世界主要造船区域三大指标

指标/国家	造船完工量		新承接订单量		手持订单量	
	万载重吨	占世界份额%	万载重吨	占世界份额%	万载重吨	占世界份额%
韩国	4378	35.9	1487	35.2	17224	35.2
中国	4242	34.8	2600	61.6	18817	38.5
日本	2899	23.8	90	2.1	8831	18.1
其他	684	5.5	42	1.1	4012	8.2
世界	12203	100	4219	100	48884	100

资料来源：中国船舶工业协会。

（二）全球造船业布局

造船业产业链是一个庞大的社会系统工程。其上游包括各种原材料厂商、机械电子供应商、设计服务机构、配套产品供应商等；中游为船舶制造企业；下游包括航运业、修理服务业和休闲娱乐业等。

1. 造船产业上游

船舶配套设备是造船产业上游高附加值的主要载体，也是世界各国尤其是工业发达国家竞相发展的高技术、高附加值、高开发强度的产品领域，拥有广阔的市场空间和十分诱人的市场前景。

根据中船重工经济研究中心的测算，2009 年全球船舶配套业总产值为 834 亿美元，主要分布在欧洲、韩国、日本和中国。其中，欧洲各国是世界船用设备的研发中心，导航通信自动化等重量轻、附加值高的设备制造多由欧洲企业主导。目前，欧洲船舶配套产业约占全球船舶配套产业市场份额的 46%，且多年来始终保持着全球领先的地位。日本作为 20 世纪 60 年代以来逐渐兴起的造船强国，沿着引进、消化和吸收欧洲先进造船技术的发展路径，历经数十年努力，在船用配套设备研发实力及研制水平等方面已经接近欧洲的水平。目前，日本船用配套业产值约占世界船用配套业总产值的 1/3，其船用配套设备产品不仅可以满足本国造船业需要，而且有 1/3 产品用于出口。

韩国是现代世界第一造船强国，但其船舶配套业采用的仍是从欧洲引进的技术，并以设立合资企业的方式为主，就其总体实力而言，韩国与欧美国家的研发水平相比还有一定的差距。但不容忽视的是，韩国在船用柴油主机产量和产能方面位居世界第一，在 LNG 船等高档船舶发展领域具有明显的技术优势。中国船舶配套产业与造船产业发展协调度严重不足。其中，三大主流船型本土设备平均装船率仅占 50%，国产舱室设备、通讯导航自动化设备装船率均很低，高附加值的国产设备装船率和智能型柴油机的零部件则基本依赖进口。可以说，中国的船舶制造业整体的技术水平、盈利能力和产出质量还处在水平较低的初级发展阶段。

综上所述，全球船舶配套业分布状况是：研发设计方面，欧洲聚集了船舶动力系统设备、舱室类设备、导航通讯自动化类产品的设计；美国在船用导航通信自动化、中高速柴油机、燃气轮机等设备的设计方面居于世界领先地位；船舶制造方面，订单主要集聚在亚洲，以韩中日三国为主要代表，高端产品主要来自欧洲；品牌营销方面，高附加值产品仍由欧美主导。

2. 造船产业中游

目前，韩国、中国、日本和中国台湾地区的造船产量约占世界产量的 80%（以总吨位计算）。其中，大型油船、集装箱船、液化石油气船、液化天然气船等技术含量高、工艺难度大的船型生产以日本、韩国为主，欧洲船厂主要集中在高栖装水平、高品质要求的豪华游轮、特种化学品船等高附加值船上（见图 8 – 1）。

造船产业中游价值链 高端

欧洲船厂高栖装水平、高品质要求的豪华游轮、特种化学品船

日本韩国

中国、中国台湾及少数欧洲国家主要从事船舶生产加工组装

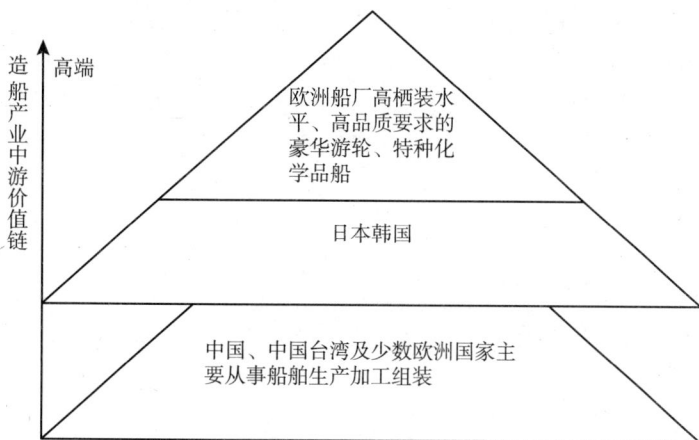

图 8 - 1　世界造船产业链中游产品竞争力状况

　　按照世界各个主要造船国家的船舶工业规模、能力、产量和技术水平，可将之分成三个阵营：一是韩国、中国、日本组成第一阵营，其造船能力和船舶产量约占世界总量 70% ；二是由中国台湾地区、波兰、丹麦、德国、意大利等国家（地区）组成的第二阵营，其造船能力和船舶产量约占世界总量 25% ；三是众多较小造船国家组成的第三阵营，造船能力和船舶产量约占世界总量 5% 。

　　目前，中国造船业三大指标（造船完工量、新承接订单量、手持订单量）已经全面超过日本，位居世界第二。但中国造船企业自主设计的三大主流船型经济指标偏低，高新技术船舶依赖国外设计的局面还没有得到根本改变，在生产设备和建造工艺等方面，仍然整体落后于日韩两国的造船企业，从这些方面来看，中国还没有真正进入第一阵营。

3. 造船产业下游

　　2009 年，全球国际航运中心竞争力指数显示，伦敦、东京与香港跻身竞争力前三甲，全球国际航运重心逐渐向亚洲转移，其中，中国航运业的高速发展对造船产业提出了新的需求，为中国造船业发展创造了巨大的发展空间。

　　与此同时，由于劳动力成本高、远离热门航线等原因，欧洲造船业下游产业（包括航运业、修理服务业和休闲娱乐业等）也逐渐转移到亚洲国家。其中，新加坡位于世界最繁忙的欧亚航线必经之地——马六甲海峡（欧亚主航道偏于新加坡一侧），具有港阔水深、可以容纳大型船舶停靠等自然优势。另外，新加坡具有自由贸易港的制度优势，为船舶修造业发展提供了极大便利。新加坡充分利用上述领域的发展机遇，积极推动修造船业快速发展，逐渐成长为世界主要的修船国家。

目前，新加坡的修船产值就已经占到全球修船总产值的 9.48%。其中，FPSO（Floating Production Storage and Offloading，即浮式储油卸油装置）改装产值在全球同类产品产值中的占比为 2/3；船舶海上修理和改装平台的产值约占全球产值的 60%。与新加坡相比，中国在修船产值和容量方面与其不相上下，但中国维护船舶的档次和技术水平与新加坡等先进修船国家相比，还有很大差距。

二、我国造船产业分布状况

（一）地区分布

截止到 2008 年年底，我国规模以上造船企业有 598 个，主要分布在 15 个沿海、沿江省、市、自治区。其中，我国大型造船企业主要集中在上海、江苏、辽宁、山东、广东、浙江等地。以上 6 个省市的船舶制造业务量约占全国船舶制造业务量的 90% 左右，其余一些省市则受制于地理位置和自然条件等方面的限制，船舶产业所占的市场份额比较小。

2008 年我国主要造船基地江苏、上海、浙江、辽宁、广东、山东 6 省市的造船完工量合计达到 2147.2 万载重吨，占全国造船完工量的 90.4%；新承接造船订单量合计达到 4634.2 万载重吨，占全国新承接造船订单量的 71.2%；手持造船订单量合计达到 19022.5 万载重吨，占全国手持造船订单量的 94.4%；船舶出口金额合计达到 157.5 亿美元，占全国船舶出口金额的 80.5%。各个主要造船基地三大指标的排名情况如表 8-2 所示。

表 8-2　　　　　　　　2008 年我国主要造船地区三大指标及其排名

地区	造船完工量		新承接订单量		手持订单量		出口金额	
	万载重吨	排名	万载重吨	排名	万载重吨	排名	亿美元	排名
江苏	904.7	1	1943.8	1	7230.4	1	43.5	1
上海	690.7	2	587.2	4	3975.1	2	35.9	2
浙江	536.8	3	751	3	2551.2	4	32.5	3
辽宁	382.6	4	992	2	3185.2	3	21.3	4
广东	129.2	5	156.3	6	1170.2	5	17.2	5
山东	103.2	6	203.9	5	910.4	6	7.1	9

资料来源：2009 年中国船舶工业年鉴整理。

（二）企业分布

1. 两大造船集团

中国船舶工业集团和中国船舶重工集团是我国造船业实力最强的两大主力军。2008年两大集团造船完工量、新承接订单量、手持订单量合计占全国相应总量指标的44.1%、34.2%、42.4%（见表8-3）。

表8-3　　　　　　　2008年中船集团和中船重工三大指标及世界排名

	造船完工量		新承接订单量		手持订单量	
	万载重吨	世界排名	万载重吨	世界排名	万载重吨	世界排名
中国船舶工业集团	845.2	2	711	6	5218.4	2
中国船舶重工集团	414.4	6	1016.8	4	3324.9	3
占全国比重（%）	41.4%	—	34.2%	—	42.4%	—

资料来源：2009年中国船舶工业年鉴整理。

2. 主要造船企业

2008年，造船完工量排名前5名企业上海外高桥造船有限公司、大连船舶重工集团有限公司、沪东中华造船（集团）有限公司、江苏扬子江船厂有限公司、江苏新世纪造船有限公司的造船完工量均超过100万载重吨，合计占全国造船完工总量的35.5%，其中，上海外高桥居全国之首，居世界造船企业第5名。

2008年，新承接订单量前3名企业分别是：大连船舶重工集团、江苏熔盛重工集团、上海外高桥造船有限公司。同年，这3家企业的新承接订单量均超过500万吨，分别居世界造船企业的第4位、第6位和第7位。

2008年，手持订单量排在前4位的企业是：上海外高桥造船有限公司、大连船舶重工集团有限公司、江苏熔盛重工集团有限公司、江苏新世纪造船有限公司，这4家企业手持订单量均超过1300万载重吨，合计占全国手持订单量的36.8%，分别居世界造船企业的第4位、第6位、第8位和第12位。

（三）青岛造船产业现状

青岛海洋产业总产值在经济总量中占有较大比重，但在青岛海洋产业产出中造船产业仅占21%，比目前的国际平均水平低十几个百分点，与国内大连、上海等城市的情况相比，差距比较大。

青岛主要造船企业有：青岛北海船舶重工有限责任公司、青岛现代造船有限公司、青岛鹤顺船业有限公司、青岛造船厂等。青岛海西湾已经建成的造修船基地设有大型船坞4座、深水码头4890米及全部配套工程，年造船能力可达180万吨，年修船能力201艘。是国内最大规模造修船厂，包括15万吨级、30万吨级修船坞两座，30万吨级、50万吨级造船坞两座，陆域面积3720亩，使用水域约3000亩，是一个具有修船、造船、建造海洋平台和制造大型钢结构等综合能力的国内一流、世界先进的大型船舶工业基地。

目前，青岛已经成为我国继上海、大连之后的重要造船基地之一。就未来的发展方向而言，青岛造船业规划发展的主要产品是：10万吨级以上船舶及海洋工程装备，10万吨级FPSO（浮式储油卸油装置）、大型船用柴油机曲轴、海上采油平台上部模块等。同时，规划在多个技术领域、多类产品生产规模等方面，名列全国同类指标或综合指标前茅。

2008年世界性金融危机后，青岛船舶制造和维护修理行业遇到了严峻的市场挑战。面对相对冷淡的市场需求状况，青岛造船产业发挥港湾条件和地理位置等方面的优势，以青岛西海岸新区船舶制造基地（武船重工、北船重工、中船重工等大型企业迁入）建设为契机，提升产品总量中高附加值特种船舶和巨型客轮产值比重，减少造价较低的普通船舶承接比例，推动青岛现代化船舶工业基地和临海工业基地建设跨上了一个新的台阶。

三、青岛市造船业竞争力评价

（一）评价指标体系的建立

借鉴国内学者较多采用的价值链分析方法，在充分考虑数据可获得性的前提下，本章分别从价值链的三个主要环节（研发能力、制造能力、营销能力）出发，挖掘能够在各个环节反映竞争能力的影响因子，形成了由3个一级指标、9个二级指标共同构成的造船产业综合评价指标体系。

考虑到各项指标对造船产业竞争力影响程度的差别，在造船产业竞争力指标体系确定以后，进一步采用专家强制打分方式（以问卷方式征询专家意见）对各个指标的权重系数进行了设定，并应用相关的数据资料[①]，对造船产业竞

---

① 根据计算权数时原始数据的来源不同，权重确定的方法大致可以分为主观赋权法、客观赋权法两类。主观赋权的原始数据主要是由专家根据经验判断得到，客观赋权的原始数据由各指标在评价中的实际数据形成。两类赋权法各有优缺点，不能简单地认为客观赋权法一定比主观赋权法优越，应根据具体问题的评价监测目的、研究对象的特点等因素选择适宜的指标赋权法。

争力评价指标的可靠度和稳定性进行了试算，最后，确定了评价指标体系中的一级指标和二级指标权重（见表8-4）。

表8-4 造船产业竞争力评价指标体系

	一级指标	二级指标
造船产业综合竞争力 A	研发能力 B_1 （0.35）	拥有专利数量 C_1（0.50） 科研院所及高校数量 C_2（0.50）
	制造能力 B_2 （0.30）	生产能力 C_3（0.25） 造船完工量 C_4（0.25） 新承接船舶订单量 C_5（0.25） 手持船舶订单量 C_6（0.25）
	营销能力 B_3 （0.35）	销售收入 C_7（0.33） 利润 C_8（0.33） 出口能力 C_9（0.33）

（二）评价方法选择

考虑到用回归分析等方法对事物或因素之间关联程度的描述，对样本要求高、数据需求量大，尤其是对样本数据的分布特征要求严格，适用性较差。为克服这一缺陷，本章采用了对样本量没有严格要求、所需数据较少、不要求服从特别分布的灰色关联分析方法。

采用灰色关联分析评价造船产业竞争力的基本思路是：

以行业内最具有竞争力造船产业地区的各项指标值作为参考数列 X_0 的各实体 x_{0k}，被评价地区造船产业的各指标作为比较数列 X_i 的各实体 x_{ik}，求关联度 r_i。关联度越大，说明被评价地区造船产业与竞争力最强地区造船产业越相似，其竞争力越强；反之，则竞争力越弱。因此，关联度的大小顺序，就是被评价地区造船产业竞争力强弱的次序。

灰色关联分析法的具体评价步骤如下：

1. 评价系统的设立

设 i 为第 i 个评价地区的序号，$i=1$，2，…，n；x_{ik} 为第 i 个评价单元的第 k 个指标的评价值。对一个由 m 个评价地区，n 个评价指标组成的评价系统，有下列矩阵：

$$V = (V_{ik})_{m \times n} = \begin{bmatrix} v_{11} & v_{12} & \cdots & v_{1n} \\ v_{21} & v_{22} & \cdots & v_{2n} \\ \cdots & \cdots & \cdots & \cdots \\ v_{m1} & v_{m2} & \cdots & v_{mn} \end{bmatrix}$$

取每个指标的最佳值的 v_{0k} 参考数列 v_0 的实体，于是有：

$$V_0 = (v_{01}, v_{02}, \cdots, v_{0n})$$

式中：$v_{0k} = Optimum(v_{ik})$，$i = 1, 2, \cdots, m$；$k = 1, 2, \cdots, n$。

2. 指标值规范化处理

由于评判指标间有不同的量纲和数量级，故不能直接进行比较，为了保证结果的可靠性，需要对原始指标值进行规范化处理，即无量钢化处理。

无量钢化的方法一般有标准化、指数化和阈值法三种方法，本研究采用阈值法。

当指标数值与评价目标呈正相关（具有正功效）时：

$$X_{ik} = \frac{V_{ik} - \min V_{ik}}{\max V_{ik} - \min V_{ik}}$$

当指标数值与评价目标呈负相关（具有负功效）时：

$$X_{ik} = \frac{\max V_{ik} - V_{ik}}{\max V_{ik} - \min V_{ik}}$$

式中，X_{ik} 为标准化后某指标的值，V_{ik} 为某一指标的原始值，$\min V_{ik}$ 为各指标原始数据中最小值，$\max V_{ik}$ 为各指标原始数据中最大值。

本章的指标均为正向化指标。

3. 计算关联系数

把规范后的数列 $X_0 = (x_{01}, x_{02}, \cdots, x_{0n})$ 作为参考数列，$X_i = (x_{i1}, x_{i2}, \cdots, x_{in})$ $(i = 1, 2, \cdots, m)$ 作为比较数列，关联系数的计算公式为：

$$g_{ik} = \frac{\min\min |X_{0k} - X_{ik}| + \rho\max\max |X_{0k} - X_{ik}|}{|X_{0k} - X_{ik}| + \rho\max\max |X_{0k} - X_{ik}|}$$

$$\sum_{k=1}^{t} w_k = 1 \quad i = 1, 2, \cdots, m；k = 1, 2, \cdots, n$$

式中 ρ 是分辨系数，用来削弱 $\max\max |x_{0k} - x_{ik}|$ 过大而使关联系数失真的影响，一般 $\rho \in [0, 1]$，这里 ρ 取 0.5。

利用公式计算关联系数 $g_{ik}(i = 1, 2, \cdots, m；k = 1, 2, \cdots, n)$，得关联系数矩阵，式中 g_{ik} 为第 i 个评价地区第 k 个指标与第 k 个最佳指标的关联系数。

4. 计算单层次的关联度

考虑到各指标重要程度不一，可以采用多种方法计算关联度。例如，可以采用关联度计算方法，即，用权重乘以关联系数的方式求得；也可以根据专家法得到某一层次的各指标相对于上层目标的优先权重：

$$W = (w_1, w_2, \cdots, w_n)$$

式中：t 表示该层中的指标个数。则关联度的计算公式是：

$$R = (r_i)_{1 \times m} = (r_1, r_2, \cdots, r_m) = WE^T$$

5. 评价系统的最终关联度

针对一个多层次评价系统的最终关联度计算方法如下：首先，将第 k 层各指标的关联系数进行合成，分别得到它们所属的上一层（$k-1$）层各个指标的关联度；然后，把这一层次所得到的关联度作为原始数据，继续合成得到（$k-2$）层各指标的关联度。以此类推，直到取出最高层指标的关联度为止。

6. 地区产业竞争力大小排名

关联系数是各个指标间进行关联性比较的度量，主要反映的各个比较数列与同一参考数列的关联度大小。衡量这一类指标采取密切程度相对大小的方式取得。其数值的绝对大小意义不大，依据关联度 $r_i = (i = 1, 2, \cdots, m)$ 大小进行排序，关联度的大小顺序即为地区产业竞争力优劣次序。

（三）样本城市选择及数据收集、处理

1. 样本城市的选择

选取众多样本城市进行横向比较的目的是，根据影响造船产业竞争力的各项指标分析青岛所处的位置，以便对青岛市造船产业的竞争力给出正确评价。

（1）方法选择。第一步是对全球主要造船国家和地区的城市进行粗略研究，以主要城市作为选择对象，对样本进行初步筛选；第二步是根据全球主要造船企业排名，企业总部所在城市，确定具体的样本城市；第三步是考虑城市统计数据可得性、准确性、标准性，对各个样本城市进行调整，选取数据相对可得的、标准的和准确的城市作为样本。

（2）样本选择。目前主要造船国家和地区重要集中在中日韩三国。因此，本章主要选取中日韩三国主要造船城市的数据进行对比分析，没有选择欧美地区的城市。另外，作为样本城市，要求这些城市的造船产业具有一定的国际影

响力，在世界上具有较高知名度，且其人才、资本、技术在国际上流动频繁；要求这些城市的造船产业发展模式具有一定的典型性和代表性；要求这些样本城市的数据资料比较丰富、详细、可得。

根据上述要求，确定了 15 个样本城市，国外城市分别为韩国的蔚山市、巨济市、釜山市、金海市；日本的长崎市、坂出市、广岛市；国内城市分别为南通市、大连市、上海市、舟山市、广州市、青岛市、靖江市、江阴市。

目前，造船产业方面的统计资料，大部分统计数据为国家、省份、企业的统计数据，缺少具体城市的造船产业统计数据，因此，有些指标的数据，选用了样本城市中的典型企业数据代替城市的数据进行比较分析。15 个样本城市中选取的典型企业有韩国蔚山市的现代重工、巨济市的三星重工、釜山市的韩进重工、金海市的 STX 造船，日本长崎市的三菱重工、坂出市的川崎重工、广岛市的石川岛播联合，中国南通市的南通中远川崎、大连市的大连船舶重工、上海市的外高桥、舟山市的常石舟山、广州市的广州广船国际、青岛市的北海船舶重工、靖江市的江苏新时代造船、江阴市的江苏扬子江船厂。

（二）样本数据的来源

为解决各国统计数据的口径和标准方面的差异，本章结合中日韩三国实际情况，对指标体系的各个指标进行了统一化调整，并优化了数据搜集途径。

研发环节：专利数据来源于 CNIPR 中外专利数据库服务平台和 SooPAT 专利搜索，专利申请时间为 1985 年 9 月 10 日至 2011 年 3 月 30 日，专利检索式基本为：（摘要 = 船）and（地址 =（国家 and 城市名称）），然后进行简要筛选。这一检索方法可能会产生一定误差，因为造船技术越发达的地区可能越涉及核心技术，并未申请专利；科研院所与高校数量主要通过网络搜索，进行合计估算。

制造环节：中国方面通过国防科工委出版的《2009 中国船舶工业统计年鉴》获得中国船舶工业数据来源，日韩数据通过克拉克松公司出版的 2009 年统计数据，有的直接获得，有的通过计算得到。其中，所有产量均用万载重吨来计量。

营销环节：中国方面主要从《2009 中国船舶工业统计年鉴》和官方网络、企业网站获得，日韩方面数据主要从克拉克松公司出版的 2009 年统计数、摩根士坦利研究报告（2009 年）以及企业网站获得。其中，所有外币均折算成人民币，1 韩元 = 0.006008 人民币，1 日元 = 0.07749 人民币，1 美元 = 6.54 人民币。

（三）缺失值处理

通过以上的样本收集，仍未获得的缺失数据，需要对其进行特殊处理。

处理缺失值常用的方法有个案剔除法、最小值替换法和平均值替换法。其中，个案剔除法无法保证数据信息完备性；最小值替换法容易降低缺失变量或拔高该变量所在群体的其他变量；平均值替换法不会对该变量所在群体的均值产生影响。因此，本章选用平均值替换缺失值。

（四）产业竞争力灰色关联综合评价

1. 确定评价指标体系

本章已确立了基于价值链的造船产业竞争力评价指标体系（见表8－4）。

2. 确定参考序列

指标体系中各项指标均为正向指标，指标值越大越好。在15个主要造船城市中，选取每项指标的最大值作为最优值，最后确定参考序列，即最优指标集 X_0。

$$X_0 = [1623, 21, 14601, 1063.2, 1783.2, 5847.4, 542.9, 25.36, 13665]$$

3. 对指标值进行规范化处理

根据确定的参考序列及模型构建中采用的无量纲化方法，对15个主要造船城市的指标进行规范化处理。

4. 计算二级指标层（C）各指标关联度

运用现代综合评价软件包 MCE 中的灰色关联度方法进行单层次关联度计算。

5. 对目标层（A）和一级指标层（B）关联度合成

根据模型确定权重，利用公式 $R = WE^T$ 可得到一级指标层各指标关联度：

$R_{B1} = W_{B1C} E_{B1C}^T = (0.539, 0.8012, 0.5366, 0.4169, 0.5972, 0.4039, 0.3665, 0.4312, 0.3699, 0.4773, 0.7137, 0.4394, 0.364, 0.3826, 0.3678)$

$R_{B2} = W_{B2C} E_{B2C}^T = (0.8639, 0.9951, 0.4297, 0.365, 0.3553, 0.3583, 0.3606, 0.373, 0.4371, 0.4681, 0.3884, 0.3665, 0.3362, 0.3727, 0.3432)$

$R_{B3} = W_{B3C} E_{B3C}^{T} = (0.5851, 0.585, 0.3633, 0.3363, 0.3534, 0.3507,$
$0.3505, 0.3674, 0.4049, 0.8209, 0.4271, 0.4009, 03599, 0.4134, 0.3473)$

进而得到目标层（A）的关联度：

$R_A = (r_1, r_2, \cdots, r_{15}) = (0.6529, 0.7837, 0.4439, 0.3732, 0.4393,$
$0.3716, 0.3592, 0.3914, 0.4023, 0.5948, 0.5158, 0.4041, 0.3542,$
$0.3904, 0.3533)$

6. 对 15 个城市造船产业竞争力进行排名

依据 R_A 中关联度大小，得到 15 个样本城市造船产业竞争力优劣次序为：
$V_2 > V_1 > V_{10} > V_{11} > V_3 > V_5 > V_{12} > V_9 > V_8 > V_{14} > V_4 > V_6 > V_7 > V_{13} > V_{15}$（见图 8 - 2）。

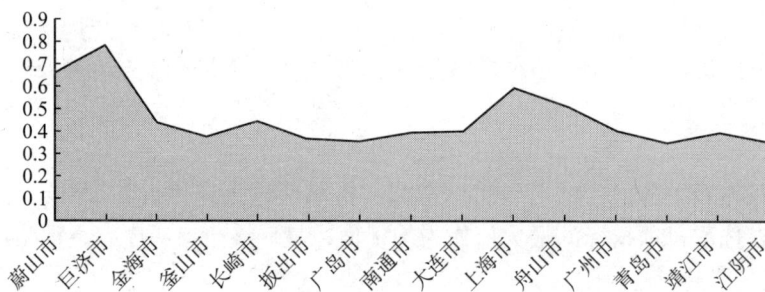

图 8 - 2　15 个城市造船产业综合竞争力示意图

（五）评价结果分析

通过灰色关联分析，得到 15 个样本城市造船产业综合竞争力排名情况，以及三个分项指标（科研能力、制造能力、营销能力）排名情况（见表 8 - 5）。

表 8 - 5　　　　　　　　　　15 个城市造船产业竞争力灰色关联评价结果

造船产业竞争力	研发能力 B₁		制造能力 B₂		营销能力 B₃		综合竞争力 A	
	关联度	排名	关联度	排名	关联度	排名	关联度	综合排序
巨济市 V_2	0.8012	1	0.9951	1	0.5850	3	0.7837	1
蔚山市 V_1	0.5398	5	0.8639	2	0.5851	2	0.6529	2
上海市 V_{10}	0.7137	2	0.4681	3	0.8209	1	0.5948	3
舟山市 V_{11}	0.4773	7	0.3884	6	0.4271	4	0.5158	4

续表

造船产业竞争力	研发能力 B_1		制造能力 B_2		营销能力 B_3		综合竞争力 A	
	关联度	排名	关联度	排名	关联度	排名	关联度	综合排序
金海市 V_3	0.5366	6	0.4297	5	0.3633	9	0.4439	5
长崎市 V_5	0.4169	10	0.3553	13	0.3534	11	0.4393	6
广州市 V_{12}	0.4394	8	0.3665	9	0.4009	7	0.4041	7
大连市 V_9	0.3699	12	0.4371	4	0.4049	6	0.4023	8
南通市 V_8	0.4312	9	0.3730	7	0.3674	8	0.3914	9
靖江市 V_{14}	0.3826	11	0.3727	8	0.4134	5	0.3904	10
釜山市 V_4	0.622	3	0.3650	10	0.3363	15	0.3732	11
坂出市 V_6	0.5972	4	0.3583	12	0.3507	12	0.3716	12
广岛市 V_7	0.3665	14	0.3606	11	0.3505	13	0.3592	13
青岛市 V_{13}	0.3640	15	0.3362	15	0.3599	10	0.3542	14
江阴市 V_{15}	0.3678	13	0.3432	14	0.3473	14	0.3533	15

1. 综合竞争力评价结果

韩国巨济、蔚山、金海名列第1、第2、第5名，中国上海、舟山分列第3、第4名，日本长崎位列第6名。排名前6位的国际主要造船城市，韩国3个，中国2个，日本1个。目前，中国已超过日本成为世界第二造船大国。青岛在15个城市中排名仅列第14位，关联系数为0.3640，与韩国巨济市0.8012、上海市0.7137相比，差距非常明显（见图8-3）。

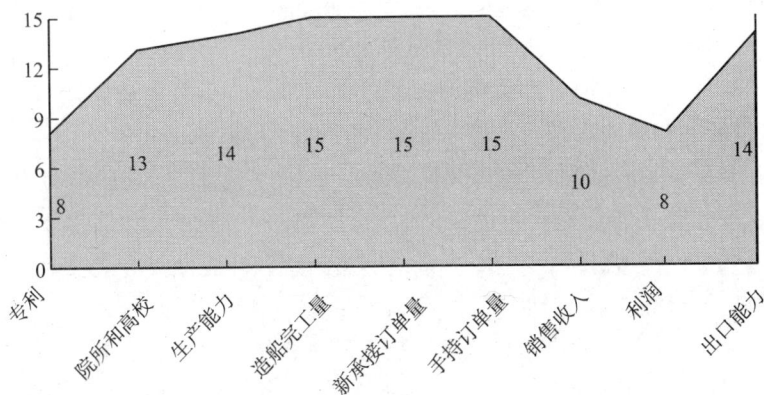

图8-3　青岛市造船产业竞争力各个指标关联系数排名

评价结果表明：国际造船业发展的规律是，造船业科研能力和营销能力强，造船产业综合竞争力就不会弱。这再一次证明，在全球价值链下，科研能力和营销能力是高附加值的产业环节。

2. 科研能力

根据以上评价结果，可得到 15 个城市造船产业科研能力关联系数（见图 8 - 4）。

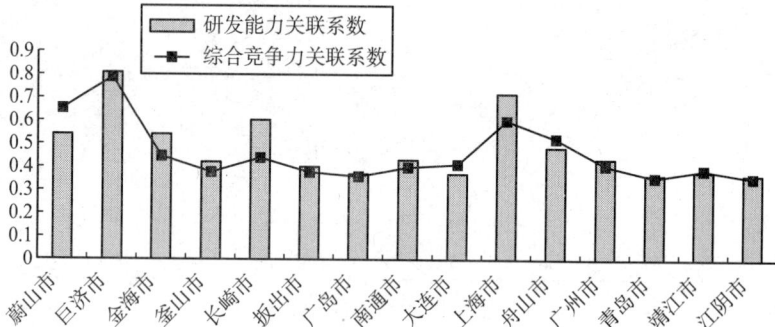

图 8 - 4　15 个城市造船产业研发能力关联系数示意图

研究与开发环节是整个造船产业价值链中具有高附加值的环节。造船业科研能力主要表现在产品设计专利、生产技术以及管理技术等方面。由表 8 - 5 可看出，世界主要造船城市中，研发能力关联系数排前 5 位的是巨济市、上海市、釜山市、坂出市、蔚山市。青岛造船产业科研能力关联系数排在最后一位。

专利数量方面（见表 8 - 6），排在前 3 位的是舟山市、长崎市和巨济市，青岛市位列第 7 位。舟山市拥有专利数量 2080 个，是青岛市专利数量 391 个的 5.3 倍。在对专利进行筛选的过程中发现，虽然舟山专利数量较多，但是很多是实用新型和外观设计，占总专利数 55.1%。根据韩国知识产权局（KIPO）对 2010 年韩国国内造船厂专利数据分析，韩国现代重工 2010 年共申请专利 844 项，三星重工申请专利超过 1099 项，大宇获专利 665 项。青岛市造船业方面 395 个专利中，有发明专利 143 个，实用新型和外观设计专利 252 个，占总专利数的 63.8%。

从表 8 - 6 可见，巨济市科研院所数量最多，排在第一位，其科研院所和高校数量为 21 所，青岛市仅 6 所，且多为大型科研机构的分所。巨济市拥有主要科研机构有船舶与海洋研究所、船舶基础性能研究所等，主要负责船舶与海洋工程设备的设计、生产技术的研发以及船舶基础性能研发，巨济市对于造船产业巨大的科研经费投入，为形成有效技术创新机制提供了物质基础，推动了造船技术水平提高，这一点从巨济市的造船产业竞争力排名第 1 位可见一斑。

表 8 - 6　　　15 个城市研发能力与各个分指标关联系数及排名情况

造船产业竞争力	专利数量		科研院所及高校数量		科研能力	
	关联度	排名	关联度	排名	关联度	排名
巨济市 V_2	0.60	3	1.00	1	0.8012	1
上海市 V_{10}	0.35	11	0.60	4	0.7137	2
釜山市 V_4	0.41	4	0.43	9	0.622	3
坂出市 V_6	0.34	12	0.46	8	0.5972	4
蔚山市 V_1	0.33	15	0.75	2	0.5398	5
金海市 V_3	0.41	4	0.67	3	0.5366	6
舟山市 V_{11}	1.00	1	0.43	9	0.4773	7
广州市 V_{12}	0.38	7	0.50	5	0.4394	8
南通市 V_8	0.36	9	0.50	5	0.4312	9
长崎市 V_5	0.69	2	0.50	5	0.4169	10
靖江市 V_{14}	0.34	12	0.43	9	0.3826	11
大连市 V_9	0.41	4	0.33	15	0.3699	12
江阴市 V_{15}	0.34	12	0.40	12	0.3678	13
广岛市 V_7	0.36	9	0.38	13	0.3665	14
青岛市 V_{13}	0.38	7	0.35	14	0.3640	15

　　上海市的科研院所和高校数量国内居第 1 位。目前上海拥有造船研究院所 11 家、院校 3 家。包括，704 所（上海船舶设备研究所，从事船舶特辅机电设备与系统应用设计开发）、711 所（上海船用柴油机研究所，中国唯一船用柴油机研发机构）、726 所（国内最早从事水声电子、超声设备、海洋开发和船用电子设备综合性应用开发的上海船舶电子设备研究所）、611 所（上海船舶工艺研究所，主要从事船舶工艺建造）。此外，还有上海船舶研究设计院、上海船舶及海洋工程研究所、中船勘察设计研究院等。著名船舶专业高校有：上海交大、同济大学、上海海事大学。这些都为上海成为高附加值、高技术含量的船舶建造基地奠定了坚实基础。

　　借鉴巨济市、上海市经验，青岛市正在积极引进大的船舶科研院所，缩小研发领域与先进城市的差距。目前，青岛已引入和即将引入的重要研究机构包括：武汉重工铸锻公司、宜昌船舶柴油机厂、武汉船用机械厂、七二五所、七一九所等。青岛今后一个时期的战略是，充分发挥这些机构的优势，全面改造青岛造船业产业链，提升产业链高端环节的比重，建立船用大功率低中速柴油机总装基地、大型船用曲轴制造基地和甲板机械总装基地等关键制造环节，形成综合性竞争能力。

3. 制造能力

根据对评价结果的分析，可以得到本项研究确立的 15 个样本城市的制造能力关联系数（见图 8 - 5）。

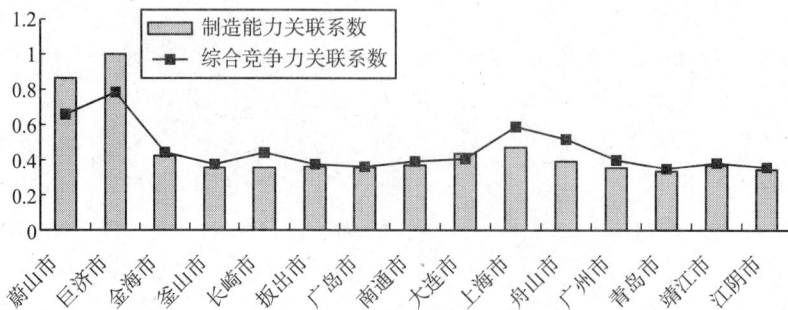

图 8 - 5　15 个城市造船产业制造能力关联系数示意图

由图 8 - 5 可见，制造能力排在前 5 位的城市有韩国的巨济市、蔚山市、金海市、中国的上海市和大连市。青岛市造船能力关联系数仍然排在最后一位。另外，通过船舶业专业数据的搜集，可以得到 15 个样本城市典型造船企业的三大造船指标情况（见表 8 - 7）。

表 8 - 7　　　　　　　　**2008 年样本城市典型企业三大造船指标**　　　　单位：万载重吨

样本城市	典型企业	造船完工量	新承接订单量	手持订单量
蔚山市	现代重工	867.2	1783.2	5037.1
巨济市	三星重工	515.5	763.4	2702.9
金海市	STX 造船	263.4	959	2136.3
釜山市	韩进重工	119.1	438	1026.2
长崎市	三菱重工	108.2	194.4	893.9
坂出市	川崎重工	98.3	159.3	1354.4
广岛市	石川岛播联合	189.7	225	713.4
南通市	南通中远川崎	—	397.6	770.2
大连市	大连船舶重工	292.4	884.7	2051.3
上海市	外高桥造船	458.5	500.1	2254.4
舟山市	常石舟山	93.3	452.8	1696.7
广州市	广州广船国际	129.2	225.5	1170.2
青岛市	北海船舶重工	16.7	54.9	306
靖江市	江苏新时代造船	200.5	241.5	1394.2
江阴市	江苏扬子江船厂	83.9	101.6	753.7

注：因数据来源有限，南通中远川崎造船完工量缺失。
资料来源：克拉克松公司，中国船舶工业年鉴。

由表 8 - 7 可清楚看出青岛市北海船舶重工制造能力方面的差距：

（1）造船完工量。青岛北海船舶重工仅是韩国蔚山现代重工造船完工量的 1.93%，是中国上海外高桥造船完工量的 3.64%，在 15 个样本城市中位居最末。

（2）新承接订单量。韩国蔚山现代重工是中国青岛北海造船重工新承接订单量 32 倍，中国大连船舶重工是青岛北海造船重工新承接订单量 16 倍。

（3）手持订单量差距相比新承接订单量。韩国蔚山现代重工、中国上海外高桥造船的手持订单量分别是中国青岛北海造船重工手持订单量的 16 倍和 7 倍。

韩国造船企业在国内外通过新增、新建船坞以及新建分段厂等方式扩大生产能力，提高造船产量。蔚山市的现代重工是目前世界上拥有造船设备最多、最大的造船企业，共有造船坞 9 座，其中最大的达到 100 万吨级。巨济市的三星重工是世界上首家采用浮船建造大型船舶的企业，在该领域一直处于世界领先。目前，三星重工拥有 2 座浮船坞，用于建造具有高附加值的阿芙拉型油船、大型 LNG 船和集装箱，能建造总长超过 400 米的大型集装箱船。日本造船企业大多不采用新建船坞来扩大生产能力，而有效利用现有设施、增加船厂船体分段制造能力等。坂出市川崎重工在 2010 年，LNG 船年建造能力已扩大到 4 艘，附加值很高。

国内造船业在兴建新船坞、船台的同时，学习国外先进工法技术，不断缩短船舶建造周期，国际竞争地位已得到很大提升。其中，上海好望角型散货船建造周期达到 8 个月，比首制船提前 14 个月；大连船舶重工 7.6 万吨成品油船实现 83 天船台最短周期；青岛北海船舶拥有 50 万吨和 30 万吨船坞各 1 座，6000 吨龙门吊 4 台，年生产能力达 200 万载重吨。但建造的多为低附加值油船、散装船、集装箱等。

在生产技术方面，韩国巨济市积极利用科研机构对 CIMS 造船集成系统进行研究开发。日本阪出市造船企业大力推进 CAD、CAM 和 CIMS 造船集成系统升级，推动了造船生产自动化水平提高。由于造船设计采用了先进技术手段和设计工具，为船舶经济性、材料设备选型、公益方法采用、各项定额制定、成本计算及后续的各种管理信息提供了依据，保证了船舶产业后续价值链的顺利实现。相比之下，青岛市造船生产技术相对落后，在造船自动化生产中起关键作用的钢料预处理、平面分段、立体分段等领域现代化程度低，设计能力弱，差距较为明显。

4. 营销能力

根据评价结果，可得到 15 个样本城市营销能力关联系数（见图 8 - 6）。

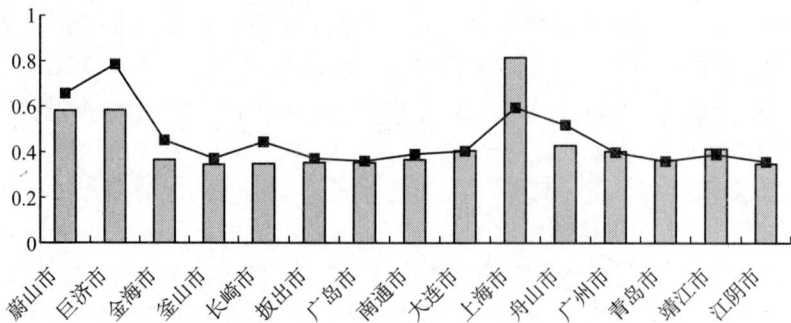

图 8 - 6　15 个城市造船产业营销能力关联系数示意图

由图 8 - 6 可见，15 个城市中营销能力关联系数排在前 5 名的是：上海市、蔚山市、巨济市、舟山市、靖江市。青岛市的造船产业营销能力关联系数排在 15 个样本城市中的第 10 位。青岛市营销能力关联系数评价结果与青岛造船产业的研发能力关联系数和制造能力关联系数相比，位次虽然相对乐观，但跟上海市、巨济市相比差距仍然十分明显。

从表 8 - 8 可见，15 个样本城市中，韩国巨济市造船业出口能力最强，其出口量与青岛造船业出口量之比为 75∶1，差距悬殊。从各个城市造船业销售收入和利润来看，位居第 1 位的是中国上海市，其造船产业销售收入和利润分别达 542.9 亿元、54.60 亿元，两项指标分别是青岛造船产业相应指标的 6.6 倍和 5.1 倍。

表 8 - 8　　　　　　　　　15 个城市的营销能力具体指标情况

样本城市	典型企业	销售收入（亿元）	利润（亿元）	出口能力（万载重吨）
蔚山市	现代重工	154.7	25.36	1274.9
巨济市	三星重工	83.7	12.58	1366.5
金海市	STX 造船	36.4	6.10	317.2
釜山市	韩进重工	10.4	1.02	77.6
长崎市	三菱重工	116.5	1.85	58.1
坂出市	川崎重工	81.3	4.01	77.3
广岛市	石川岛播联合	54.2	3.17	150.5
南通市	南通中远川崎	102.2	4.00	275.7
大连市	大连船舶重工	182.4	12.10	3785
上海市	外高桥造船	542.9	56.40	588.8
舟山市	常石舟山	260.0	19.60	195.5
广州市	广州广船国际	209.1	18.10	65.4
青岛市	北海船舶重工	82.6	11.00	18.3
靖江市	江苏新时代造船	176.5	24.30	157.3
江阴市	江苏扬子江船厂	93.0	1.70	23.8

反观青岛的情况可见，营销能力相对落后是制约青岛造船产业出口能力的原因之一，但它同时也与造船业发展环境相对滞后有关。韩国早在 1962 年就制定了《造船工业奖励法》，1967 年制定了《造船工业振兴法》、1986 年制定了《工业发展法》，不断完善的法律从价格补贴、优惠贷款和利息补贴等方面为韩国造船业提供了有利环境。青岛市应充分借鉴这些经验，首先从改善造船业发展环境入手，不断改善造船业市场占有率，进而提高造船业综合竞争力。

四、提升青岛市造船产业竞争力的对策

（一）研发环节

1. 推进产品和技术的研发工作

青岛造船业应当在船用曲轴、柴油机等核心关键零部件基本实现"青岛制造"的情况下，重点解决约束青岛造船企业整体技术水平提升、制约青岛造船产业快速发展的关键要素。例如，可首先考虑提高 LNG 船[①]、LPG 船[②]、超大型集装箱船、滚装船、超大型 FPSO 船等高技术、高附加值船舶的研发能力和技术水平。

2. 加强产学研之间的全方位合作

加强船舶产业领域的产学研合作。合作的领域包括，支持企业与高校开展瓶颈技术难题的联合研究；以骨干企业与高校为龙头，开展重大项目联合攻关；依托高校重点实验室，加强应用基础研究，增强研发后劲；建立人才联合培养基地；充分发挥中介的桥梁作用等。

（二）制造环节

1. 引进先进的船用设备

青岛市要密切跟踪先进船用设备技术发展动向，在船舶设计和建造技术方

---

① LNG（Liquefied Natural Gas）船，是在零下 163 摄氏度低温下运输液化气的专用船舶，是高技术、高难度、高附加值的"三高"产品，是一种"海上超级冷冻车"。
② LPG（Liquefied petroleum gas）船，也称石油天然气船，主要运输以丙烷和丁烷为主要成分的石油碳氢化合物或两者混合气。

面，降低生产成本，提高生产效率。要抓好先进制造技术的引进和消化吸收，以技术优势缩短产品设计与建造周期；要学习先进的产品数据管理系统，早日实现产品设计与生产的高度数字化和智能化，提高船舶企业数字化管理水平。

2. 实施现代造船管理模式

青岛市造船企业要主动学习韩国蔚山、巨济等城市的造船经验，转换造船管理模式，实施三个转换：首先要加速造船模式转换，确立企业模块造船和数字造船的现代造船理念；其次要通过企业制度创新，推动企业生产组织和管理技术转换；最后通过管理信息化建设，带动企业整体竞争能力的快速提升。

3. 培育造船产业集群

青岛市要针对造船企业多而散的现状，以海西湾北船重工、武船重工等大型企业为核心，汇集各大科研机构及高校院所，打造低中速柴油产业集群、甲板机械总装产业集群、舰船动力产业集群以及船舶及海洋工程装备产业集群。通过打造产业集群，促进技术创新、市场开拓和规模扩张，增强青岛市造船业竞争能力。

（三）产业发展环境

1. 以龙头项目带动产业发展

青岛市要继续按照"龙头项目—产业链—产业集群—制造业基地"的发展思路，充分发挥船舶业各个龙头企业在规模、技术、市场等方面的突出优势，推动造船产业提升发展水平、扩大生产规模、打造中国船舶制造业基地。

2. 为造船业提供良好融资环境

高度重视船舶产业发展资金的集聚，借助打造"青岛财富中心"这一重大战略布局提供的发展契机，采用更加灵活多样的筹资融资模式，满足船舶业发展和改造的需求，并全面提升资本的投入和产出效益。

3. 充分发挥政府引导作用

青岛市要坚持"政府引导、市场决定"的发展模式，大力发展与船舶产业集群相配套的发展机构和服务体系，例如，技术信息中心、质量检测控制中心、行业协会、劳动力教育培训机构等。政府要发挥引导和支持作用，使青岛对各类组织的进入更具吸引力，使各类组织更充分地发挥自己的作用。

4. 创建行业协会等中介结构

青岛市应当借鉴国际上船舶业高度发达城市的经验，尽快创建造船业行业协会以及与之相关的各类自律性组织，加强船舶行业管理的决策支撑体系建设，优化船舶行业协会的内部构成。同时，要建立合理的监督引导机制和有利于发挥行业协会作用的社会环境，发挥对造船业发展的咨询和研究作用、对会员企业的督导和服务作用、对相关服务活动的引领和组织作用等。

第九章

青岛港口航运产业布局和发展目标

　　青岛具有海岸线绵长、港湾条件优良、港口服务业比较发达等发展港航产业的优势条件，充分发掘这些优势资源，确立推动港航产业快速发展的战略目标和布局规划，对实现青岛蓝色跨越的梦想具有重要战略意义。本章以此为背景，阐述了青岛港航产业发展的基本条件和重点方向，论证了青岛港航产业发展的空间布局和发展目标，并提出了应采取的保障措施。

一、港航产业发展背景

（一）世界经济增长动力减弱，港航业务需求增幅趋缓

　　目前，世界经济尚未完全摆脱 2008 年世界性金融危机的影响，整体经济增长趋势随已缓慢回升，但增长动力明显趋弱。根据联合国的测算数据，2012年世界经济增长 2.6%，比 2010 年低 1.2 个百分点，比 2011 年低 0.2 个百分点。港航产业与宏观经济发展背景关系密切，在全球经济低迷的情况下，短期内难以恢复到原有增长水平，并将直接影响世界港口吞吐量增长。

（二）产业结构调整，港航业务需求结构明显变化

1. 第二产业转型对需求结构的影响

　　近年来，全国范围内的第二产业转型升级将影响水运需求结构，占水运总量 60% 以上的煤炭、石油、钢铁、金属矿石等原材料和能源的运输量将趋于缓慢增长；集装箱运量虽然将继续保持较快的增长态势，但增速将明显放缓；依托于先进制造业和新能源产业的重大器件、滚装汽车、天然气、液体化工等

将成为水运量新兴增长点，并呈现快速增长态势。

2. 新增长背景创造了新的需求增量

中国已经深入实施的振兴东北老工业基地、中部崛起、西部大开发战略，以及连续30年经济增长背景下居民消费水平的持续提高，将带动国内需求继续保持持续增长态势；受经济繁荣背景的影响，沿海地区的港口运输量将进一步增长；启动内需和"陆海统筹"战略的实施，将推动港口的内贸货物吞吐量比重上升，并要求内河水运与铁路、公路进行充分的衔接。

3. 开放型经济发展引致港航业格局调整

对外开放由出口和吸收外资为主，转向进口和出口并重、吸收外资和对外投资并举之后，港航业务将由与发达经济体经贸往来为主，向与拉美、非洲、亚洲等地区的经贸合作并重转变。在此背景下，国内港航业与新兴经济体之间的集装箱运输量增速将高于发达国家间的集装箱增速。但石油、铁矿石等资源对进口的依赖度仍将维持在较高水平上。

（三）交通运输业"转型"，引致港航产业发展方式转变

伴随交通运输业由依靠基础设施投资建设拉动向建设、养护、管理和服务拉动转变，由依赖单一运输方式向综合运输体系建设转变，港航产业发展模式将由"数量扩张型"向"质量效益型"转变，港口建设将更为注重岸线资源利用和整合、注重基础设施和设备的科技含量、注重服务功能拓展，注重集约发展、安全发展，注重全面提升软硬件实力及可持续发展能力。

（四）港口功能显现新的发展趋势

1. 港口由单一运输节点向要素配置中心转变

港口不仅是综合运输服务中心，而且发展成为现代产业中心、物流服务中心、商务中心和信息与通讯服务中心，并通过与货主企业、航运企业、物流企业等供应链成员建立广泛合作关系，实现生产力要素优化配置和优势互补，形成以港口为核心、有利于保障航运共同体整体利益最大化的要素配置机制。

2. 港口由粗放式向精益化、敏捷化方向转变

伴随港航服务业的日益发达和各类服务组织的成长壮大，港口由粗放式向

精益化、敏捷化转变的趋势日趋明显。为满足船务公司和各类客户日益增长的差异化、个性化服务需求，要求进一步精简港口运营流程和活动、建立协同组织结构、快速响应市场动态变化，提供精细的作业和敏捷的柔性服务，并增强相关供应链的弹性和市场环境适应性。

3. 港口由高碳污染向低碳绿色方向转变

随着科学发展观和可持续发展理念的日益深入人心，港口经济出现了由高碳污染经营向低碳绿色经营方向转变的趋势。为减少大型、超大型港口发展对生态环境的负面影响，高效合理利用港口资源，世界各国开始大量采用先进的绿色技术、环保技术和生态技术，积极推动港口发展与环境保护和谐统一已经成为一种世界性的发展趋势。

4. 港口管理向专业化、自动化、信息化方向发展

随着船舶大型化以及现代科学技术的迅猛发展，港口大型化、深水化、系统化的特征日益显著，港口管理新技术的应用水平不断提升，港口技术结构呈现出作业自动化、业务流程集成化、管理手段信息化、流程控制智能化、位移技术高效化发展趋势。

二、青岛港航产业发展的意义

(一) 支撑和保障蓝色经济发展

港航产业在推动区域经济发展和社会进步中发挥着十分重要的作用。大力推动青岛港航产业的发展，建立以港口为中心、以城市为载体、以海陆运输体系为动脉、以港口相关产业为支撑，港航、商贸、旅游、临港工业协调发展的综合产业体系，有利于建立新的区域经济增长点，有利于为山东半岛蓝色经济区建设提供重要的支撑和保障，有利于提升城市综合竞争力和可持续发展能力。

(二) 推动区域经济的协调发展

青岛港地处黄海、渤海的战略要冲，面向太平洋，可辐射山东、河南、江苏、湖北等广阔领域，是中国开放型经济发展的前沿阵地和连接国际国内两大市场的重要枢纽，也是发展现代物流的重要节点。加快青岛港航产业的发展，

有利于发挥青岛港连接南北、贯穿东西的纽带作用，实现地区间资源、技术、资金等要素的有效互动和优势互补，有利于构建"陆海一体化"的现代综合运输体系，"以商促工"、"以贸促工"，带动相关产业发展；有利于优化区域经济范围内的产业布局，促进对外开放，保障区域经济的协调发展。

（三）　推动经济发展方式转型

伴随中国经济的快速发展，资源环境约束的矛盾日益加剧，社会发展的瓶颈日益显露，加快经济发展方式的转型，推动产业结构的优化升级，促进社会事业的快速发展，已经成为关系国民经济全局的紧迫而重大的战略任务。充分发挥青岛港航产业运能大、能耗小、污染轻、成本低、综合效益高的优势和潜力，有利于促进整个城市的经济发展方式转型升级，有利于降低能源资源消耗，发展低碳经济，减少污染排放，符合建设资源节约型、环境友好型社会的总体要求，对于全面建设小康社会具有重要的推动作用和促进意义。

（四）　提高城市综合竞争力

"以港兴市"是青岛长期坚持的发展方针。积极推动港航产业发展，以港口建设推动港航服务、推动海洋运输和临港产业发展，有利于进一步凝聚城市发展资源，提升青岛综合竞争能力，为青岛经济和社会发展创造更多机会、增添亮丽风采；有利于加快"蓝色经济示范区"、蓝色经济"龙头城市"建设，实现将青岛港建设成为东北亚地区重要国际枢纽港口和跻身世界港航业发达城市行列的规划蓝图。

三、青岛港航产业面临的发展机遇和挑战

（一）　发展机遇

1. 良好的政策环境

山东半岛蓝色经济区将以青岛港为龙头，优化港口结构，整合港航资源，加快港口公用基础设施及大型化、专业化码头建设，培植具有国际竞争力的大型港口集团，形成以青岛港为核心，烟台港、日照港为骨干，威海港、潍坊

港、东营港、滨州港、莱州港为支撑的东北亚国际航运综合枢纽。国家蓝色经济区规划方案中关于青岛港"龙头"地位的确立，以及相应战略目标的定位，为青岛港航产业发展提供了良好发展机遇和政策环境。

2. 有利的发展契机

青岛港航产业目前的发展水平和发达程度与世界先进的港航产业城市相比，还存在相当大的差距。但青岛港同时也面临着重要发展机遇。波及全球的金融危机加速了全球产业的重新布局，在生存压力下，发达国家的制造业将加速向亚太地区新兴市场转移。拥有人力资源、岸线资源和工业基础等多方面优势的青岛地区，将成为承接全球产业转移的热土，青岛港的发展将面临世界范围内的产业转移带来的新发展契机。

3. 竞争力突出的港口条件

西海岸新区的董家口港为青岛港转型升级提供了重要支撑。其竞争优势有二：一是港阔水深、不淤不冻（近海自然水深平均 15 米，距岸 1000 米水深可达 20 米），码头岸线长约 29 公里，港区规划面积约 72 平方公里，是现有青岛港总面积的近 7 倍，具有发展成为世界级别的大型港口的突出优势；二是临港产业发展空间开阔。董家口港临港产业区规划面积 65 平方公里，计划发展的重点产业门类具有良好发展前景。发挥董家口港的上述两个优势，推动港区功能调整和优化港口运能、货源的布局，有助于为港航产业的可持续发展奠定良好基础。

（二）　面临的挑战

1. 青岛港的地位有逐步降低趋势

目前，山东沿海地区已形成以青岛港为龙头，日照港、烟台港为两翼的港口格局，青岛港在此过程中发挥了重要的引领和支撑作用。但近年来，青岛港的各个相邻港口建设速度明显加快，港口规模和竞争力持续提升，青岛港传统的优势地位正在逐渐降低。例如，2000～2010 年，日照港、烟台港吞吐量年均增长率分别为 22%、21%，高于青岛港的 15%。尤其是日照港，大宗散货市场发展迅速，2011 年年初，日照港的铁矿石吞吐量已经超过青岛港，并夺走了青岛港多年保持的铁矿石接卸世界第一大港的位置。

从环渤海层面看，同一区域内的大连港和天津港已经明确提出建设东北亚地区国际航运中心和北方国际航运中心的目标，青岛、天津、大连三大港口围绕东北亚航运中心地位的竞争异常激烈。尤其是天津港，在国家和地方政府大力支持下，携天津滨海新区建设的东风，一路高歌猛进，在全国各大港口排名榜上的位置不断提升。2005～2010年，天津的集装箱吞吐量年均增长达到16%，高出青岛港近3个百分点，港口集装箱吞吐总量已经逼近青岛港，直接威胁到青岛港在环渤海地区集装箱第一大港的地位。

另外，唐山港在曹妃甸港大规模开发的带动下发展十分迅速。2005～2010年，唐山港的货物吞吐量年均增长率近50%，短短几年时间，就从千万吨规模的小港口，迅速发展成为年吞吐量超过2亿吨的大港。唐山港发展对青岛港影响十分显著，它分流了大量青岛港在华北地区的货源（见表9-1）。

表9-1　　　　　　　　青岛港及周边港口发展形势　　　　　　　单位：%

港口	占全国沿海港口吞吐量的比重			年均增长率	
	2000年	2005年	2010年	2000～2005年	2005～2010年
青岛港	6.9	6.4	6.2	16.7	13.3
烟台港	1.9	2.1	2.7	21.2	19.7
日照港	2.5	2.9	4.0	22.0	21.8
大连港	7.2	5.8	5.6	13.5	12.9
天津港	7.6	8.2	7.3	20.3	11.4
唐山港	0.7	1.1	4.4	30.1	48.9

2. 青岛港的码头能力限制了港区布局优化

青岛港虽然依靠安全、快捷的装卸速度、全方位港航优质服务连续多年取得了良好的经营业绩，但其港口各项能力不足的问题也已日渐突出。目前，青岛前湾港区矿石码头能力适应度只有0.22，20万吨级矿石码头平均占用率常年保持80%以上；青岛原油码头能力适应度0.84，能力缺口达760万吨（见表9-2）。由于青岛港的各个专业化码头适应能力严重不足，导致大量货物储存非专业化泊位和大量专业化业务在港口的非专业化泊位作业，既增加了青岛港的安全生产压力和工作效率损失，也带来进入青岛港的各类船舶在港待泊的时间延长，导致船运公司和货主利益受损等弊病。这一状况如果不能尽快改善，长此以往，青岛港不仅与韩国釜山港等东北亚国际枢纽港的差距将进一步拉大，而且将失去与国内众多港口的竞争优势，其国际竞争力势必大大降低。

表 9 – 2　　　　　　　　2010 年青岛港口能力与周边港口对比　　　　单位：万吨/年　万吨

港口	港口总体情况			专业化泊位能力适应度	
	能力	吞吐量	适应度	原油	矿石
大连港	24024	27203	0.88	1.78	0.85
天津港	31933	38111	0.84	0.85	0.25
日照港	11623	18131	0.64		0.23
上海港	46289	49467	0.94	1.97	1.03
宁波港	30510	38385	0.79	0.79	0.60
深圳港	18447	19365	0.95		
广州港	21708	36395	0.60		
青岛港	19987	31546	0.63	0.84	0.22
能力排名	倒数第二			倒数第二	倒数第一

注：适应度 = 能力/吞吐量。

3. 青岛港区的陆域面积不足，制约港口转型升级

青岛港老港区的陆域面积目前只有 10 多平方公里，仅相当于烟台港、日照港的 1/5，天津港、大连港的 1/10。为解决老港区陆域用地面积严重不足的问题，青岛港曾经采用了拆除办公楼建设货物堆场、加大货物搬倒率等应对手段，但其实际产生的效果十分有限。实现青岛港建设世界一流大港的宏伟目标，形成东北亚地区国际航运枢纽和覆盖中国"长三角"、"环渤海"地区的港口物流服务系统，必须进一步拓展港区陆域面积，解决货物堆场和临港产业运营场所严重不足等问题，通过相关港口业务的转移和董家口大型港区的建设，全面提升青岛港的各项功能，促进其全方位的转型升级。

4. 青岛港口效益来源中装卸比重过高

按照现代港航业发展需求，港口将逐步向储存、集散、配送、信息传输、增值服务等方向扩展，扮演综合物流服务链中心环节的角色，为客户提供全方位、高附加值服务。但是，青岛港目前仍局限于依靠码头条件和区位优势进行竞争，以增加货源带动港口效益提升的初级阶段。码头装卸、仓储收入占总收入的 75%，临港产业不发达，关联业务在港口总收益中的比重较低，不仅远不及发达国家港口水平，甚至落后于国内部分港口（见表 9 – 3）。

表 9 - 3　　　　青岛港与典型港口收入来源对比　　　　单位：%

	洛杉矶港	香港港	青岛港	厦门港	天津港	上海港	大连港	日照港
装卸堆存	27	29	75	18	34	59	73	85
代理业务	7	34	3	10	3	—	—	—
拖轮业务	—	—	3	12	3	—	—	—
运输劳务	28	—	—	9	—	—	—	—
贸易销售	—	—	—	46	53	—	—	—
理货业务	—	—	—	4	1	—	—	—
船舶供给	17	—	—	—	—	—	—	—
船舶经营	—	28	—	—	—	—	—	—
港口服务	—	—	—	—	6	23	—	—
港务管理	—	—	—	—	—	—	—	9
物流及其他	21	9	19	1	—	18	27	6

四、青岛港航产业发展目标和任务

（一）青岛港航业发展现状

青岛港现有泊位主要分布在东海岸老港区、黄岛港区、前湾港区。各个港区的功能布局和经营特色为：（1）青岛老港区的大港码头以一般散、杂货和内贸集装箱运输为主，兼顾少量液体化工品和成品油运输；中港码头和小港码头为地方交通、海事和客运轮渡服务。（2）黄岛油港区（位于胶州湾西岸）以接卸进口原油和成品油、液体化工品为主，并将逐步发展成为我国油品转运、战略储备和临港石化工业基地之一。（3）前湾港区（位于胶州湾西岸）以国际集装箱干线及铁矿石、煤炭等大宗干散货中转运输功能为主，是青岛港目前现代化程度最高、规模最大的生产性港区。（4）董家口港区（位于青岛西海岸琅琊台湾西南端，靠近青岛市与日照市分界处），重点发展大型深水港区，目标是逐步发展成为青岛港南翼的大型综合性深水港区和大宗干散货运输基地。

到 2020 年，青岛东海岸、西海岸三大港区基本建成后，青岛港总的货物吞吐量将达到 7 亿吨，集装箱吞吐量将达到 2000 万标箱，届时，青岛港将有望成为中国规模最大的港口，东北亚地区最重要的枢纽港口和最具现代化气息的新一代港口。

近年来，青岛港利用董家口和前湾港建设提速且已形成部分港运能力的有利条件，以及国家建设蓝色经济区和国际港口资源布局重新调整的重要机遇，积极推动青岛港的货种结构调整，使青岛港的进口铁矿石、进口原油等大宗货物的港口吞吐量快速增长，国际集装箱业务迅猛发展，形成了青岛港口总吞吐量和外贸吞吐量增长的三大动力。据统计，"十一五"期间，青岛港的集装箱、铁矿石、原油三大货运量的平均增长速度分别为14.1%、13.8%和14.1%，对同期青岛港吞吐量增长的贡献率分别为34.5%、36.2%和19.2%，为实现青岛港转型升级和建设世界枢纽港口奠定了良好基础（见图9-1）。

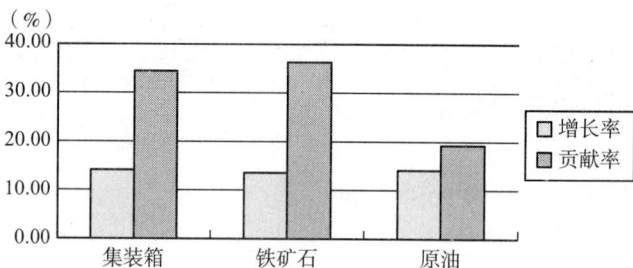

图9-1　青岛港"十一五"期间三大货种增长率及对港口吞吐量的贡献率

（二）青岛港航业发展目标和任务

1. 发展目标

把握山东半岛蓝色经济区和青岛西海岸新区建设提供的重要战略机遇，全力建设东北亚国际航运枢纽港和国际物流中心，实现青岛港从世界大港向世界强港的转变；积极推动港口发展模式由数量扩张向质量——效益转型，港口产业由传统装卸业向现代物流业转型。力争五年内，实现青岛港年吞吐量达到6亿吨、集装箱年吞吐量达到2000万标准箱的发展目标①。

2. 发展任务

（1）优化港口资源。充分发挥董家口港地域宽广的自然条件和从零开始的后发优势，优化调整功能布局，确保四大港区的功能联动、优势互补、协调发展，构筑港口竞争新优势。其中，董家口港区将建成矿石、煤炭、原油为主的大宗散货集散基地；前湾港区将以推进内外贸集装箱发展和扩大国际中转为重点，打造东北亚集装箱枢纽港；黄岛港区将建设油品、化工品物流集散基

---

① 青岛港吞吐量2012年达到4亿吨，完成集装箱1450万标准箱。已经初步发展成为区域性国际航运中心，为国民经济和社会发展做出了突出贡献。

地；老港区将建设国际邮轮母港，满足邮轮经济和高端旅游、服务业发展需要。

（2）发展港口物流产业。发挥港口资源配置功能，将世界重要货源生产商、贸易商、运输环节、终端用户、仓储环节、分拨环节、加工环节、金融服务商、信息综合发布环节、码头运营商等整个产业链的各环节在港区有机整合成一个利益共同体，逐步实现将青岛港建成国家战略物资物流中心、世界重要能源交易中心、全球大宗物资信息中心目标。

具体任务包括：①依托保税港区功能整合、政策叠加优势，打造集运输、转运、储存、装拆箱、仓储管理、加工、信息处理、贸易等业务于一身的现代化综合物流基地和国际航运中心；②加强与"一关三检"的合作与沟通，争取实现对本地进出口货物的"大通关"政策，提高港口对货源、航运公司以及相关行业的吸引力。③发挥青岛港拥有全国最大单体冷库设施，并与全球最大冷藏物流商强强联合，冷藏集装箱操作量位居全国之首的有利条件，统筹冷链物流业务，将冷链物流打造成拉动港口经济的增长点。④以青岛港为中心，整合上下游资源，打造以物流、信息流和资金流为内容的矿石、原油、煤炭三大供应链系统，建设国家战略物资保障和储运基地。⑤鼓励船公司增开新的航线，以航线吸引集装箱运输量，以集装箱运输量促进航线的繁荣。⑥改进装卸工艺，推进大宗商品散货入箱，扩大入箱货种和规模，向韩国釜山港看齐，做大做强集装箱大中转业务。

（3）发展临港产业。拓展现代物流服务的集散物资、货物枢纽、信息配送、货物服务等功能，建立港航运输业为先导、临港工业为支柱、港口物流为特色的临港产业群，逐步形成以化工、造船、重工、能源、建材为代表的临港产业体系和临港旅游产业集聚区。支持优势企业凭借自身能力和市场机会做大做强港口关联产业，包括港口生产服务业、港口信息服务业、港口后勤保障业、港口教育业、港口医疗服务业等。

五、青岛港航产业发展的保障措施

（一）加强港航人才队伍建设

按照现代港航产业发展需求，培养造就一批职业经理人，打造一支结构合理、开拓创新的港航业管理人才，确立人才竞争优势。引进现代港航发展急需的现代物流、科技研发等高层次、复合型高级管理人才，加强港航职工培训和职业技能教育，大力培养高级船员、高级技工，提高港航从业人员的整体素质。加强港航管理人员的理论、业务学习，提高港航产业管理队伍素质和管理水平。

（二）加大政策扶持力度

积极申报国家立项，争取享受使用国家建设用地指标；航道、防波堤、锚地、船闸等港航公用基础设施建设用地，由政府划拨使用；港口建设项目填海形成的土地，符合划拨条件的，凭海域使用权证书，依法办理划拨供地手续和登记手续。港口建设项目用海应缴纳的海域使用金，依法享受减免政策；大额海域使用金分期缴纳。积极争取国家补助资金，引导船型标准化和提前淘汰老旧船舶；制定鼓励青岛港航产业发展的优惠政策，培植壮大骨干航运企业，多渠道筹集港航建设发展资金，促进青岛港口经济的发展。

（三）提升管理服务水平

正确处理港城关系，为港口、临港物流、临港产业发展留足岸线、土地和海域空间，满足发展需要。认真贯彻水资源综合利用方针，搞好涉水行业发展规划。加快国际航运交易服务中心建设，进一步优化完善"大通关"模式，提高口岸综合服务效率，提高港口综合竞争力，为港航业发展创造良好服务环境。港航管理部门要建立完善港航业服务功能体系和运营机制，开展国际国内航运市场形势分析和信息收集，为港航业发展提供有效指导；进一步提高服务质量、效率和执法水平，努力营造公平开放、竞争有序的经营环境。

（四）加快港口基础设施建设

加大董家口港区建设力度，加快大型矿石、油品泊位建设，调整优化泊位结构。做好老港区的技术改造和设施维护与更新，提高港口资源利用效率。加大航道、防波堤、锚地等公用基础设施建设力度，满足码头、船舶大型化发展需要。加快邮轮母港建设，完善国际陆海联运基础设施建设。加快推进港口物流多式联运，实施港航联动、港铁联动、港路联动、区港联动，做大做强港口现代物流业。广泛应用现代管理技术，提高现代物流装备水平。提升港航物流信息平台服务能力，逐步形成"一站式"的物流信息化服务体系。加快港口物流科学化、网络化、智能化建设，努力实现港口经济效益最大化。

（五）扎实推进港口资源整合

坚持政府引导、规划调控、市场化运作模式，以企业为主体、资产为纽带、项目为切入点，大力推进港口资源整合，最大限度地提高港口综合实力。积极争取国家的自由贸易港区政策；落实国际中转业务的税务政策，为集装箱国际中转业务的拓展创造有利的条件；积极推进港口战略联盟，开展与日韩重点港口的战略合作，努力实现互利共赢。

（六）积极推进临港产业发展

大力发展临港循环经济型重化工业、装备制造业和滨海旅游业，引导船舶、钢铁、石化、海化等大型企业集团向港口、沿海园区和产业带集聚，以港口集群促进临港产业集群发展，充分发挥港航在物流链中的重要作用，为临港产业提供精细化服务保障。发展与港航业密切关联的金融保险、科技信息、服务外包等新兴服务业，大力发展电子信息、咨询服务、技术服务、法律服务等现代服务业，实现航运中心建设与物流、商流、人流和资金流的互动发展。

（七）推进绿色港航建设

建立有效的管理机构，强化对港航项目规划、设计、建设、运营等过程的环境监督管理。建立健全生态环境保护、恢复和补偿机制，逐步完善港口、船舶资源节约、节能减排和环境保护统计指标体系和考核体系。积极推进港航节能减排，提高船舶运营、港口装卸效率，降低能耗和污染排放，将青岛港打造成为资源节约型、环境友好型示范港口。

第十章

青岛新材料产业发展规划和空间布局

青岛新材料产业发展规划是在全面贯彻落实科学发展观，加快经济发展方式转型的思想引领下，在创建蓝色经济区的先行区、示范区，建设半岛制造业基地高端产业聚集区和建设创新型城市，实现青岛高端发展、率先发展战略指导下，依据青岛市新材料产业发展的现实基础、面临的机遇和挑战制定的。

一、新材料产业的概念和发展趋势

（一）新材料及新材料产业概念

材料，是指用来直接制造有用物件、构件或器件的物质（形态有固体、液体、气体多种）。新材料是与基础材料或传统材料对应的概念，指的是新出现或发展中的具有比传统材料优异性能的材料，或由于采用新技术使材料出现新功能的材料。

新材料产业，是指主要产品是由新材料及其延伸产品主导的产业。它通常由新材料、新材料技术、材料新技术组成。其中，新材料技术是指制备、合成、加工、处理新材料的新工艺或新装备；材料新技术是指在不降低性能的基础上，有效降低制备、合成、加工、处理材料过程中的能耗、成本或减少污染的技术。

（二）新材料及新材料产业发展趋势

1. 新型高分子材料

高分子材料是以高分子化合物为基材的材料的总称。按照产品制备方法及用途差异可将高分子材料分为塑料、橡胶、纤维、黏合剂、涂料等不同类型。随着科学技术发展，一些高分子材料被赋予新的功能，如导电、导磁、光学功能、阻尼性能、生物功能等，于是，又分离出一类新的功能高分子材料。新型高分子材料指的是，在已有化学品种基础上，通过改变催化体系、改变链结构及凝聚态结构等手段所制备的性能更优异、功能更强大的新材料。目前，新型高分子材料的重点研发领域是：高性能、功能化、复合化、精细化和智能化的材料品种及制品。其中，特别令人关注的发展方向是先进树脂基复合材料、先进有机——无机复合材料、异质材料连接技术等。

2. 新型金属材料

新型金属材料包括铝合金（各种高强高韧、高比强、高比模、高强耐蚀可焊、耐热耐蚀铝合金材料）、镁合金（镁合金和镁基复合材料、超轻高塑性 Mg－Li－X 系合金）、钛合金（新型医用钛合金，高温钛合金，高强钛合金，低成本钛合金）等轻金属合金及粉末冶金材料、难熔金属、硬质合金、高纯金属材料等。目前，新型金属材料的主要发展趋势是金属间化合物、金属基复合材料、快速凝固材料等。其中，关于 Ti—Al 复合金综合力学性能和加工成型技术正成为新研发重点；镁合金材料表面处理技术和成型技术已引起高度关注；各类特种金属材料正呈现蓬勃发展局面。

3. 新型陶瓷材料

新型陶瓷材料是近年来发展迅速的新材料领域之一，成果在航天航空、电子信息、生物化工等领域有广泛应用。未来 10 年，新型陶瓷产业走势是：品质高档化、功能实用化、产品多元化、使用配套化、技术尖端化；需突破关键技术领域是陶瓷材料强韧化技术、纳米陶瓷材料制备合成技术、先进结构陶瓷材料体系设计以及电子陶瓷材料高性能、微细化技术。目前功能陶瓷研发热点是，高介、低损耗、低温度特性、大容量、超薄型、片式化多层陶瓷电容器材料和制备技术，用于微机械高性能压电陶瓷和驱动陶瓷，移动通信用的超高频、超低损耗、高品质因数微波介质陶瓷材料与器件，高性能半导体敏感陶瓷材料及元件，气敏陶瓷材料及器件，固体氧化物燃料电池用陶瓷材料，环境保护用光催化二氧化钛陶瓷材料和功能陶瓷膜制备技术等；结构陶瓷研发热点是，克服制成品脆性，提高工艺可靠性和开拓新应用领域。

4. 新能源材料

新能源材料包括，专用薄膜、聚合物电解液、催化剂和电极、先进光电材料、特制光谱塑料和涂层、碳纳米管、金属氢化物浆料、低能耗民用工程材料、轻质高效绝缘材料、复合结构材料、超高温合金、陶瓷和复合材料、抗辐射材料、低活性材料、抗腐蚀及抗压力腐蚀裂解材料、机械和抗等离子腐蚀材料等。目前新能源材料的研发重点是，高能储氢材料、聚合物电池材料、中温固体氧化物燃料电池电解质材料、多晶薄膜太阳能电池材料等。其中，太阳能电池具有高效、低成本和环保优势，正在成为社会高度关注的热点；镍氢电池正朝大容量、高比能方向发展，技术层次和水平正不断向发达国家靠近；锂离子动力电池高容量、大型化和安全性成为技术攻关热点；燃料电池重点关注用于发电的熔碳酸盐燃料电池、固体氧化物燃料电池和用于汽车动力的质子交换型燃料电池。

5. 新型环境材料

新型环境材料包括，环境相容材料、仿生物材料、绿色包装材料、生态建材（无毒装饰材料等）、环境降解材料、环境修复材料、环境净化材料、环境替代材料等。面对资源、环境和人口的巨大压力，生态环境材料节省资源、减少污染和再生利用的 3 个优异特征越来越受到高度重视。目前新型环境材料的研发重点是，再生聚合物设计、材料环境协调性评价、降低材料环境负荷的新工艺和新技术等。近年来，随着国内生态安全和环境保护意识的增强，从环境协调性工艺入手，综合利用工业固体废弃物（钢渣、废铁、废玻璃、废塑料等）的研发活动，开始受到社会各界重点关注和热情支持。

6. 生物医用新材料

生物医用新材料是用以诊断，治疗或替换机体组织、器官或增进其功能的材料。包括生物医用材料和具有生物相容性特征的医用工具等。目前，生物医用新材料的研发在现代科技引领下，主要集中于两个重点方向：一是模拟人体软硬组织、器官和血液的结构及功能开展仿生或功能设计与制备；二是为赋予材料优异的生物相容性、生物活性或生命活性而开发的药物控制释放材料、组织工程材料、仿生材料、纳米生物材料、生物活性材料、介入诊断和治疗的材料、可降解和吸收的生物材料、新型人造器官、人造血液等。

7. 新型电子信息材料

电子信息材料包括电子计算机所用的集成电路材料（半导体材料）和电子计算机配套使用的信息存储材料、光电子材料、传感器材料、磁性材料、电子功能陶瓷、光传导纤维、绿色电池材料等。电子信息材料是现代通信、计算机、信息网络、微机械智能系统、工业自动化和家电等高技术产业的重要支撑，也是世界科技创新和国际竞争最激烈的领域。

电子材料技术发展趋势是：集成电路和半导体器件用材料由单片集成向系统集成发展；光电子材料向纳米结构、非均值、非线性和非平衡态发展；新型电子元器件用材料主要向小型化、片式化方向发展。目前新型电子材料研发的重点领域是，集成电路及半导体材料、光电子材料（激光材料、红外探测器材料、液晶显示材料、高亮度发光二极管材料、光纤材料）、新型电子元器件材料（磁性材料、电子陶瓷材料、压电晶体管材料、信息传感和高性能封装材料）等。

8. 其他新型材料

（1）智能材料。智能材料能适时感知和响应外界环境变化，实现自检测、自诊断、自修复、自适应等多种功能。目前，智能材料关注的重点开发领域是，智能材料与结构设计、智能器件开发、智能评价系统开发，以及材料制备加工与传感技术和工程控制技术的紧密结合等。

（2）纳米材料。纳米材料制备和应用对电子信息产业、生物医药产业、能源产业、环境保护将产生革命性影响。目前纳米材料还处于初级开发阶段，在纳米电子与器件、纳米催化剂、纳米改性产品等领域虽已取得重大突破，但尚未形成大规模生产能力，并且应用方式缺乏科学解释。纳米材料研发和应用的未来发展趋势是，提升制备能力、突破应用技术桎梏，探讨扩大产业化规模的有效路径。

（3）超导材料。目前，高温超导材料产业化已经取得了若干重大突破，移动通讯用高温超导滤波子系统将很快进入商业化阶段，超导材料领域高效节能散热材料与器件、生物质能源生产催化材料、制冷机制冷的无液氦超导磁体系统和高容量 A_2B_7 型稀土镁基储氢材料研发已进入产业化导向阶段。未来 10 年，超导材料的重点研发领域是，高性能超导材料制备、高效节能关键材料、储能及能量转换用关键材料等。

（4）新型屏蔽材料。传统的屏蔽防护多采用金属材料（钢板、铜板）和涂料技术，但这些材料缺乏透明性，影响电视、电脑视屏使用效果。目前屏蔽材料研发集中于两方面：一是利用铜这一屏蔽效果最好的材料与其他材料配合，制成形如薄纱的视屏保护装置，实现屏蔽功能；二是利用锶等具有特殊屏蔽特性的稀有原料，制造高品质的屏蔽材料。以稀有金属锶制造高品质屏蔽材料的产业化选择目前仍面临较多的技术瓶颈，规模化生产还有待于更深入的研发。

此外，随着科技发展和经济与社会发展，新材料产业呈现出复合化、高性能化、多功能化、低成本化和按用户要求开发的趋势。其中，结构材料正向尺寸更小，功能更强的方向发展；功能材料正向多功能集成、材料和器件一体化方向发展，复合材料表现出多元复合、功能复合特性，特殊钢铁材料和有色金属材料的生产在向短流程、高效率、洁净化、节能降耗、高性能化方向发展；高性能陶瓷材料在向强韧化、易成形加工方向发展；另外，新材料产业相互融合、垂直扩散现象明显，新材料生产与销售全球化趋势增强，新材料的生态环境及资源协调性备受重视。

二、新材料及新材料产业发展现状

（一）产业快速成长的条件日趋成熟

青岛是山东省新材料产业最为发达和研发机构数量最多的城市。它不仅拥有数十家专门从事新材料技术和产业化的研发机构，而且其属地内多所高校均设有培养材料科学人才的相关专业。青岛还引进了德国朗盛高性能橡胶新材料研发中心等具有国际领先水平的研发机构，形成了从高端研发人才到普通技工的人才生态链，为新材料及新材料产业发展提供了专业人才支撑。

青岛在创新成果产业化方面已积累了较多经验。聚乙烯胶联料及铝塑复合管机电一体化设备，在海尔、澳柯玛、富康、夏利等家电和汽车行业的产品上得到应用，并获得国家科技进步二等奖；高熔点纳米金属催化剂制备方法获得国家科技发明二等奖；海洋生物材料纳米技术降解、纳米微球海洋生物及环保型海洋防腐防污染涂料等方面的研究取得良好效果；功能纤维的开发引领了功能腈纶、涤纶纤维制品等一系列特种纺织品开发，并已形成较大规模的产出能力；国家镁合金开发应用产业化基地吸纳新加坡微密集团、香港嘉瑞科技和清华大学、上海交大共同参与建设，已成为我国镁合金压铸行业标志性企业；新落成的伊科思合成橡胶新材料生产基地以开发有"合成天然橡胶"之称的异戊橡胶为突破口，将缓解我国轮胎业与合成橡胶产能不配套的矛盾，为青岛增添一个合成橡胶"中国创造"的品牌企业。

继 2008 年新批准建设的新能源与节能技术重点实验室、海水鱼类种子工程与生物技术重点实验室和啤酒酿造技术重点实验室之后，青岛的市属重点实验室，国家及省、部共建重点实验室及国外驻青实验机构累加已超过 100 家。其中，青岛新材料开发重点实验室在通用塑料高性能化及新型工程塑料制备技术、生物高分子材料制备技术等领域已成功实施产业化；山东省纳米技术重点实验室研制开发的环境友好纳米钯助燃剂、纳米多功能塑料、纳米导电螺旋纤维已在海尔集团、喜盈门集团和齐鲁石化公司推广应用；山东省纤维及纺织品工程重点实验室在功能纤维、高技术纤维、差别化纤维和纤维改性领域取得多项标志性成果；清华大学新型陶瓷与精细工艺国家重点实验室（青岛）在信息功能陶瓷、高性能结构陶瓷、陶瓷基复合材料、生物陶瓷材料方面的研究，改变了青岛地区无机非金属新材料技术开发和产业化落后局面；德国朗盛高性能橡胶新材料研发中心在青岛落成使用及教育部橡塑材料与工程重点实验室建设，推动青岛地区在高分子材料成型加工技术与设备制造、高分子材料加工光机电一体化设备研制等领域迈上新的台阶，对提升青岛新型高分子材料研发与应用水平，促进以青岛地区为中心的国际知名橡胶轮胎制造中心建设将产生重要推进作用；海洋天然产物重点实验室、海洋精细化工重点实验室、海洋药物重点实验室等一批高水平海洋生物新材料研发机构，在海洋药物、海洋生物活性物质、海洋日用化工产品等领域，成功推出一批有重要影响的产业化项目，先后获得包括国家技术发明奖和国家科学技术进步奖在内的多项国家和省部级奖励；海洋低温酶中试基地、海洋天然产物开发中试基地、海洋生物技术孵化基地、海洋药物研究开发中心等中试和产业化基地建设，以及高科园"生物谷"概念确立和实施，为青岛建成国内领先的生物新材料产业基地和国内最大的海洋新材料基地奠定了良好基础。

（二）产业集群和特色化、高端化发展态势逐渐凸显

近年来，青岛围绕海洋工程装备、海洋生物材料、海水综合利用、海洋资源高值化利用等领域开展关键技术攻关，重点培育海洋仪器装备、海洋新材料等新兴产业，加快生物活性物质、海洋药物及医用敷料产业化，海洋药物、功能食品、化妆品等高附加值精细海洋化工和新型海洋生物制品成果的推广应用，使海洋新材料及其相关产业的产出规模不断扩大，已成为推动全市经济增长的重要增长点。

截止到 2008 年年底，青岛海洋药物、海洋保健品以及海洋生化制品企业已超过 30 家，一批功能食品、化妆品、生物制品及其中间产物正在研发或进入生产阶段。甲壳质（壳聚糖）系列衍生物加工利用产业初具规模，壳聚糖医用敷料已经投入生产。不久的将来，青岛有望成为我国最重要的海洋新药及海洋生化制品研发和生产基地之一。

与此同时，青岛明月集团、海洋化工研究院等一批海洋新材料骨干企业呈现强劲的规模化发展趋势，行业龙头地位正在逐步形成。其中，明月集团已成为世界最大海藻加工生产基地、主导产品海藻酸钠生产规模跃居世界第一位，甘露醇生产能力居全国首位；海洋化工研究院已建成总体配套的专用舰船涂料生产线，具有年产水性涂料 1.5 万吨能力，成为国内最大舰船涂料及功能材料

科研生产基地之一；双瑞防腐防污工程公司研发成功具有自主知识产权的船舶压载水处理装置，已进入产业化阶段，生产的电解次氯酸钠装置占国内电解制氯行业70%以上市场份额，是我国核电领域电解制氯设备唯一供应商；海洋仪器仪表所在海洋环境监测设备领域取得一批产业化成果，正逐步成为国内海洋工程和仪器仪表重要生产基地；青岛深海探测基地和海洋工程中心及海洋石油工程公司、莱钢钢结构公司和中国海洋大学联合开发的自升式钻井船建造关键技术，标志着青岛海洋工程研发和深海探测技术达到一个新高度，为海洋工程新材料研发和应用带来光明前景。

目前，青岛新材料科技园开发的塑料土工格栅生产线已形成千万平方米/年生产能力，被列为国家级新材料高新技术产业化示范项目；宏丰氟硅科技公司的聚三氟氯乙烯（PCTFE）合成新工艺、氟碳乳液合成及应用等新材料工艺技术及产品填补国内空白，达到国际先进水平；围绕电池正、负极材料、隔膜材料、封装材料进行的电池材料产业链，围绕高通量分离膜材料、电池隔膜材料进行的膜材料产业链，围绕交联电缆材料、塑料泡沫材料、高性能塑料材料、工程橡胶材料、橡胶密封材料进行的橡塑杂化材料产业链已形成，并形成良好经济和社会效益；通过对金属材料、机电设备、电子产品生产企业的整合形成的高性能复合机电材料产业链，以及为南车集团四方机厂配套服务的高速列车配套产业链竞争力和围绕高速列车、先进机电设备发展而实施的本地新材料产品配套率均明显上升；青岛即墨纤维新材料基地在新型纤维制品开发领域走在全国同行业前列；青岛经济开发区在新型金属材料、新能源材料和海洋新材料等领域集聚的一批新材料项目展现良好产业化前景。

（三）产出规模增长迅速、产业格局微幅调整

1. 产出规模和增长率

青岛市新材料产业产值规模和增长率始终保持了良好的发展态势。其中，生产总值由2003年的163.09亿元增长到2008年的388.88亿元，增长幅度为138.45%，年均增长速度为18.98%；新材料产业工业增加值由2003年的49.38亿元增长到2008年的102.28亿元，增长幅度为107.13%，年均增长速度为15.68%；新材料产业的产品销售收入由2003年的155.05亿元增长到2008年的357.29亿元，增长幅度为130.44%，年均增长速度为18.17%（见表10-1）。

表 10 – 1 　　　　2003 ~ 2008 年新材料产业产值等指标变化情况 　　　单位：亿元

项目名称	2003 年	2008 年	增长率（%）	年均增长率（%）
新材料产值	163.09	388.88	138.45	18.98
工业增加值	49.38	102.28	107.13	15.68
产品销售收入	155.05	357.29	130.44	18.17

注：新材料产业产值等指标采用了 2003 年的数据，主要是为了反映 5 年的变化情况。其中，2005 年全市新材料产业的产值为 185.08 亿元，2008 年比 2005 年增长了 110%。

2. 产业领域分布形态

青岛在新型高分子材料、新型建筑材料、新型纺织材料方面有较强产出优势。其中，高分子材料在全市新材料产业中占比达到 60%，新型金属材料和无机非金属材料分居第二位、第三位；以海洋资源为特色的海洋新材料在纺织、医药、食品等领域得到深入开发应用；各类新材料对家电电子、汽车机车、船舶海洋工程等主导产业已形成一定支撑。另外，随着电子信息材料、生物工程和海洋新材料的兴起，全市新材料产业整体布局中，无机非金属材料比重相对下降，原来相对弱小的多个新材料领域占比明显上升。

3. 产业布局地域特征

青岛新材料产业主要集中于城阳区、即墨市和黄岛区。其中，城阳区拥有国家火炬计划青岛新材料产业基地、黄岛区拥有金属新材料产业区、即墨市拥有新型纤维材料工业区；从产出规模看，城阳区居第一位，其新材料产业产值在全市新材料产业产值中的占比为 28.76%；即墨市的新材料产出位居全市第二位，黄岛区的新材料产出位居全市第三位。

近年来，各个区（市）新材料产业的地缘分布特征更为明显，城阳区整个产业布局中有机高分子材料的发展优势明显；四方区的复合材料产值在青岛各个区市中占比最高；黄岛区能源新材料产值位居全市第一位；李沧区特种金属材料、无机非金属材料发展优势突出；崂山区在新型金属材料和生物材料领域表现优异；即墨市以功能纤维材料及其制品主打市场。在青岛市各个区市中，只有市南区因特殊区位特征，在新材料领域影响力较小。

（四）从容应对危机考验，行业形势逐渐企稳向好

面对 2008 年震撼整个世界的金融危机的冲击[①]，青岛新材料企业积极寻求

---

① 2007 年青岛市新材料产业产值已达到 394.56 亿元规模，受波及全球的金融危机影响，2008 年出现负增长，增长速度为 – 1.0%。

破解方法，以创新求发展，多数新材料企业运营状况比较平稳，并涌现出了青岛双星集团、青岛红星化工集团、青岛海晶化工集团等逆势而上的成功范例。但在危机面前，也有为数不少的新材料企业缺乏应对能力，新产品产值增长率下降、产出规模下滑，整个新材料行业的工业增产值增长率、工业销售收入增长率等经济指标出现了明显下滑的现象（见表10－2）。

表10－2　　　　　　　**2008年青岛市新材料产业总体情况表**　　　　单位：亿元

指标名称	工业总产值		新产品产值		工业销售收入		出口交货值	
	数量	增长%	数量	增长%	数量	增长%	数量	增长%
新材料总值	388.88	6.21	43.73	-16.06	357.29	5.12	57.90	7.26
合成材料	107.10	5.64	17.98	-27.74	105.63	8.36	20.46	2.40
化学试剂和助剂	58.78	18.19	8.17	-12.76	57.46	18.32	13.68	12.38
专项化学用品	174.92	2.56	17.18	-1.75	147.40	-2.83	7.65	-0.50
信息化学品制造	5.17	11.99	0	-100.0	5.06	11.35	0.31	-17.29
玻璃纤维、技术玻璃及其他玻璃	30.83	12.48	0.11	-100.0	30.05	18.73	11.62	22.74
合成纤维	8.39	-0.14	0.29	57.54	8.00	-3.03	1.80	6.41
特种陶瓷制品	3.69	-8.66	0.007	-38.66	3.69	-9.03	2.39	-8.58

　　资料来源：根据青岛市统计局有关资料整理。

从表10－2可见，青岛新材料产业受金融危机影响，新产品增长率、出口交货值等重要指标部分领域呈现负增长。究其原因，除国外市场需求急剧萎缩，资源、能源压力骤增等客观因素外，企业创新能力不足是关键因素。

（五）资源环境约束日渐突出，发展方式亟待转变

目前，制约青岛市新材料产业发展的主要瓶颈因素已由传统的资金不足，变为土地、能源和人力资源匮乏等因素，并显露出三个突出瓶颈：一是煤电油供应不足或价格上涨给企业增收带来巨额损失，影响企业正常生产及项目建设；二是人力资源不足、企业用工成本上升（新《劳动法》实施，若干企业用工成本大幅上升），企业效益和劳工关系受到较大影响；三是在国家划定18亿亩耕地"红线"，并同时出台了"先增后拨"土地管理政策，有限土地资源供给和城市发展、项目用地之间的矛盾将更加尖锐。近年来，青岛胶州湾北岸低效盐田开辟为青岛高新技术开发区以后，建设用地矛盾虽然有所缓和，但压力并未消除。面对资源与环境约束，新材料产业必须大力推行集约化生产模式，建立节约型生产和生活方式，才能保证可持续发展。

三、新材料产业发展目标和重点领域

（一）发展目标

1. 近期目标（2010~2015年）

新材料产业产值由2008年的389亿元，提升至2015年的1000亿元。同时，通过自主创新和技术引进，使新材料产业强势领域总体技术水平与国际先进水平基本持平，其他领域与国际先进水平的差距从多个开发周期缩短为1个周期左右。同时，培育20个左右产值在5亿~10亿元重点新材料企业，形成一批特色新材料产品群，创建有国际竞争力的产业体系；在优势专业领域形成由骨干企业为龙头建立的国家标准体系；培育3~5个在全国新材料领域有影响的知名品牌；力争在多个产品领域获取全国市场占有率前3位。

2. 远期目标（2015~2020年）

新材料产业产值规模由2015年1000亿元，提升至2020年2000亿元，其中，关键材料和重点材料实现200亿~250亿元产值规模，优势发展领域的新材料制品力争达到国际先进水平，保持国内领先水平。同时，培育30个左右产值5亿~10亿元的新材料重点企业，形成一批特色鲜明的新材料产品群；在10~15个专业领域形成由骨干企业为龙头建立的国家标准体系，培育5~8个在全国新材料领域有影响的知名品牌，使全市多数新材料企业拥有独立的核心技术和自主知识产权，并在新材料市场上形成较强竞争力。

（二）重点领域

未来一个时期，青岛新材料产业重点发展领域是：高分子弹性体材料、石化合成树脂与功能塑料、环境友好型功能纤维材料、特种金属材料、海洋工程和海洋生物材料、清洁能源新材料等。其中，高分子弹性体材料、石化合成树脂与功能塑料、环境友好型功能纤维材料、特种金属材料将继续保持在产出总规模中的主体性地位，海洋工程和海洋生物材料、能源新材料将逐渐成长壮大，并不断提升在全市新材料产业中的比重和影响力。

1. 高分子弹性体材料

青岛是我国重要橡胶材料及制品产业基地。未来一个时期，青岛将在高分子弹性体材料领域重点发展聚异戊二烯橡胶、聚丁二烯橡胶等以 C_4 和 C_5 馏分为主的合成橡胶材料和橡胶型氯化聚乙烯合成橡胶；发展具有超耐磨、超低生热、超低滚动阻力的高性能橡胶新材料，发展可循环利用的热塑性弹性体材料，具有安全性及良好可加工性的生物医用橡胶材料，以及数字化高性能轮胎，高速列车、汽车、船舶与工程机械、桥梁用密封和复合结构材料、减震元件等。

2. 石化合成树脂与功能塑料

青岛是我国最大电子家电制造基地和重要石油化工生产基地，拥有海尔、海信等国内外知名家电电子企业和黄岛 1000 万吨大炼油等国家级建设项目。未来一个时期，青岛将重点发展乙烯、丙烯、芳烃、C_5 等石化下游合成树脂新产品；重点发展具有特殊电、磁、光、声、热、化学以及生物功能的新型塑料合金与工程塑料，开发生物医用材料、电磁屏蔽材料、无卤阻燃材料、电致发光材料、吸声隔音材料、绝热材料、智能材料以及光或生物可降解材料等。

3. 环境友好功能纤维材料

青岛是我国著名纺织工业基地，历史上曾被赋予"上（海）青（岛）天（津）"的美誉。未来一个时期，青岛将跟踪国内外纺织服装行业最新趋势，针对行业关键技术、核心技术进行科技攻关，重点发展环境友好、功能性和高性能纤维材料，开发聚乳酸纤维（PLA）、海藻纤维、改性甲壳素纤维、改性竹纤维等环境友好型纤维；发展蓄能、阻燃、抗静电、高吸湿及光、电、热敏感变色等功能纤维，以及氨纶纤维、碳纤维、芳纶纤维等高性能纤维。

4. 特种金属材料

"十一五"期间，高速列车、汽车船舶集装箱产业迅速崛起，已成为新材料产业发展重要产业依托领域。未来一个时期，青岛将根据高速列车、汽车船舶集装箱产业发展需求，重点发展镁合金材料与结构件、大型挤压铝合金型材、彩色层压钢板（VCM）和彩色预涂钢板（PCM），钢结构建筑工程与海洋石油平台及大型船舶用高强度厚规格用钢、铝塑复合板材等特种金属材料，复杂环境用高耐蚀合金，结构与功能一体化的粉末冶金材料等。

5. 海洋工程和海洋生物新材料

青岛是我国重要海洋科技城和特色海洋产业基地。未来一个时期，青岛将围绕修造船基地、深潜器基地等海洋工程建设和海洋产业发展需求，重点发展深水耐压浮力材料、海洋石油开发及深水养殖用系列材料、舰船隐身材料、甲板防滑材料等海洋工程材料；环境友好型防生物污损、海洋环境中金属结构及非金属材料重防腐综合保护材料、水性化系列海洋涂料、防空泡腐蚀的金属底材超强附着材料；海洋生物新材料和海洋保健功能材料。

6. 清洁能源新材料

青岛的新能源产品和风能、太阳能装置制造在全国具有一定地位。未来一个时期，青岛将跟踪能源新材料发展趋势，重点发展改性锰酸锂、镍钴酸系、镍钴锰酸系等动力型锂离子电池正极材料，高比能、大容量、长寿命动力型锂离子电池（组）、高聚物锂离子电池；高效、低成本多晶硅、单晶硅太阳光伏电池材料及组件；其他高性能二次电池；海底冰状甲烷、可再生能源材料等新材料。

四、青岛新材料产业的空间布局

未来一个时期，青岛将从现有产业基础和资源条件出发，逐步建成集科研、孵化、生产、服务于一体，特色突出，运营优良，环境友好的"1 个核心区、1 个产业带、5 个特色产业园"的新材料产业空间格局。

（一）新材料产业核心区

1. 地理位置

核心区位于青岛市城阳区，北接 204 国道、南距济青高速 3 公里、青银高速 10 公里，环胶州湾高速 5 公里，308 国道 10 公里，胶济铁路 5 公里；距青岛港 20 公里、前湾港 45 公里；距青岛流亭国际机场 10 公里。交通便利，周边产业基础好，且可享受大城市信息网络服务和公共设施配套等多方面便利，与青岛市以新材料研究见长的多家高校和研究机构的联系比较方便。

2. 产业特色

核心区以先进高分子材料、海洋工程材料、能源新材料为特色。其中，以颐中格栅、海永盛股份、宏丰集团、广源发集团、琴科工程塑料、中新华美塑料、宏信塑胶造粒、铁路玻璃钢厂、天盾橡胶、客车防寒材料、双驼轮胎、嘉泽包装、喜盈门为代表的高分子材料集聚区产出规模在全国名列前茅。以海化研究院、海建化学、乐化科技、现代漆业、宣威涂层、宏丰建材为代表的海洋工程材料聚集区，展现出良好发展前景。以新正锂业、清阳新材料、德凯硅业、海泰光电、托尔能源、日研能源、中通能源、天润电池、南墅石墨为代表的能源新材料聚集区，在多个领域居全国领先地位，发展势头强劲。

3. 研发系统

科研孵化和公共服务区位于国家火炬计划青岛新材料产业化基地核心区。其中，工程技术研究系统以青岛科技大学新材料研究重点实验室、青岛市塑料工程技术研究中心、山东省橡塑材料重点实验室、教育部橡塑材料重点实验室、教育部聚合物材料成型技术工程中心、青岛海洋化工研究院、青岛纳米材料重点实验室、青岛纤维及纺织工程重点实验室等研究单位为依托，整合清华大学新型陶瓷与精细工艺国家重点实验室、中国航天科技集团航天材料及工艺研究所等国家级研究机构的资源，吸纳新材料企业的工程研究中心、技术开发中心、中试机构参与，已初步形成以研究机构为依托的工程研究系统，以技术成果应用为导向的科技创新体系，形成了明确的产业化目标和明显的产品优势。

4. 公共服务平台

核心区规划建设的公共服务平台包括，新材料研发孵化平台、检测与标准化服务平台、信息化服务平台、教育培训服务平台等。公共服务平台的发展目标是，建立完善的创新创业服务体系，面向行业、企业开展技术咨询和技术培训服务工作，开展橡塑材料领域的标准制定、标准升级、标准查询、标准化人才培养等服务工作，利用电子杂志和网站等信息化手段开展专业化信息服务工作，为行业发展提供技术、标准、人才、信息等全方位服务支撑。

目前，可配合发挥作用的公共服务机构还包括：青岛市高新技术产权交易中心、青岛橡胶国际交易市场、石油和化学工业新材料与制品质量监督检验中心等。其中，青岛市高新技术产权交易中心位于青岛市北区科技街，已形成较完善高技术成果交易平台，在推动高技术科技成果推广和产业化发展方面可发挥重要推进作用。青岛橡胶国际交易市场利用现代电子商务平台，实行会员制，采用"美元挂牌、网上支付"、即期现货与远期交易相结合的方式，主要交易品种为天然橡胶、合成橡胶和己内酰胺，是国内第一家国际橡胶交易市场，全球第一家己内酰胺交易的国际市场，也是目前国内唯一一与国际市场价格同步、以美元结算为主导的交易市场。石油和化学工业新材料与制品质量监督检验中心是经中国石油和化学工业协会正式批准并授权的全国石油和化工行业产品质量监督检验机构，目前该机构已经通过国家认证认可监督管理委员会和国家实验室认可委员会的二合一（CMA、CNAS）实验室认证认可，具有独立为社会提供公正检测数据的第三方公正检验机构的法律地位。

（二）环胶州湾新材料产业带

环胶州湾新材料产业带主要包括，青岛橡胶工业园、青岛家电电子高分子材料产业聚集区、高速列车大型挤压铝合金型材产业化基地、家电和建筑用彩色钢板聚集区、即发纺织纤维工业园。

1. 橡胶工业园

橡胶工业园位于青岛胶州湾环海经济开发区内，规划占地面积约 2000 亩。规划投资规模 40 亿元，聚集区分为混炼胶加工区、轮胎生产区、精细橡胶制品生产区、轮胎专用原辅材料加工区、轮胎试验场和科研办公服务区 6 个不同的功能区。目标是，建成具有国际先进水平的现代化橡胶工业生产和研制基地。建成后，预计每年可实现销售收入 60 亿元。

2. 家电电子高分子新材料产业聚集区

环胶州湾家电电子高分子材料产业聚集区以海尔新材料研发公司、金塑制品、中兴达橡塑、百家塑胶、双蝶集团、宏达塑胶、海晶化工、固特异橡胶、第六橡胶输送带、美高硅胶、海昌泰塑胶、百龙大亚、胜汇塑胶、海尔毅兴行等公司为代表，以高分子材料为特色，主要为家电电子、汽车机车和集装箱产业提供材料支撑。

3. 高速列车大型挤压铝合金型材产业化基地

高速列车大型挤压铝合金型材产业化基地规划用地 400 亩，总投资 20 亿元，一期工程建成后，重点开发生产满足南车集团高速列车需求的大型薄壁宽幅空心铝合金型材；二期工程将进行舰船、集装箱、飞机及军工产品用铝合金结构材料的生产。

4. 家电和建筑用彩色钢板聚集区

家电和建筑用彩色钢板聚集区位于胶南市，以海尔特种钢板、新青路彩色钢板、彩钢板房等公司为代表，规划建成国内技术等级最高、规模最大的家电和建筑用彩色钢、复合钢板生产线，年生产能力 2500 万平方米，年销售收入 20 亿元。

5. 即发纺织纤维工业园

即发工业园位于即墨市西部。园区规划工业用地918亩，以甲壳素纤维、聚四氟乙烯膜材料等服装纤维、高档纺织、面料及相关产品为发展重点，目前已形成生产能力，产品行销海内外，受到广泛欢迎。

（三）特色产业园区

按照聚焦产业发展目标、推进产业链管理的规划思想和尊重存量布局，促进增量调整的布局原则，以及从全球价值链视野规划产业发展方向的要求，青岛市新材料产业将重点规划建设5个特色产业园区。

1. 石化新材料园区

第一期工程总投资规划为300亿元，包括100万吨/年乙烯装置、30万吨/年聚乙烯装置、40万吨/年ABS装置、30万吨/年苯乙烯装置、9万吨/年丙烯腈装置、100万吨/年聚氯乙烯装置、60万吨/年烧碱装置、100万吨/年氯乙烯装置、14万吨/年EVA装置、40万吨/年聚丙烯装置、14万吨/年丁苯橡胶装置、18万吨/年丁二烯抽提装置、10万吨/年TDI装置等。项目建成后，可实现销售额300亿元/年、利税25亿元/年。

2. 双星轮胎工业园

双星轮胎工业园占地面积1800余亩，已形成年产全钢载重子午线轮胎150万套、斜交载重轮胎200万套、农用轻卡轮胎200万套、内胎400万套、多品种、系列化的产品格局。项目建成后，可实现销售收入60亿元/年。

3. 家电电子塑料零部件产业园区

家电电子塑料零部件产业园区位于崂山区高科园，以海尔中试事业部、高科园润兴塑胶公司为代表，主要为海尔、海信、三星、LG等家电电子企业研发生产塑料零部件，目前已成为国内最大家电电子塑料零部件生产基地之一。

4. 国家镁合金开发应用产业化基地

国家镁合金开发应用产业化基地主要进行镁资源开发，镁合金冶炼技术开发和生产，并针对电子、信息、家电、汽车等领域的需求开发镁合金材料与零部件。目前已形成年产2000万件产品生产能力，完成了手机、PDA、笔记本电脑、数码相机结构PCBA，以及硬盘存储部件等高端镁合金制品的生产体系。青岛 D&D 集团与重庆工业大学合作在河南省兴建临近镁资源矿的镁合金基地，实现先进技术、临矿低成本和高端产品的组合，项目建成后，将带动青岛镁合金产业综合实力进一步提升，在国内外市场上产生较强的竞争力。

5. 青钢胶南工业园

第一期工程规划投资 48 亿元人民币，项目建成后，可形成年产 200 万吨宽厚板钢、带钢生产规模，可提升青岛在特种钢材领域竞争力；二期工程建成后，生产能力可达 600 万吨/年，远期规模计划 1000 万吨/年，并有望成为国内最重要的特种钢生产和研发基地之一。

五、青岛新材料产业专项计划和重点项目

（一）新材料高技术产业创新平台建设

青岛新材料高技术产业创新平台的建设地点位于青岛市城阳区新材料科技工业园，计划总投资 4200 万元。规划重点完成材料性能测试与寿命评价体系平台、有毒有害元素测试控制体系平台、弹性体材料技术平台、树脂基功能与结构材料技术平台和塑料制品快速成型技术平台等五大创新支撑和服务平台；配套建设 3 条中试生产线、3 个实验室，并在吸纳各类机构携带技术服务设施入驻的同时，新购置各种公共服务的基础设备 70 台（套）。项目建成后，将重点提供面向新材料产业的中试、检验检测和技术咨询服务等公共技术服务活动，完善本区域内的新材料科技成果转化链，为吸引国内外高校、科研院所及各类创业人士来青岛完成科技成果转化、从事技术服务、创办科技型企业提供良好环境保障。同时，可在全市范围产生较强的服务溢出效应。

（二）镁合金第三代微弧氧化技术产业化

本项目拟开发应用的镁合金深加工技术（第三代微弧氧化工艺）可推动我国镁合金加工技术水平与国际先进水平靠拢，提高我国镁合金产品的附加值和市场竞争力，并大幅度促进镁合金材料在汽车、计算机、通讯等领域的广泛应用，为整个行业的发展带来新的发展机遇和增长活力。

镁合金第三代微弧氧化技术产业化示范项目选址为青岛崂山区，新征土地50 亩，建设专门的镁合金高技术产业化示范基地。项目技术支持单位为北京

理工大学。项目实施单位为青岛 D&D 集团。负责实施该项目的青岛 D&D 材料科技有限公司现拥有四氟乙烷气体保护和镁合金定量浇铸技术等 5 项国家专利，为第三代微弧氧化技术提供了良好的技术平台，北京理工大学开发的镁合金表面处理新技术与国内现有的微弧氧化技术相比，在各主要指标上均有显著提升。项目计划投资 8500 万元。项目建成后，可年产镁合金深加工产品 3800 吨、配件 280 万件。

（三）无铅焊接材料及工艺产业化

本项目有助于突破发达国家构筑的绿色贸易壁垒，提高我国家电电子产品的国际竞争力，促进我国对外贸易的发展。

项目依托的技术来源于三个方面：一是无铅焊接技术及工艺在环境友好家电产品中应用的专利成果；二是公司自有的自动加锡装置和两段式波峰焊接设备两项受理审核阶段专利；三是拥有无偿使用权的一种低熔点无铅焊料合金和一种锡银铜镍铝系无铅焊料合金两项受理审核阶段专利。项目位于青岛市崂山区海尔集团公司模具工业园，规划建设无铅焊料生产线 1 条，无铅回流焊接生产线 10 条，无铅波峰焊接生产线 15 条。计划总投资 8200 万元，项目建成后，可年产无铅焊料 500 吨，无铅焊接线路板 600 万片，并可在推进家电电子产业高水平发展的同时，产生良好的社会效益和环境效益。

（四）动力型锂离子电池新型微米级单晶正极材料产业化

动力型锂离子电池新型微米级单晶正极材料的产业化项目采用的新型前驱体合成技术比传统的氢氧化物沉淀方法容易控制，适合大规模工业化生产；采用的前驱体处理和烧结工艺解决了该领域普遍存在的一次颗粒偏小、比表面积过大问题，有助于改进产品的性能和品质。

项目建设目标是，针对动力型大容量锂电池正极材料在振实密度、可逆比容量、循环寿命、安全性、材料成本等方面存在的问题，进行动力型锂离子电池新型正极材料三元系镍钴锰层状化合物的开发和产业化，解决动力型锂离子电池安全与容量两大关键技术问题，在保证优异电化学性能前提下，提高材料振实密度和电极加工性能。计划投资 3 亿元，建成年产 10000 吨正极材料及 100 万只动力型电池生产线，达产后将对我国电动车辆用大容量和高功率型锂离子电池发展产生积极推进作用。

（五）锰酸锂正极材料及锂离子电池高技术产业化

借鉴国际先进工艺技术，采用自主开发的液相含浸常温反应、微波高温反应及元素掺杂等拥有自主知识产权的新技术方案。项目建成后，对改进锂离子电池性能、降低锂离子电池生产成本具有重要意义。

项目实施单位青岛红星化工集团主营业务为钡、锶、锰盐系列产品，主要产品碳酸钡、碳酸锶、电解二氧化锰（EMD）年产能分别居世界第一、亚洲第一和国内第二。计划投资 7700 万元，项目建成后，可年产锰酸锂正极材料 400 吨，年产高性能锂离子动力电池 300 万只。

（六）110kV 及以上高压超高压电缆超净绝缘料产业化

110kV 及以上高压超高压电缆超净绝缘料生产难度高、安全性能强，技术复杂性大，国外对该项技术长期封锁，国内对该类产品的市场需求长期依赖进口满足。110kV 及以上高压超高压电缆超净绝缘料项目的实施对提高我国高压超高压电缆绝缘超净绝缘料行业技术水平，促进高端电缆产品发展有重要意义。

项目建成后，可以形成年产 5000 吨高压超高压电缆超净交联聚乙烯绝缘料的产能规模，并带动青岛汉缆股份有限公司等相关企业进入世界上为数不多的能够生产超高压电缆的先进企业行列。

（七）聚四氟乙烯膜复合面料新材料产业化

该项目可打破长期依赖国外进口局面，提升我国 PTFE 膜的研发能力和膜材料生产水平，改变我国在该领域至今没有国家标准和行业标准的现状，推动整个产业的标准化工作进程。

项目依托单位青岛即发集团拥有宽幅聚四氟乙烯膜及复合材料关键技术等独特优势，产品被国家质量监督检验检疫总局认定为中国名牌产品。聚四氟乙烯膜项目计划投资 7800 万元，项目建成后，可形成年产聚四氟乙烯膜复合面料 600 万米生产能力，并推动相关产业的产品升级，产生良好的经济和社会效益。

（八）多组分、差别化、功能化纤维的紧密纺产业化

通过对部分设施的更新改造和购置安装 66 台套新设备，完成紧密纺生产

线建设。计划投资 5000 万元。项目建成后，可形成 2 万锭紧密纺生产能力，年产多组分、差别化、功能化纤维纺纱线系列产品 2200 吨。

项目实施单位青岛纺联集团六棉有限公司持有多组分、差别化、功能化纤维紧密纺纱线成果的知识产权，拥有先进生产设备和纺织测试仪器，设备精梳能力达到 100%，无接头能力达到 100%，合股线可 100% 采用倍捻机，为项目实施提供了良好基础条件。另外，该企业成功开发的 Tencel、Model、大豆纤维、竹纤维、绢丝混纺纱、羊绒混纺纱及采用新型面料织造的上百种高档服装面料及大批高附加值、高技术含量、高档次的纺织服装新品种，为多组分、差别化、功能化纤维紧密纺产业化项目的实施提供了有效经验。

(九) 异戊橡胶新材料高技术产业化示范项目

随着橡胶工业快速发展，我国对进口天然橡胶的需求量大幅度增长，进口天然橡胶与国产天然橡胶比例已大大超过国际公认警戒线，给国内企业带来巨大压力。在此背景下，生产具有与天然橡胶相似性能、可替代天然橡胶的异戊橡胶新材料，有利于改善我国合成橡胶产品原料供应结构，降低对国外天然橡胶的依赖程度，节省进口成本，为区域经济发展提供一个新的增长点。

异戊橡胶新材料项目的实施单位为青岛伊科思新材料股份有限公司。采用的技术成果为该公司自主研发、拥有全部知识产权的成果。计划总投资 26500 万元。项目建成后，可形成国内最大异戊橡胶生产基地，每年可实现利润 8267 万元，并将派生出一个能为用户提供特殊服务、具有较高附加值的特殊新材料门类，为我国橡胶工业提供可部分取代天然橡胶的战略性资源，为在资源竞争日趋激烈的国际背景下促进我国橡胶产业发展提供安全保障。

六、青岛新材料产业发展的推进措施

(一) 推动重点领域科技资源集聚

为消解我国新材料行业普遍存在的中、低端产品产出能力和产品竞争力强、高端产品技术和产业规模与国际先进水平差距较大的现象，需瞄准产业高端，集聚和整合科技资源，按重点突破原则，加强对新材料领域最活跃、对社会经济影响最大的高性能、低成本的高分子材料及聚合物复合材料、光电子材料、生物医用材料、纳米材料与器件、信息功能材料与器件、高效能源转化与储能材料、生物仿生材料、环境友好材料、重大工程关键材料、基础材料性能优化、设计加工材料等重点领域创新导向，精选一批具有较好研发基础的项目，突破产业化关键技术，形成大规模产业化能力。

（二）建立市场型的创新与产业化机制

为解决青岛新材料产业拥有自主知识产权成果不多，高性能、高附加值产品较少，新材料工程应用开发滞后，技术成果转化的规模化程度较低，以及新材料产业集中度不高，缺乏行业龙头和骨干企业，市场控制力较弱等问题，必须建立与市场需求紧密结合的创新与产业化机制。

为实现上述目标，需创新产学研合作模式，在加强与国内外大专院校、科研单位密切联系的同时，鼓励企业承担更多的创新责任，积极采用新工艺、新技术生产高附加值的深加工产品，淘汰落后生产技术，节约资源、降低生产成本；需鼓励一批发展基础好、市场潜力大的新材料企业，完善企业内部的法人治理结构和外部公众形象，充分利用国内外资本市场，通过发行股票、债券等渠道优先进入资本市场，增强企业的投融资能力；需进一步完善面向新材料企业的服务机制，优化项目审批流程，准确定位政府 R&D 投入领域，鼓励企业提高研发经费占销售收入的比例，建立项目建设的"绿色通道"。

（三）培育新材料产业区域性集群品牌①

为解决新材料产业集聚度不高的问题，应积极引导新材料产业从块状经济向产业集群提升，围绕核心产业链培育和完善配套企业体系，走特色明显、结构优化的产业集群发展道路。

具体方案可考虑：科学制定产业基地发展方向，引导布局分散的中小企业向产业基地乃至周边区位集聚，并吸引具有行业带动作用的龙头企业加盟，支持产业基地采取多种方式，创立区域性产品或服务品牌；鼓励中小企业抓住大型投资商进入或跨国公司投资机会，以配套生产商、服务商、加工企业等多种身份，批量化地进入全国性或国际性生产体系和贸易网络，促进新材料产业网络化发展。

创立区域性企业集群品牌不仅有助于提升企业集体形象和产品信誉，促进区域招商引资质量提高，而且还可演化成推进区域发展的资本推动力量（如张江科技、外高桥、陆家嘴的成功上市）。做好此项工作有三个基本要

---

① 企业集群品牌是指区域内具有完善基础设施、完备服务功能、优秀服务品质、优势明显的核心业务，在相同或相近产业链中，能够不断吸引各类优秀企业向本区域集聚，并能够不断引导技术创新，促进可持续发展，最终形成区域核心竞争优势的一种社会声誉和评价。

求：一是鼓励做自己最擅长、最具优势的产业链环节；二是鼓励将内部核心业务和辅助业务分离，并同时建设本区域产业服务体系；三是鼓励提升企业内在质量，加强区域型企业集群品牌策划、包装和宣传，使之形成广泛社会影响力。

（四）突破关键技术①，奠定产业核心支持系统

高性能新材料品种不全，材料制备装置相对落后，以及材料表面处理、改性、复合加工技术水平与国外先进水平相比差距较大是制约青岛市新材料产业快速发展的重要因素。解决这一问题，首先需突破新材料制备和材料成型、加工两大关键技术瓶颈，通过自主开发或技术引进奠定产业发展的核心支撑体系。

为此，需做好如下工作：一是加强技术预见研究。青岛应学习上海等城市的先进经验，开展战略性、主导性产业的技术预见和路线图研究，并有效利用技术预见的成果，选择创新活动活跃、投资回报率较高的新材料领域，采取引导、激励等有效措施，推动该领域的研发活动和成果转化，提升企业发展规模和市场竞争力②。二是高度关注新材料产品的市场动向，为技术选择与市场选择的协调提供充分的保障，同时，要牢固树立"为客户服务"、"为市场服务"思想，将关键技术从"技术推动"转变为"市场推动"，将各类研发活动的动力逐渐从"供给引导型"转变为"需求引导型"。

（五）共享社会公共服务系统

1. 公共管理系统

确立共享公共服务设施的方针，按服务部门的平均成本确定服务价格，同时拟定优质、高效服务的行业标准和业主投诉制度。对提供优质服务的相关部门给予一定的补贴或减免，激发其提高服务水平的积极性。

积极创建大规模的引智平台，充分发挥新材料产业界专业人士了解技术发

---

① 关键技术指的是对提高产业或行业竞争力至关重要的共性技术、基础性技术。

② 当前，四大类新材料关键技术动向：一是信息产业的关键新材料技术。包括微电子新材料技术（高等级单晶硅、砷化镓材料）、光电子材料技术；二是面向传统产业和支柱产业的关键新材料技术。包括金属材料产业（高性能、高附加值特种钢、特种技术的铝、镁合金等有色金属）、汽车材料产业、石化材料产业、建筑材料产业等；三是改善人类生活环境和提高生活质量的新材料技术。包括生态环境材料、新能源材料、生物医用材料等；四是面向战略竞争的关键新材料技术。包括纳米技术、超导技术、航空航天材料技术等。

展规律、洞察产业走势和引领产业发展的才干，为青岛新材料产业快速、健康发展提供宝贵的战略咨询和市场信息服务。

2. 技术服务系统

加强技术服务和信息检索系统的专项能力建设。包括建立新材料产业发展网站，提供共享新材料领域技术发展和产业成长等方面的信息检索便利；插入相应的技术手段，利用电子信息平台，创造行业指导和业内交流的环境等。

开展专业化信息交流活动，帮助企业实现"走出去"观察世界，"请进来"合作交流的愿望，为企业安全运行、拓展市场提供有效保证；完善综合检测平台，并对全市各科研部门的检测资源进行网上虚拟整合，减轻创新型企业购买仪器的负担，加快新产品开发效率；发挥行业协会作用，及时对国内外新材料领域最新发展态势进行客观报道，给企业提供信息服务引导。

（六）培育外向型经济新优势

创立具有行业发展属性的区域技术创新服务中心，形成全方位的创新服务能力，满足区域内新材料产业发展的技术需求；建立产业安全监测机制，及时监测分析国外新材料产业发展领域的技术壁垒、贸易措施变化情况，以及最新的行业及产品标准信息；借鉴现行的产业景气分析系统和宏观数据分析平台，及时观察新材料产业的国际技术发展动向，以及这些动向对青岛新材料产业发展取向和产业竞争力的影响，增强企业抗风险能力及产业竞争力。

积极倡导科技资源的合理配置和优化利用，鼓励对青岛区域范围内各个科研机构和教育组织拥有的科技开发设施有偿使用、资源共享；鼓励共建、共管大型科技设施和公共服务平台，建立资源共享的管理协调系统和相应的管理体制，全面提升青岛市新材料产业自主创新和引进技术消化吸收及再创新的能力。

（七）重视环境和生态保护工作

推行清洁生产，建立环境管理体系，开展环境标志产品"双绿色认证"活动，努力提升环保质量，增加产品"绿色"含量；确保环保投资在工业产出或销售收入中应占的比例，加快污水处理厂建设，扩大污水处理能力，确保污水达标排放，实现新材料行业的全行业污水全截污、全处理；通过绿色厂区、环境优良企业评定、监察工作，提高企业环境和生态保护意识，促使更多新材料企业达到国家环保标准。

　　加大环保执法力度，加强污染源的查处和控制、清除工作，强化行业内的重点污染源在线监测，建立突发性环境污染事故应急响应系统，提高区域应急监测和快速反应能力；提高社会公众的环境保护和生态安全意识，提高各类社会组织参与环境保护的积极性，制定环保领域的有奖举报办法，鼓励公众参与查处违法行为。

　　借鉴国外环境保护和环境治理的宝贵经验，建立环境容量控制指标体系和能源与资源利用效率的评价系统，推动相关工作系统和执行机构配套建设，将容量控制和评价系统的要求落到实处，保障和提升新材料产业发展过程中的生态和环保效应。

第十一章

青岛高新区发展潜力评价及前景预期

青岛胶州外北岸高新区是 2006 年经国家审核调整后建立的一个新的国家级高新技术产业开发区。它在创立伊始即遇到两个严峻挑战：一是该领域地处青岛环胶州湾城市构架中心位置，需要从优化全市空间布局的战略高度进行规划；二是高新区发展空间有限，既不能延续传统的工业园区发展模式，也不再享有以往的税收优惠政策，发展模式需要实施重大变革。在此背景下，对其未来发展潜力给出一个科学评价具有十分重要的意义。

一、区位特征和发展背景

（一）区位状况

青岛胶州湾北岸高新区最东端位于北纬 36°17′25.63″，东经 120°19′28.41″；最西端位于北纬 36°12′39.95″，东经 120°07′28.42″；最南端位于北纬 36°10′55.10″，东经 120°08′23.93″；最北端位于北纬 36°19′50.43″，东经 120°16′05.96″。东西跨 20.1 公里，南北跨 16.5 公里。青岛胶州湾北岸高新技术开发区由原青岛高新区市北新产业园、原青岛环海新材料工业团地、原青岛海玉盐场部分区域及原青岛东风盐场部分区域共同组成。

青岛高新区市北新产业园的前身是青岛市北胶州湾新产业基地，于 2003 年 1 月经青岛市政府批准建立，是全市第一个"飞地"式工业园区。园区位于城阳区红岛街道北部，地处胶州湾北畔，最初规划用地 13.14 平方公里，由青岛市北区政府负责开发和管理。

青岛环海新材料工业团地成立于 2004 年 11 月。开发范围东起洪江河，西至羊毛沟，北到 204 国道，南接正阳路，总面积 14.68 平方公里。由青岛市城阳区人民政府负责投资开发和管理。

青岛海玉制盐有限公司，始建于 1955 年。占地面积 28.6 平方公里，属国有体制。2000 年与城阳区流亭街道合作开发 6.6 平方公里，开辟青岛国际空港工业区；2004 年与城阳区合作开发 14.1 平方公里的青岛环海新材料工业团地。2006 年 7.8 平方公里列入青岛胶州湾北岸高新区开发范围。

青岛东风盐场始建于 1955 年，盐田面积 34.64 平方公里。2003 年经青岛市人民政府批准划出 6 平方公里，设立青岛市北新产业园；2006 年青岛东风盐场西部厂区 14.5 平方公里列入青岛胶州湾北岸高新区开发范围。

（二）地理位置

1. 交通便利

青岛胶州湾北岸高新区位于有陆、海、空交通枢纽之称的城阳行政区划内[①]，拥有广阔的辐射角度和优越的交通条件。胶济铁路、蓝烟铁路、胶新铁路、同三高速、济青高速、青银高速、环海高速、青烟公路、青威公路、流亭机场、跨海大桥及高速铁路都环绕在其周围。附近的棘洪滩水库、流入胶州湾的几大河流、山东主干输电线等设施，为其提供了便利的水源条件和能源支撑。老城区发达工业体系和高等学府、研发机构、服务设施为其高水平发展提供了技术基础和人才保障，国际空港、海港和路港的有利条件为其对外开放提供了巨大的便利。

2. 辐射面广阔

青岛胶州湾北岸高新区所处的青岛市北部地区，已形成以制造业为主的现代工业基地和"三轴，两带"的发展格局[②]。其中，区城——空港复合中心城区已成为青岛市北部重要的交通枢纽中心、物流中心和大型制造业基地；流亭街道白沙河以南部分已形成外向型制造业集聚的企业综合组团；棘洪滩街道已形成以机械制造等重型工业为主导的企业综合组团；河套街道已形成外向型工业集聚的综合组团；红岛街道以海洋科研、居住和旅游度假为主要职能的综合组团正在有序建设之中。功能明确的城区发展布局为青岛胶州湾北岸高新区提

---

① 城阳区总面积 553.2 平方公里，辖城阳、流亭、夏庄、惜福镇、棘洪滩、上马、河套、红岛 8 个街道，人口 46.88 万。其中 6 个街道办事处与青岛胶州湾北岸高新区毗邻。

② "三轴两带"：青岛—城阳—即墨发展轴、青岛—红岛—河套—胶州—黄岛发展轴、环海经济技术开发区—空港工业区—民营工业园—棘洪滩—胶州发展轴；环胶州湾制造产业发展带和夏庄—惜福镇旅游服务产业发展带。

供了有利发展环境。

3. 区域经济繁荣

与青岛胶州湾北岸高新区相邻的城阳区6个街道办事处历经多年发展已形成各自的特色经济：（1）城阳街道。高效农业、商业流通、仓储运输和房地产全面发展，形成了轻纺、机械、化工建材等产业集聚的企业群体，汽车配件、新材料、电子、服装等新兴产业得到迅速发展。（2）流亭街道。出口创汇位居全省各乡镇（街道）首位，已培育形成电子信息、精密机械、精细化工、纺织服装、新型建材、空港物流六大产业集群。（3）棘洪滩街道。以东部青大、西部金岭两个工业聚集区为两翼，形成"一城两园"整体推进格局。高速列车、新材料、石油化工、橡胶"四大特色产业"的培育已初见成效。（4）上马街道。蔬菜、畜牧、水产和林业等传统产业快速发展，已形成以纺织、服装、水产品加工等行业为主的工业体系。（5）河套街道。已形成以机械、纺织、服装、建筑建材、塑料制品、饲料和水产品加工为主导的工业体系。（6）红岛街道。形成以水产品加工和服装为主，轻纺、食品、机械、建筑、电子等门类较为齐全的工业体系。

4. 公共服务有基础

未来几年，青岛胶州湾北岸高新区规划建设的公共服务平台包括，新材料研发孵化平台、检测与标准化服务平台、信息化服务平台、教育培训服务平台等。

青岛胶州湾北岸高新区公共服务设施发展的目标是：建立完善的创新创业服务体系，面向行业、企业开展技术咨询和技术培训服务工作，开展多个产业领域的标准制定、标准升级、标准查询、标准化人才培养等服务工作，利用电子杂志和网站等信息化手段开展专业化信息服务工作，为行业发展提供技术、标准、人才、信息等全方位服务支撑。

青岛胶州湾北岸高新区发挥作用的服务平台还包括：青岛市高新技术产权交易中心、石油和化学工业新材料与制品质量监督检验中心等。其中，青岛市高新技术产权交易中心目前已形成较完善高技术成果交易平台，可在推动高技术科技成果推广和产业化发展方面发挥重要推进作用；石油和化学工业新材料与制品质量监督检验中心目前已通过中国国家认证监督管理委员会和中国实验室国家认可委员会的二合一（CMA、CNAS）认证认可，具有独立为社会提供公正检测数据的第三方公正检验机构的法律地位。

（三）自然条件

1. 土地资源

青岛胶州湾北岸高新区园区规划区域全部建于低效盐田之上，无征用耕地和居民搬迁之虞。项目建设过程中虽面临大片低洼盐田取土回填压力，需投入较高治理成本和解决土方平衡的难题，但在国家对建设用地严格控制，青岛市土地资源稀缺的背景下，该区域成片土地资源的开发仍是青岛发展的巨大潜在优势。

（1）降低回填成本。青岛高新区市北产业园在一期项目建设过程中，为降低建设成本，曾采用降低道路纵坡、开挖人工水系①、为厂区建设采挖土石方预留回填区间等方式，减少了取土规模、方便了施工建设，降低了园区回填成本。

（2）提高基建质量。环海新材料工业团地建设过程中，曾针对盐田高水位、软地基、泛碱等特点，采用了插塑板、格栅等新工艺、新材料，雨污水管道及供水管道采用了抗压、防腐 PE 新材料管材，同时，按照百年一遇大海潮标准，适当提高规划区内的盐田回填高度，确保了基础设施建设安全性、稳固性和长久性。

（3）综合利用，变废为宝。市北新产业园在不污染环境条件下，将碱厂碱渣（白泥）与粉煤灰合理配比处置回填盐田，既减少回填土对矿山资源和土地资源的依赖，又解决了青岛工业垃圾三大难题之一的碱渣（白泥）处理，使工业生产中的"三废"得到了综合利用。另外，积极推行绿色建筑理念，保证了建筑材料有效利用，通过渣土回填、泥浆吹泥还田、建筑杂料用于回填材料等手段，减少了建筑废料处理量。这些经验都可供青岛胶州湾北岸高新区建设过程中借鉴。

2. 生态条件

青岛胶州湾北岸高新区海拔高度低，地下水位偏高，排水不畅，且土壤碱化，植树和绿化成本高，生态环境建设面临严峻挑战，但借鉴有关方面在景观建设和绿化方面的经验，其生态工业园建设目标依然是可以实现的。

（1）建立良好排水体系。土壤盐碱化的重要原因是地下水位过高。加强

---

① 开挖人工水系既满足了园区排水、景观美化、雨水洗碱需要，又获得了盐田回填必需的宝贵土方资源。同时，改善了园区的生活和居住环境，为建设生态型园区创造了有利的条件。

区内灌排功能，及时排除地表积水和地下径流，减少土壤盐分，降低地下水位，可以为土壤改良提供有利条件。为此，青岛市北新产业园区根据地势构筑了横贯整个园区的人工河道，既形成了优美人工景观，又为改良土壤打下了良好基础。

（2）采用科学灌溉技术。包括，健全渠系配套设施，推行小畦灌、沟灌、喷灌以及滴灌等先进灌水技术，减少渠道和田间渗漏，防止地下水位上升，收到了防止灌区土壤盐碱化的良好效果。

（3）采用先进技术改良土壤。荷兰20世纪在围海造田过程中发展起来的"暗管改碱"技术，目前已在世界上许多国家成功运用。中国胜利油田在黄河口改良盐碱地的实践中，进一步完善了这项技术，降低了成本。青岛胶州湾北岸高新区可吸收这一技术的合理内核，通过在盐碱土地下铺设带孔隙管道的方法，使融解于土壤水分中的盐分通过孔隙渗入管道排走，达到盐随水去，有效降低土壤含盐量的目的。

（4）合理选择绿化植物，降低绿化成本。为满足园区绿化要求，提高绿化效果，降低维护成本，在园区建设中可选择柽柳、蜀葵花、白腊、柳树等耐盐碱树种，以达到预期效果。

3. 供、排水能力

目前，青岛胶州湾北岸高新区已铺设污水管道1.34万米，并在市北新产业园中部建有污水处理厂一座，设计处理规模为8万立方米/日，目前处理能力为1500立方米/日；在环海新材料工业团地东侧建有污水处理厂1座，日处理污水能力为4万吨；在环海新材料工业团地西南侧设计的日处理污水能力27万吨（一期建设为4万吨）的污水处理厂也正在建设中。高新区严格实行雨、污水分流制，要求企业生产生活污水达到排放标准后，集中排放，并鼓励入驻园区的企业实行清洁生产，一些企业已做到将企业生产工艺流程中的废水在车间内经简单处理后直接回用于本车间生产过程，大大提高了工业水的循环利用率。

高新区的雨水主要采用地下雨水管道系统排除。目前，已铺设雨水管渠2.1万米。另外，高新区还充分发挥园区内人工修建的河道优势，根据地形将雨水有组织汇集后排入附近水体，雨季用来蓄洪，非雨季作为景观资源。一些企业还依据各自不同的情况，设立了大小不等的蓄雨池①，将雨水收集起来作

---

① 例如，市北新工业园投资25万元人民币，利用4000平方米楼顶和5000平方米停车场进行雨水回收利用试点，每年回收雨水12.6万立方米，可节约资金37.8万元。经测算，雨水回收利用成本每吨5元，由于胶州湾底部海水污染严重，海水淡化的成本每吨高达15元。充分回收再利用雨水既有较强社会效益又有较高经济效益。

为工业冷却水和绿化用水，从而减缓雨水地表径流的速度，增加了土壤的相对含水量，并有效补偿了园区的地下水。

高新区根据本区域土壤盐碱化程度较高的特点，在雨、污水管道及供水管道铺设过程中，均采用了抗压、防腐新材料管材，确保了基础设施建设的安全性、稳固性和长久性。此外，为克服不可预见因素，高新区在污水处理厂建设中采取了预留一定发展余地的办法，项目建设采取了先建一级处理部分，待积累若干年进厂水质水量资料后，再建二级处理部分的稳妥方案，其后续的投资效益和工作潜能具有良好的保障。

4. 大气质量

青岛胶州湾北岸高新区已建设的部分严格执行环保部门有关规定，采用循环流化床锅炉和先进的脱硫设施，使锅炉脱硫率稳定达到85%；采用电厂除尘器，使除尘效率达到99.7%；在燃用煤炭含硫量不超过1.2%、灰分不超过25%情况下，排放烟气中的二氧化硫、氮氧化物和烟尘浓度均能够达到国家环保标准。

为保证大气质量，青岛胶州湾北岸高新区按生产行业的不同属性及污染物生成的特点，分别对入驻企业提出要求：

（1）制造业的打磨工序、金属机械加工的抛丸或研磨工序等有可能排放粉尘的生产环节均应设置除尘装置，这些行业的除尘装置主要以袋式除尘为主。排放浓度、排放速率和排气筒高度应符合 GB 16297—1996《大气污染物综合排放标准》表 2 中规定的二级标准。

（2）制造业、IT 业和新材料产业的喷涂工序生产过程有可能排放苯系物、非甲烷总烃等有机气体，应设置收集管道并通过吸附、吸收或废气焚烧等净化装置，最终废气排放应达到 GB 16297—1996《大气污染物综合排放标准》规定的二级标准。

（3）制造业、IT 业和新材料产业的焊接工序可能排放焊接烟尘，应尽可能安装净化设备，工位附近及车间进行足够的通风，工作场地的环境标准应当符合同行业有关规定的先进标准。

5. 供热、取暖

隶属青岛胶州湾北岸高新区的市北新产业园已引进开源热电公司，投资1.8亿元建设热电厂。项目完成后，可以充分满足市北产业园及周边区域工业生产用汽、生活采暖用热等方面的需求。该区域的燃气工程气源将由红岛镇引入，从可预见的需求规模判断，其供给能力可以充分满足该区域工业和民用需求。

隶属青岛胶州湾北岸高新区的新材料工业团地供热、供汽等配套设施已配套至相应边界，可保证企业即需即供。目前，原环海新材料工业团地已经建成的热电厂供汽量可达 200 吨。原环海新材料工业团地与泰能集团正式签订燃气特许经营协议，天然气管线已铺设至高新区新材料工业团地内，其供气总量可达 3 万立方米/日，热值为 9000～12000 大卡，能够充分满足该区域工业和民用天然气的需求。

6. 水源和电力

目前，隶属于青岛胶州湾北岸高新区的新材料工业团地已完成 1.4 万米给水主管道改造，日供水能力可达 2 万立方米。水源由青岛棘洪滩水库引黄济青水供给。隶属于青岛胶州湾北岸高新区新材料工业团地自来水管网可供生产生活用水 3.5 万立方米/日，新材料工业团地西南侧的污水处理厂中水系统完成后，可提供中水 2.4 万立方米/日。如果按城市单位建设用地综合用水量指标①计算每天的用水量，青岛胶州湾北岸高新区 58 平方公里全部建成后约需用水 35 万立方米/日。目前，高新区已形成的供水能力与此相比，显然还有较大差距。为解决这一问题，有关部门应及早对水源供应计划和高新区用水规模作出规划②，并统一规划给水管网，树立节水意识，尽可能减少给水管网的重复建设，限制大量耗水项目的进入。

青岛胶州湾北岸高新区电力面临的压力小于水源供应情况。目前，隶属于青岛胶州湾北岸高新区的市北新产业园已建成 110kV 变电站两座，容量为 14 万 kVA，供电线路 4375 米，可覆盖其建设工程全部范围；隶属于青岛胶州湾北岸高新区的新材料工业团地已建成 220kV 变电站 1 座，变压器容量为 3×18 万 kVA；建有 110kV 变电站 2 座，变压器容量 2×12.6kVA。目前，高新区供电线路建设、变电能力对工业和民用电力需求是有保障的。但从发展眼光看，青岛高新区建成后的电力供需矛盾仍十分突出。据测算，2010 年青岛市 4 大产业基地合计用电 400 万千瓦时，同年，青岛市工业用电总量达到 300 亿千瓦时。即使青岛电厂 2 期和黄岛电厂 3 期工程建设进展顺利，能够新增发电能力 180 万 kW，用电缺口仍接近 200 万千瓦时。尽管山东电网与华北电网并网后，可通过电网之间调剂来增加青岛地区电力供应，但实际运行过程中仍存在不少变数，电力供需平衡需要提早拟定预案。

---

① 综合用水指标取 0.6 万立方米/平方公里·日
② 据悉，目前国家有关部门对不同地区和项目的用水指标依然实行限额管理，没有充足的用水指标加以保障，高新区的发展将会受到一定的限制。尤其是对于青岛这样一个严重缺水的城市，且工业用水和民用水规模都在快速增长的情况下，更应对此给予高度的重视。

（四）发展基础

青岛胶州湾北岸高新区南临国家级青岛出口加工区，北接青岛国际空港工业区，隔海与青岛经济技术开发区相望，周边与金岭工业园、玉皇岭工业园、河套工业园、丹山工业区、新城工业园、上马工业区等多个工业园区相邻，并形成特殊的竞争与互补关系（见表 11－1）。

表 11－1　　　　　青岛胶州湾北岸高新区周边工业园区一览表

序号	园区名称	园区等级	规划面积	地理位置
1	青岛出口加工区	国家级	2.80km²	城阳区西南，距青岛流亭国际机场19km、
2	青岛环海经济开发区	省级	6.69km²	环湾高速公路主干道，距青岛流亭国际机场3km
3	青岛国际空港工业区	市级	36.40km²	流亭街道，流亭国际机场周边区域
4	青岛海洋科技工业区	市级	28.70km²	红岛街道，胶州湾北岸
5	青岛丹山工业区	市级	8.90km²	夏庄街道，横跨308国道和重庆北路，
6	青岛玉皇岭工业区	区级	16.40km²	东临崂山风景区，西距流亭机场2公里
7	青岛城阳新城工业区	区级	7.60km²	城阳区，内辖城北工业园和城区工业园
8	青岛金岭工业区	区级	20.50km²	棘洪滩街道
9	青岛河套工业区	区级	25.00km²	河套街道，横跨环胶州湾高速公路
10	青岛上马工业区	区级	17.00km²	上马街道，距环胶州湾高速公路4km

资料来源：根据青岛信息网"城阳招商馆"资料整理。

青岛胶州湾北岸高新区周边工业园区提供的有利条件：

（1）享有区位影响力。周边园区大都度过了初期建设必不可少的基础设施建设投入阶段，基础设施相对完备，项目布局较为集中，并较早开展了对外招商引资工作，提升了当地的区位竞争力和品牌影响力。同时，伴随各个工业园区的发展，培养了一大批技术工人和管理精英人才，减少了后起工业园区招商成本和招募技术工人及管理人才的难度，并为其部分地分享前期开拓者所创立的道路建设、输电和供排水网络建设等公共福利提供了机会。

（2）享有后发优势。周边工业园普遍存在两个问题：一是土地资源转让完毕，园区建设与开发建设资本不足的矛盾突出；二是招商引资缺乏慎重选择，招来了不少技术含量和附加值不高，甚至对环境不甚友好的项目。而今，他们又普遍面临着招商活动受土地资源约束的苦恼。青岛胶州湾北岸高新区拥有握有紧缺资源和分享前人经验两方面"后发性优势"。

（3）可释放良好外部效应。前期开发的各个工业园区在集聚经济资源，推动当地经济发展等多个方面发挥了重要的作用，但各个园区覆盖的产业领域广泛，项目之间相互支持和配套的比重较小，同业集成情况不足，建立在合作竞争基础上的互动机制缺乏。青岛市胶州湾北岸高新区为各个工业园区拓展产业链，优化产业结构提供了便利，较易于受到其他工业园区欢迎，并分享其他工业园区提供的多方面配套服务，为其实施以龙头企业为核心，按产业链招商，发展配套产业的战略思路提供了有利条件，青岛胶州湾北岸高新区可充分借用周边工业园区所带来的这一外部条件，推进自身的高水平发展。

（五）　政策影响

1. 节约集约使用土地

目前，青岛胶州湾北岸高新区已在建和审批待建项目均较好执行了山东省人民政府《关于工业建设项目节约集约利用土地的意见》。其中，落户高新区原新材料工业团地的外资项目，投资强度平均达到 31 万美元/亩；内资项目投资强度平均达到 260 万元/亩。落户原市北新产业园的项目，平均投资强度为300 万元/亩。另外，青岛市胶州湾北岸高新区制定了内部招商引资用地控制标准，而且依据这些标准制定了优质投资项目评价的细则。这些措施为严格控制园区各类项目的用地规模提供了工作规范，为高新技术开发区的建设提供了可资借鉴的土地投资强度和开发规模控制的蓝本（见表 11－2）。

表 11－2　　　青岛市胶州湾北岸高新区制定的用地强度控制标准

用地类别		开发强度			
		容积率（％）	建筑密度（％）	绿地率（％）	建筑限高（米）
工业用地	通用厂房（两层为主）	0.8～1.0	35	35	12
	单层厂房	0.5	45	35	8
办公商务用地	办公用地	5.0	35	35	60
	商务写字楼用地	4.0	40	35	60
	商业金融用地	2.0	50	30	16
住宅用地	低层别墅区	0.8	30	40	12
	多层住宅区	1.2	25	40	18
	高层公寓区	3.0	20	40	38
公共服务设施用地	小学	0.8	20	40	18
	幼儿园	0.8	30	40	12
	社区中心	1.0	30	40	16

资料来源：根据青岛市北新产业园办公室提供资料的资料整理。

2. "两税合一"，公平税负

2008 年 1 月 1 日《中华人民共和国企业所得税法》正式施行。新颁布和实施的所得税法不仅实现了"两法统一"①，从法律依据上解决了内资和外资企业税负不平等的问题，而且适当降低了内资企业所得税率，提高了其市场竞争力。但是也要看到，尽管新税法规定的税率，低于中国周边多数国家和地区的平均税率，对外资企业来华投资的积极性影响不大。但由于新税法规定的税收优惠将由直接优惠转向间接优惠，由过去的以区域优惠为主，转向以产业优惠为主，青岛胶州湾北岸高新区对外资和内资企业的吸引力与从前相比，已经打了很大的折扣。

面对这一变化，青岛市胶州湾北岸高新区应积极顺应新税法的政策导向，引导企业增加研究开发和环境保护、节能减排、安全生产等投入，通过经营业务和投资的重新架构，使自身的业务符合新法税收优惠政策的条件，促进园区建设又好又快发展。此外，因新税法确立了以法人为标准确定纳税人的新标准②，在招商引资工作中，应加大引进独立法人的工作力度，以避免地区税源的转移，达到既发展经济又增加地方财政收入的目标。

3. 统一规划，统筹开发

青岛胶州湾北岸高新区两个核心区域分属青岛市北区和城阳区。前期开发过程中，经济区划和行政区划的矛盾，曾引发许多莫名的矛盾。另外，高新区实施多元主体组合后，面临地域相对分散、区域之间发展水平差别较大，功能定位不统一等问题。为解决这些问题，需要按照青岛市委、市政府"统一规划、统一政策、统一考核、同步协调"的要求，建立统一协调的管理新体制③。

按照上述要求，青岛胶州湾北岸高新区需综合考虑自己在半岛制造业基地的地位和作用，争取在较短时间内成为半岛地区重要经济增长极；需协调各方工作节奏，保障开发建设有序性、稳定性和可持续发展；需在充分遵循市场规律基础上，有效发挥财政、税收、产业政策以及经济、法规、行政等调节手

---

① "两法"指的是，内资企业适用的《中华人民共和国企业所得税暂行条例》和外商投资企业和外国企业适用《中华人民共和国外商投资企业和外国企业所得税法》。

② 取消以"独立经济核算"为标准确定纳税人的规定后，如果企业是分支机构，其实现的企业所得税就要汇总到总机构所在地缴纳，这样就会带来地区税源转移问题，对税源移出地财政有一定影响。

③ 按照国家规定，一区多园的国家高新区必须设立统一的管理机构进行统一管理和统一规划，并且这一管理机构不得与当地的行政管理机构合并。也即是说，传统的高新区与行政管理机构合署办公情况在青岛高新区新体制中将不再允许。

段，整合全市发展高新技术产业的科技资源、人力资源和其他各类资源，使有限的土地资源发挥出最大的经济和社会效能。

二、目标定位和评价指标遴选

（一）高新区角色、目标和使命

1. 高新区角色定位——"三区一基地"

"三区一基地"指的是，高新技术产业集聚区、国家创新体系的核心区、贯彻科学发展观的示范区、自主创新的核心基地。根据"三区一基地"的要求，国家高新区应成为当地各类高新技术产业汇集，经济活动最活跃的区域；大学、科研机构、企业研发中心、工程技术中心、企业孵化器、生产力促进中心和大学科技园荟萃的区域；坚持集约化发展道路，实现经济、社会和环境协调发展，较好解决了劳动就业、居民生活保障、社会事业发展等问题，经济、社会、自然与人和谐发展的区域；技术创新服务平台建设和研发投入与产出水平领先于其他区域，能够提供较多自主知识产权技术成果，具有良好科技成果转化能力和产出效率的区域。

2. 高新区的发展目标——"四位一体"

"四位一体"指的是，发挥高新技术产业化基地的优势，努力成为促进技术进步和增强自主创新能力的重要载体，带动区域经济结构调整和经济增长方式转变的强大引擎，高新技术企业"走出去"参与国际竞争的服务平台，抢占世界高新技术产业制高点的前沿阵地。

3. 高新区的使命——"五个示范"

"五个示范"指的是，参与国际科技竞争的示范，推进增长方式转变的示范，促进经济结构调整和区域经济协调发展的示范，大力发展节约型经济的示范，深化体制机制创新的示范。

（二）发展潜力评价内容①

青岛胶州湾北部高新区未来发展潜力评价涉及现实产业基础、自然条件、基础设施、人力资源水平、研发能力和成果转化能力、管理调控多个子系统，以及外部环境、区域优势、政策影响等多重因素。为简化评价环节，增加评价工作规范性，借鉴国家科技部 2003 年《关于印发〈国家高新技术产业开发区评价指标体系〉和技术创新、经济发展评价结果的通知》（国科火字 [2003] 122 号）中确定的评价指标体系，可将发展潜力评价限定为以下几方面内容：

1. 科技创新能力

科技创新特别是自主创新是我国实现经济增长方式转变、优化产业结构、推动产业升级的主要途径，也是实现高新区发展目标的重要手段，因此，必须将科技创新能力纳入高新区发展潜力评价系统。反映科技创新能力的代表性指标为：科技经费、科技产出、科研人才以及科技孵化条件。其中，科技经费，反映高新区内各方面对科技的重视程度，并与新产品的研制产出直接挂钩；科技产出，反映高新技术产品收入或技术性收入、各类科研成果或专利的数量；科研人才，反映从业人员中科研人才的数量及比例、科研人才学历结构、年龄结构以及科研人才引进渠道等决定科研人才质量的重要因素，科研人才质量直接关系到高新区未来发展潜力；科技孵化条件，反映高新区内科技企业孵化器数量及水平，关系到中小企业成长速度，对高新区产业发展的潜力有重大影响。

2. 经济发展能力

经济发展能力是高新区整体发展情况的综合反映，并对其未来发展趋势和状态有重要影响。一般而言，经济发展能力强，则发展潜力强；反之，则发展潜力弱。反映高新区经济发展能力的指标包括，经济增长速度、产业发展规模、产业对地区经济增长的贡献度等。其中，经济增长速度，反映高新区经济总量变化情况；产业发展规模，反映高新区产业集聚状态和水平；产业对地区经济增长的贡献度，反映高新区在整个区域经济增长格局中的地位和影响力。

---

① 发展潜力通常是指事物未来的成长空间和影响力。

3. 国际竞争能力

国际竞争能力反映高新区综合发展状况的国际化水平，体现高新区企业参与国际分工的深度与广度，以及高新区产出能力及其在国际市场上所处的地位。反映国际竞争能力的指标包括，高新区经济增量和国际化水平。其中，经济增量，包括产品销售收入增加值、产品销售利润增加值等；国际化水平，包括外贸出口额、外贸出口额占技工贸收入比重、国际合作项目数量、引进留学回国人员和海外专家数等。

4. 创新和创业环境

创新和创业环境评价包括软环境和硬环境两个方面。其中，软环境，主要是指政府宏观管理水平和各类配套服务机构发达情况及其产生的效果；硬环境，主要是指高新区包括土地资源、水源、电力、基础设施等在内的各种基础条件配备与保障状况。一般而言，舒适、便捷、高效的工作环境，有利于吸引各类高端人才加盟，可以为入驻企业提供政策支持、法律保障及各类配套性服务，降低企业运行成本，提高运营效率。

（三） 评价指标遴选

目前，较普遍采用的评价方法有两种：一是指标体系评价法；二是主成分分析法。

1. 指标体系评价方法

所谓指标体系评价方法，指的是按照评价标的制定——对应的评价标准，并使用相应的指标加以界定的方法。使用指标体系评价法，需要首先建立全面的评价指标体系，并以高新区长期发展的统计数据为依据，建立针对不同对象的计量评价模型。这一方法的优势是，能够精确反映出高新区发展的整体状态和各个影响因素的面貌，推进高新区发展的有利因素和羁绊均较为清楚，而且有着定量的衡量尺度，便于拟定适度的调整措施。这一方法的局限性在于，它适用于那些已度过基本建设期，有多年数据积累的评价对象，否则，将难以运用。

2. 主成分分析方法

主成分分析法要求根据一定标准选取评价高新区发展的主要影响因素作为评价点，通过对主要因素现状及变化趋势的分析，综合判定高新区的发展潜力。从主成分分析法的应用效果看，它在精确度上略逊于指标体系评价法，但其对发展趋势的预测与指标体系评价法是相同的，而且具有便捷、易行优点，尤其适用于那些尚处在项目建设初期，不具备长周期、全方位、大样本统计数据积累的评价对象。

青岛胶州湾北岸高新区是 2006 年经国家审核调整新建立的一个国家级高新技术产业区，利用指标体系评价方法来全面反映其发展潜力局限因素较多。因此，本项研究将本着实事求是精神，采用主成分分析法，围绕科技创新能力、经济发展能力、国际竞争能力、创新与创业环境 4 个主要评价子系统，分析青岛胶州湾北岸高新区的优势条件和不利因素，并进而对其发展潜力给出相应评价。

（四） 评价体系建立

1. 指标体系设计

依据国家科技部等权威部门发布的国家级高新技术开发区评价体系[①]，可以将青岛高新区发展潜力评价体系设计为一级评价指标、二级评价指标、三级评价指标三个层次，并在三级指标体系设计基础上、对综合反映高新区发展潜力的反映高新区发展水平的标准值进行了界定和说明。

（1）一级评价指标。高新区发展潜力评价一级指标包括：科技创新能力、经济发展能力、国际竞争能力、创新与创业环境。它们与国家高新技术开发区"四位一体"的发展目标相对应。反映了国家级高新区要做增强自主创新能力的重要载体、带动经济发展方式转变的引擎、参与国际竞争的服务平台、抢占世界高新技术产业制高点的前沿阵地等要求。

（2）二级评价指标。高新区发展潜力评价的二级评价指标设计方法是，根据评价目标的要求，将一级指标进一步细化为各个不同的分指标，使之转化成为对应于各子系统发展情况的评价标的。从这一意义上说，二级指标是支持一级指标的多指标集成的指标簇群的代表。

（3）三级评价指标。高新区发展潜力评价体系的三级指标设计方法是，以具体指标值的方式，反映一级指标、二级指标细化了的真实现状。三级指标的数值为绝对值。本章对发展潜力评价体系中三级指标的权重，采用了国家评

---

① 见《关于印发〈国家高新技术产业开发区评价指标体系〉和技术创新、经济发展评价结果的通知》。该通知总结了国家高新技术开发区建设的经验，以及各个国新技术开发区普遍面临转型升级新任务的实际情况，提出了对国家高新技术开发区具有重要指导意义的使命定位、功能定位、发展目标定位，并在此基础上对国家级高新区的评价体系提出了指导性的意见。

价体系中的相应指标权重的参考数值加以确定（见表11－3）。

表 11－3　　　　　　　　高新区发展潜力评价体系

一级指标		二级指标	三级指标			标准值	评价指数
名称	权重	名称	名称	权重(P_i)	数值(X_i)	A_i	X_i/A_i
科技创新能力	30	科技产出	高新技术产品收入及技术性收入				
			国家级科技计划项目数和授权专利数				
			单位面积高新技术产品收入及技术性收入				
		科技经费	R&D 经费总额				
			人均 R&D 经费				
			R&D 经费占产品销售总额比例				
		科技人才	R&D 人员数				
			大专以上学历人数				
			R&D 人员数占企业员工总数比例				
		科技孵化	在孵企业数				
			孵化场地面积				
			毕业率（当年毕业企业数/在孵企业数）				
经济发展能力	30	经济总量	工业增加值				
			产品销售收入				
		经济质量	人均工业增加值				
			单位面积工业增加值				
			总资产贡献率（利税/年末资产）				
			产值利税率（利税/工业总产值）				
		经济发展贡献	上缴税额				
			年末从业人数				
			上一年工业增加值占所在城市的比例				
国际竞争能力	30	经济增量	产品销售收入增加值				
			产品销售利润增加值				
		国际化	外贸出口额				
			外贸出口额占技工贸收入比重				
			国际合作项目数量				
			引进留学回国人员和海外专家数				

续表

一级指标		二级指标	三级指标			标准值	评价指数
名称	权重	名称	名称	权重 (P_i)	数值 (X_i)	A_i	X_i/A_i
创新与创业环境	10	软环境	政府服务效率 法律法规健全度				
		硬环境	人均土地占有值 绿化覆盖率				

注：高新区建设是站在全市高新技术产业高度规划设计的，因此本项评价使用全市的有关数据。

2. 评价模型设计

上述工作基础上，只要在表中填入正确数据，就可以对高新区发展潜力作出相应评价。计算方法为：总评得分＝一级指标加权得分之和。

其中，三个定量一级指标（科技创新能力、经济发展能力、国际竞争能力）的得分＝所属二级指标加权得分之和；

二级指标得分＝所属三级指标加权得分之和；

三级指标得分由该指标实际值及其排序经综合加权计算得到。

定性指标（创新创业环境）可采取定向问卷调查评价方式完成。

综合评价时，各一级指标权重为：科技创新能力30％，经济发展能力30％，国际竞争能力30％，创新和创业环境10％。

各相应标志值设计为：

三级指标值，设为 X_i。

发展潜力标准值[①]，设为 A_i。

评价指数[②]，设为 X_i/A_i。

综合值 $\Phi = \sum P_i \times X_i/A_i$。

综合值反映研究标的（如青岛胶州湾北岸高新区）整体发展潜力与全国平均水平的差异度。

通过综合值的大小可以大致判定高新区的发展潜力和竞争力。即，当综合值 $= \sum P_i \times X_i/A_i = \Phi > 1$ 时，高新区发展潜力将超过全国平均水平。一般而言，综合值（Φ）越高，发展潜力越大。当综合值 $= \sum P_i \times X_i/A_i = \Phi < 1$

---

① 发展潜力标准值是全国高新区总体发展水平均值，依据与这一指标的比较结果，可以对评价对象的发展潜力和优势及劣势作出相应的评价。

② 评价指数是高新区各经济指标与标准值的比值。

时，高新区发展潜力将低于全国平均水平。一般而言，综合值（Φ）越小，发展潜力越小。

三、发展潜力综合评价

（一）科技创新能力

1. 科技创新基础

青岛高新区技术创新综合加权规模在全国 53 个国家级高新区中排名第 7 位，处于前列。青岛市拥有各类高校、科研机构、重点实验室、中试基地、工程技术研究中心、企业研发中心、企业技术中心、检测机构、国内联合研发机构、国外独资与合作研发机构等共 560 家。其主要构成为：高等院校 7 所；科研院所（中心）169 家；重点实验室 89 家；中试基地 5 家；工程技术研究中心 24 家；企业研发中心 5 家；企业技术中心 145 家；检测机构 67 家；国内联合研发机构 30 家；国外独资与合作研发机构 19 家（见表 11－4）。

表 11－4　　驻青大学、科研机构（技术中心、中试基地）一览表

序号	类别	总数	国家（部）	省	市	其他
1	高等院校	7	2	5	0	—
2	科研机构	169	19	6	26	118
3	重点实验室	89	24	43	22	—
4	中试基地	5	0	0	5	—
5	工程技术研究中心	24	2	8	14	—
6	企业研发中心	5	5	0	0	—
7	企业技术中心	145	10	30	105	—
8	检测机构	67	50	5	12	—
9	国内联合研发机构	30	—	—	—	30
10	国外独资与合作研发机构	19	—	—	—	19
11	合计	560	112	97	184	167

注：表中数据为 2007 年数据，以下各表中的关联数据与此同。

研究机构的领域分布情况为：海洋 13 家，电子 6 家，农业 7 家，医学 7 家，能源 3 家，纺织 3 家，环保 3 家，石化 3 家，机械 2 家，材料 2 家，社科

1 家，设计 1 家（见表 11 – 5、表 11 – 6、表 11 – 7）。

表 11 – 5　　　　　　　　　　　　　驻青国家科研院所一览表

序号	科研机构名称	隶属关系	研究领域
1	中国科学院海洋研究所	中国科学院	海洋
2	中国科学院青岛生物能源与过程研究所	中国科学院	能源
3	中国科学院声学研究所北海研究站	中国科学院声学研究所	电子
4	国家海洋局第一海洋研究所	国家海洋局	海洋
5	中国水产科学研究院黄海水产研究所	中国水产科学研究院	海洋
6	青岛海洋地质研究所	国土资源部	海洋
7	农业部动物检疫所	国家农业部	农业
8	中国农业科学院烟草研究所	中国农业科学院	农业
9	海洋化工研究院	中国昊华化工（集团）总公司	石化
10	中电集团第 41 所青岛分所	中国电子科技集团公司	电子
11	中电集团第 22 所青岛分所	中国电子科技集团公司	电子
12	中船重工第 725 所青岛分部	中国船舶重工集团公司	机械
13	中船重工第 711 所青岛分部	中国船舶重工集团公司	机械
14	中船重工第 719 所青岛分部	中国船舶重工集团公司	机械
15	中船重工第 716 所青岛分部	中国船舶重工集团公司	电子
16	青岛高科石油天然气新技术研究所	中国石油天然气华东设计院	石化
17	中国北车集团四方车辆研究所	国家铁道部	机械
18	中国石化集团安全工程研究院	中国石化集团	石化
19	青岛海洋腐蚀研究所	中国钢铁研究总院	海洋

表 11 – 6　　　　　　　　　　　　　驻青省级科研院所一览表

序号	科研机构名称	隶属关系	研究领域
1	山东省科学院海洋仪器仪表研究所	山东省科学院	海洋
2	山东省眼科研究所	山东省医科院	医学
3	山东省花生研究所	山东省农科院	农业
4	山东省海水养殖研究所	山东省海洋与水产厅	海洋
5	山东省纺织科学研究院	山东省纺织行业办	纺织
6	山东省社会科学院海洋经济研究所	山东省社科院	社科

表 11 - 7　　　　　　　　　　　青岛市属科研机构一览表

序号	单位名称	主管部门	序号	单位名称	主管部门
1	青岛市农业科学研究院	市农委	14	青岛市计划生育科学技术研究所	市计生会
2	青岛市畜牧兽医研究所	畜牧局	15	青岛市白蚁防治研究所	市房产公司
3	青岛市粮食科学研究所	粮食局	16	青岛市环境卫生科研所	市市政局
4	青岛市园林科学研究所	市林业局	17	青岛市环境保护科研所	市环保局
5	青岛半导体研究所	市机械总公司	18	青岛市建筑科学研究所	市建设集团
6	青岛晶星汽车电子装备有限公司	市机械总公司	19	青岛市能源研究所	市发改委
7	青岛市广播电视科学研究所	市广电局	20	青岛市服装研究所	市服装公司
8	青岛市机械研究所有限责任公司	市机械总公司	21	青岛市印染科学研究所	市纺织总公司
9	青岛市结核肺病防治研究所	市卫生局	22	青岛橡胶工业研究所	黄海橡胶集团
10	青岛抗衰老研究所	开发区卫生局	23	青岛市建筑材料研究所	市经贸委
11	青岛市中医研究所	市中医管理局	24	青岛家具研究所	市二轻总公司
12	青岛市中西医结合研究所	市科技局	25	青岛市工艺美术研究所	二轻工艺美术集团
13	青岛市临床医学研究所	市卫生局	26	青岛市社会科学院	市委宣传部

　　青岛市拥有各种类型的重点实验室 89 家。其中，国家级重点实验室 2 家；国家部委级重点实验室 22 家；省级重点实验室 43 家；青岛市级重点实验室 22 家。在上述试验机构从事研究的人员 2277 人，拥有价值 10 万元以上的仪器设备 1300 多台（套），仪器设备总值 8.6 亿元（见表 11 - 8）。

表 11 - 8　　　　　　国家级和省、市级重点实验室一览表

序号	科研机构类型	数量	主要研究领域
1	国家级重点实验室	2	材料 1 家，医学 1 家
2	部级重点实验室	22	海洋 15 家，电子 2 家，材料 2 家，农业 2 家，矿产 1 家
3	省级重点实验室	43	海洋 12 家，电子 2 家，材料 4 家，农业 4 家，纺织 4 家，医学 4 家，矿产 3 家，环境、电子、机械、化工各 2 家，运输、能源各 1 家
4	市级重点实验室	22	海洋 6 家，电子 6 家，材料 2 家，农业 2 家，纺织、医学、环保、机械、化学和动物科学领域各 1 家

　　青岛拥有研发中心、技术中心和中试基地 179 家。其中，国家级研发中心 5 家；国家级工程中心 2 家，省级工程中心 8 家，市级工程中心 14 家；国家认定企业技术中心 10 家，省、市认定企业技术中心 135 家；市级中试基地 5 个

（见表 11 – 9）。

表 11 – 9　　　国家级和省市级研发中心、工程技术中心、中试基地、检测机构

序号	科研机构类型	数量	研究领域
1	国家级企业研发中心	5	电子信息 2 家，生物工程 2 家，材料 1 家。
2	国家级工程技术中心	2	海洋药物工程，花生工程
3	国家认定企业技术中心	10	电子信息与家电 3 家，化工 2 家，轻工 2 家，机械 1 家，运输 1 家，纺织 1 家
4	省级工程技术中心	8	材料 4 家，化工 2 家，资源 1 家，环境 1 家
5	市级工程技术中心	14	生物 2 家，医药 2 家，材料 2 家，电子信息 3 家，环保、能源、交通、化工、软件各 1 家
6	省市企业技术中心	135	机械（含铁道、船舶）42 家，轻工（不含家电）34 家，化工 23 家，纺织 17 家，电子信息与家电 15 家，其他 4 家
7	市认定中试基地	5	海洋天然产物、新材料、海洋酶工程、工业信息化技术、海水养殖等
8	国家认定的检测机构	50	
9	省认定的检测机构	5	质检系统检测机构 29 家；商检系统检测机构 14 家；农业系统检测机构 13 家
10	市认定的检测机构	12	

　　上述情况表明，青岛各类科研机构数量多、层次高、研究领域广，可以为青岛高新区提供从基础研究到应用研究的全方位支持；各类创新成果可以为高新区发展提供重要创新成果来源；研发中心、工程中心和中试基地能够较好满足青岛高新区技术创新服务需求，对高新技术产业发展有较强支撑作用。

2. 科技人才资源

　　青岛众多高等院校、科研机构集聚，提供了丰富科技人才资源。全市拥有两院院士 49 人（含外聘院士 25 人），博士生导师 630 人，从事各类科技活动的人员 74378 人，其中，科学家和工程师 31432 人，占总数的 42.3%。

　　各类科技人才分布情况：高等院校 5665 人，科研院所 2156 人，大中型企业 24140 人，其他 42417 人，分别占比为 7.62%、2.90%、32.46%、57.03%。青岛市 R&D 活动人员折合当量为 15755 人/年，其中，科学家和工程师 12908 人/年，占比为 81.9%；R&D 活动人员按执行机构分布：高等院校 2746 人年，科研院所 1142 人/年，大中型企业 7790 人/年，其他 4077 人/年，分别占比为 17.43%、7.25%、49.44% 和 25.8%（见表 11 – 10、表 11 – 11）。

表 11-10　　　　　　　按科技活动执行机构分布的科技人才资源情况

执行机构类别	科技人员数量（人）	占总数的比例（%）
高等院校	5665	7.62
科研院所	2156	2.90
大中型企业	2156	32.46
其他	42417	57.03

资料来源：《青岛市科技发展报告》（2007）。

表 11-11　　　　　　　　R&D 活动人员按执行机构分布情况

执行机构类别	科技人员数量（人）	占总数的比例（%）
高等院校	2746	17.43
科研院所	1142	7.25
大中型企业	7790	49.44
其他	4077	25.8

另据国家科技部火炬高技术产业开发中心的研究报告反映，全国 54 个高新区研发人员占从业人员平均比重为 10.4%，其中，达到或超过这一比例的高新区有 14 个，青岛市高新技术开发区亦名列其中。

3. 研发资金投入

2001~2005 年，青岛市研究与开发经费支出的数额及其增长率如表11-12 所示。其中，2002 年研发经费增长率最高，为 84.5%，2004 年研发经费增长率最低，为 5.75%，合计支出总额为 226.27 亿元。

表 11-12　　　青岛市"十五"期间各年度 R&D 经费内部支出总额一览表

年度	2001	2002	2003	2004	2005
R&D 经费内部支出总额（亿元）	21.64	39.92	47.68	50.41	66.62
比上年增长（%）	33.32	84.5	19.44	5.75	32.14

注：各年度经费为当年价。
资料来源：青岛市科学技术局、青岛市统计局：《青岛市科技统计报告》（2006）。

2001~2005 年，青岛市各年度研究与开发（R&D）经费内部支出总额为 209.12 亿元，各年支出总额占 GDP 比重情况相对稳定（见表 11-13）。

表 11 – 13　　　青岛市"十五"期间各年度 R&D 经费内部支出总额占 GDP 的比重

年度	2001	2002	2003	2004	2005
R&D 经费内部支出总额（亿元）	21.58	36.40	42.11	46.54	62.49
GDP（亿元）	1316.1	1518.2	1780.3	2163.8	2695.5
R&D 经费内部支出占 GDP 比重（%）	1.64	2.40	2.37	2.15	2.32

资料来源：青岛市科学技术局、青岛市统计局：《青岛市科技统计报告》（2006）。

　　由上述数据可见，"十五"期间，青岛市研究与开发经费呈逐年递增态势，其投入强度在国内 19 个副省级以上城市中居领先水平，研发经费投入强度与上海等超一流城市不相上下（见图 11 – 1），这对提升青岛的产业竞争力和增强全市可持续发展能力具有重要意义。

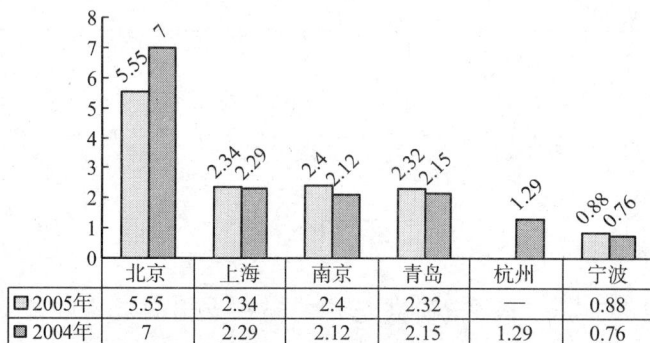

	北京	上海	南京	青岛	杭州	宁波
2005年	5.55	2.34	2.4	2.32	—	0.88
2004年	7	2.29	2.12	2.15	1.29	0.76

图 11 – 1　　2004～2005 年部分重点城市研发投入强度比较

　　进一步对青岛市 R&D 内部支出经费来源的分析表明①，2006 年，政府资金占总支出的 8.17%，企业资金占总支出的 90.06%，国外资金占总支出的 0.46%，其他资金占 1.31%。这一比例说明，青岛市企业创新资金主要来源于企业，其使用效率对青岛市的创新产出具有重要影响。

　　上述情况表明，青岛市整体研发经费投入强度较大，在国内同类城市中居于领先地位，它对技术创新活动的开展具有重要支持作用。另外，青岛市大中型企业研发经费投入占全市研发经费投入的比重较高，已经成为全市研发经费投入的主力军，这对全面推进"以企业为主体的技术创新战略"具有十分重要的意义。

_____

①　青岛市 2005 年科技经费支出总额中内部支出占总额的 94.28%，外部支出占总额的 5.72%。

4. 科研成果转化效果

近两年，青岛高新技术开发区先后争取"863"等各类国家级计划项目50余项，累计获得国家提供的科技扶持资金5000万元，有72项科技成果获得国家、省、市各级科技奖励。据国家统计局资料反映，2007年全国高新技术开发区平均每万人拥有发明专利数量56.8件，全国达到这一比例的12个高新区中青岛名列第二位。2007年，青岛市科技孵化面积达到50万平方米，在孵科技企业达到500家。随着科技孵化条件的不断成熟，促进科技成果转化的能力还将成倍增长。

综上所述，青岛胶州湾北部高新区科技创新的外部基础好、科技人才资源较丰富、科技投入强度大，科技成果转化能力强，其技术创新能力对高新区发展潜力具有较强的支持作用。充分利用这些有利条件，形成"政府引导，风险投资支撑，孵化创新推动"的技术创新推动机制，以及人才培养、研究开发、中试孵化、产业化紧密衔接的创新发展体系，对提升青岛高新区发展水平具有重要现实意义。

在科技创新能力指标上显示的不利因素是：

第一，发明专利授权比例和增长速度较低。青岛市企业专利中技术含量最高的发明专利占授权专利总数的比例较低①，科技投入的专利产出效率有待改善。青岛市发明专利申请和授权数量增长速度较慢的现象不仅与国外企业主要以发明专利为主的状况形成了极大反差，而且与国内19个副省级以上城市相比也同样处于落后地位。比较2004～2006年，国内发明专利授权量在19个副省级以上城市中的排名，可以看到青岛所处的不利位置以及其一路下滑的颓势（见表11－14）。

表11－14　　2004～2006年国内19个副省级以上城市发明专利授权情况

地区	2004 年	排名	2005 年	排名	2006 年	排名
北京	3216	1	3476	1	3864	1
上海	1687	2	1997	2	2644	2
深圳	864	3	906	3	1261	3
天津	432	7	763	4	967	4
杭州	388	8	676	5	830	5
武汉	607	4	601	6	749	6

---

① 青岛市企业专利约占全市专利总量的60%，这一比例在全国15个副省级城市中是最高的。分析其原因，与青岛市实施的大企业战略，以及海尔、海信等名优企业的创新活动比较活跃有重要的关联性。

续表

地区	2004 年	排名	2005 年	排名	2006 年	排名
南京	474	6	595	7	732	7
广州	535	5	595	8	705	8
成都	371	9	460	9	508	9
西安	342	10	331	11	461	10
沈阳	324	11	404	10	452	11
哈尔滨	152	16	218	14	402	12
大连	295	13	282	12	327	13
长春	312	12	272	13	315	14
济南	159	15	205	15	275	15
重庆	147	17	178	17	246	16
青岛	170	14	201	16	244	17
宁波	112	18	133	18	200	18
厦门	52	19	88	19	127	19

资料来源：中国专利信息网 http：//www. patent. com. cn。

分析青岛市发明专利产出率增长缓慢的原因，有以下几个方面：其一，占青岛市专利总额60％以上的企业专利中，各个大企业通过实用新型专利和外观设计专利增强市场开拓能力和营销能力的色彩比较突出；其二，青岛市企业专利主要集聚于家电电子等最终消费品生产部门，该部门技术已相对成熟，其产品和工艺核心技术突破难度较大；其三，青岛市重点企业优势技术多数是在"九五"和"十五"期间依靠技术引进形成的，由于对引进技术消化吸收过程中再创新力度不够，自主知识产权受到限制；其四，青岛市高校和研发机构专利产出率较低，在全国15个副省级城市中排名十分靠后，这也是影响全市发明专利增长率低于同类城市的一个重要原因。

第二，科研机构布局与现实需求相比不足。从科研机构布局情况看，青岛市重点实验室中，海洋领域占1/3，车辆、造船、石油化工、纺织服装、食品饮料等重点产业方面，研究院所和重点实验室相对不足。对企业技术中心研发成果统计分析发现，青岛市重点规划发展的电子信息等产业的核心技术和关键元器件大多掌握在别人手中；汽车、修造船等产业，本市产品设计和研发能力非常薄弱。一些重点实验室至今仍在按照"争取项目——研究开发——论文发表——成果鉴定——争取项目"的路子循环，还没有真正成为支撑或服务于企业技术创新的平台。

第三，科技资源的利用效率亟待提升。由于管理体制弊端，各类科技资源分散设置，缺乏有效的整合、开放、共享、服务机制，限制了科技资源的充分利用。主要表现有二：一方面企业在自主创新中不能充分有效获取各类资源；另一方面，高校、科研院所的试验装备大量闲置，这在相当程度上削弱了青岛市本应形成的科技创新能力。另外，青岛市科技创新服务体系先天不足：一是中介功能较弱，服务项目发展不平衡、服务水平较低；二是保障科技成果转化的若干服务环节尚无相应组织承担；三是创新服务机构自我生存能力不足，通过有偿服务实现自主经营、自负盈亏的服务机构不多。

（二） 经济发展能力评价

反映高新区经济发展能力的主要指标包括，经济增长速度、产业发展规模、产业对地区经济增长的贡献度等。按照可持续发展要求，还应增加关于人均产出等方面的质量标准和生态与环境方面的衡量指标。

1. 经济增长速度

青岛市高新技术企业整体发展态势良好。其中，参加火炬计划统计的青岛市 488 家高新技术企业，2006 年，共实现工业总产值 1822.8 亿元，比上年增长 6.8%；其他多项指标也都保持了良好增长态势（见表 11 – 15）。

表 11 – 15　　　　　　　青岛高新技术企业经济增长概况

指标	2005 年	2006 年	增长率（%）
工业总产值（亿元）	1706.5	1822.8	6.8
总收入（亿元）	1726.3	1852.5	7.3
净利润（亿元）	56.1	43.4	-22.6
实际上缴税（亿元）	50.1	76.1	51.9
减免税总额（亿元）	7.3	16.3	123.3
出口创汇总额（亿美元）	36.2	44.6	23.2
年末资产总计（亿元）	1272.6	1363.9	7.2
年末负债合计（亿元）	729.9	839.2	15.0
年末所有者权益（亿元）	542.8	524.7	-3.3

2007 年，青岛市全年完成高新技术产业产值 3094 亿元，同比增长 28.66%；占规模以上工业总产值的比重达到 46.25%，比 2006 年增加 2.01 个百分点。青岛市高新技术产业产值在山东省高新技术产业产值中的占比超过 1/5，产值总量和占工业产值比重两个指标均居山东省第一位。

2007 年，青岛市高新技术领域产值过亿元的企业已达到 330 家。其中，过 10 亿元的 28 家，占全市高新技术企业总产值的 77%；产值在 5000 万元以下的企业有 277 家，其总产值占全市高新技术企业总产值的 2.3%。这一情况表明，大型企业对全市高新技术企业产值的带动作用突出。贡献最大的前 10位高新技术行业产值约占青岛市高新技术产业产值 87% 左右①。其中，53.7%的高新技术产业产值是由电器机械及器材制造业、通信设备计算机及其他电子设备制造业两大行业完成的。

以家电电子、石化、汽车、造船等高新技术产业集群和海洋与生物、新材料与新能源等新兴产业为主体的高新技术产业蓬勃发展的局面，为青岛高新区发展提供了良好的基础条件。青岛胶州湾北岸高新区应高起点、高水平搞好产业规划，积极推动电子信息、动车高铁、软件工程等战略性新兴产业的发展，搞好产业结构的转型升级，使青岛高新区在不远的将来，成为高新技术产业发展的新引擎、产业集群创新的新基地和知识经济发展的领先地区。

2. 产业发展规模

目前，青岛市高新技术企业主要分布于电子与信息、生物医药、新材料、光机电一体化 4 个领域。该领域高新技术企业占全市高新技术企业总数的73.0%，工业总产值占全市高新技术企业工业总产值的 82.6%（见图 11 – 2）。

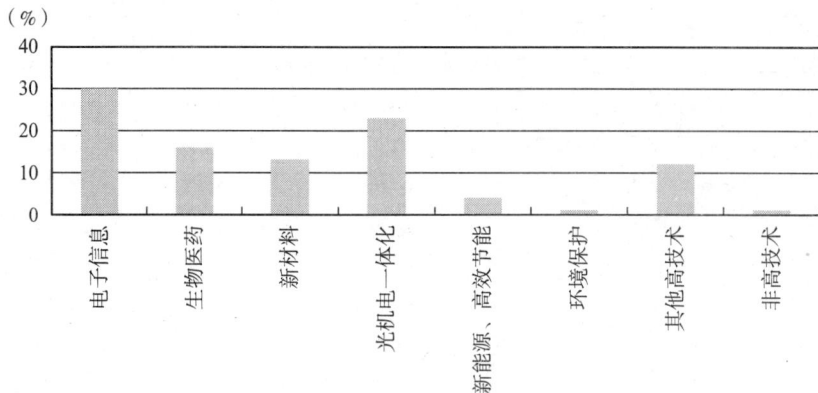

图 11 – 2　青岛市高技术企业在各个行业的分布情况

从技术项目分布的技术领域看，2006 年位居头名的是电子信息（1503）、第 2 名是光机电一体化（911），第 3 名是新材料（798），第 4 名是生物医药（366），第 5 名是新能源和高效节能技术（147），第 6 名是环境保护（53），

① 青岛市产值贡献份额最大的前 10 位行业是：电器、机械及器材制造业，通信设备、计算机及其他电子设备制造业，改装汽车制造，合成材料制造，制冷、空调设备制造，锻件及粉末冶金制品制造，化学试剂和助剂制造，气体压缩机械制造，食品及饲料添加剂制造，专项化学用品制造。

其他领域的技术项目分布则呈极度分散状态（见图 11 - 3）。

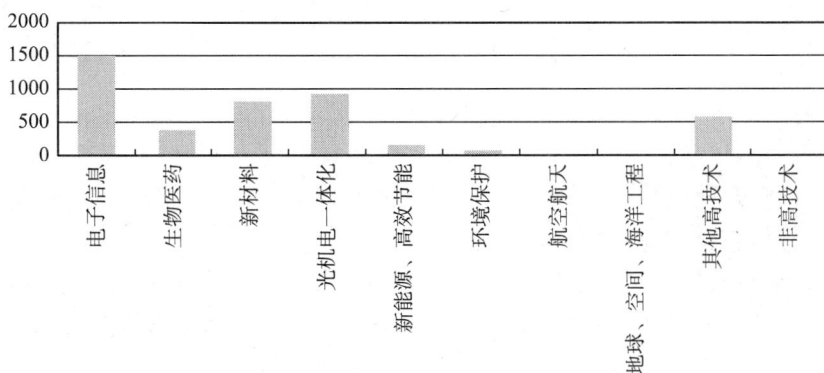

图 11 - 3　青岛市按技术领域分布的科技项目数量分布情况

青岛胶州湾北部高新区确定的产业发展目标，与青岛市高新技术产业现实发展方向是一致的。电子信息、生物医药、新材料和光机电一体化等领域高新技术迅猛发展，一方面为青岛胶州湾北部高新区高新技术产业的发展提供了重要产业基础，另一方面也为其他各类高新技术产业的成长创立了宽广的平台。

3. 生态和环境质量

青岛胶州湾北岸是青岛海域污染比较严重的一片水域。该区域的污染源头主要来自两个方面：一是注入该水域的水质污染；二是海滩污染。

导致污染的原因有两个方面：一是工业、养殖业和生活废水大量注入胶州湾，导致胶州湾北部水质变化及海滩污染物沉积严重，给后续的海岸利用和沿岸滩涂（含废弃盐田）改造留下许多难题；二是由于胶州湾先后被围海晒盐、围海造田、围海养虾等大规模过度开发活动所侵蚀[①]，水域面积大大缩减，水动力削弱、纳潮量减小、湾内水流与外海水交换减弱，海水自净能力大大降低（见表 11 - 16）。面对上述问题，若采取忽视生态环境的做法，势必受到大自然惩罚，建设可持续发展的生态高新区已是势所必然。

---

① 据有关研究报告反映，胶州湾大沽河口晒盐和养虾两大产业围绕滩涂的竞争，是导致胶州湾滩涂被破坏、水域面积大大缩减的重要原因之一。

表 11 – 16　　　　　胶州湾总水域面积、总岸线长度、总水体体积变化表

使用海图年份	总水域面积（km²）	总岸线长度（km）	总水体体积（10⁹m³）
1863	578.5	142.8	3.71
1966	470.3	187.1	3.33
1992	388.0	194.2	3.15

目前，青岛高新区原市北新产业区已经根据规划，全方位、多层次地开展了生态园区建设，并且要求在招商引资过程中，坚决执行"绿色招商"计划，优先发展电子信息、现代加工制造、新材料和海洋生物技术等能源消耗低、环境污染少、产品科技含量与附加值高、经济效益好的项目，同时，积极发展循环经济，实施生态化园区开发战略，收到了良好的成效。

截止到 2007 年年底，原市北新产业园实施的生态型项目有，对建筑垃圾和工业炉渣、白泥等实施资源化利用；改造盐田土壤，增加植被面积，园区绿化率达到 30%；建设总计规模为每天 6000 立方米的水质净化厂，并广泛利用中水绿化、冲厕、刷地、洗车、施工及营造园区景观，园区污水达到"零排放"；在营造园区新景观和节约淡水资源的同时，利用海水建设"咸水湖"，实现了土壤改良和小区域生态气候的有效调节。另外，高新区原市北新产业园还率先使用了太阳能灯等绿色照明设备，并着手进行雨水收集再利用、风电开发项目可行性研究。青岛胶州湾北部高新区应借鉴这些建设经验，在建设可持续发展的生态高新区方面进行更多探索。

目前，青岛高新区经济发展能力的不足主要表现在三方面：

第一，对地区经济拉动力有限。由于青岛高新技术开发区目前尚处于建设初期，入驻的国内外企业真正投产的不多，还有大片区域尚处在待开发阶段，因而，其经济发展的效率和质量无法与那些已较为成熟的园区相比，对地区经济发展的贡献率和影响力还较小。

第二，产业发展支撑条件不足。青岛市虽已拥有规模庞大研发机构，但科研机构布局与全市高新技术产业发展需求相比严重偏离，许多重要产业领域，产品设计和研发能力还比较薄弱；青岛市虽拥有雄厚的科技人才资源和实验设施，但缺乏有效科技资源整合机制，科技资源利用效率亟待提升；青岛市虽已建立了各类中介服务体系，但科技成果转化服务体系所发挥的中介功能较弱，服务项目不平衡、服务水平较低的问题还有待尽快解决。

第三，生态门槛约束严重。胶州湾北岸是青岛海域中海洋生态系统与陆地生态系统交汇的地带，生态环境十分脆弱，极易遭到外力破坏，并且难以恢复。高新区在如此脆弱的生态环境中进行面积达 58 平方公里的大规模建设，究竟应当如何设计自己的开发边界，如何设立各自不同的生态安全区域，必须

进行认真的规划，并时刻保持"如临深渊、如履薄冰"的心境才行。

（三）国际竞争能力评价

高新区国际竞争能力评价的主要指标是经济增量和国际化水平。其中，经济增量，包括产品销售收入增加值、产品销售利润增加值等指标；国际化水平，包括外贸出口额、外贸出口额占技工贸收入比重、国际合作项目数量等指标。

1. 国际贸易额

2006 年，青岛市高新技术产品进出口延续高速增长势头，全年进出口总额 42.2 亿美元，同比增长 29.4%。其中，出口 25.4 亿美元，同比增长 51.1%，占全市外贸出口总额 216.5 亿美元的 11.7%，比上年提高 1.5 个百分点，拉动全市外贸出口增长 4.9 个百分点；进口 16.8 亿美元，同比增长 6.4%。2007 年，青岛市积极应对人民币升值、原材料价格上涨等不利因素的影响，高新技术产品进出口特别是出口继续保持较快增长态势，全年高新技术产品进出口总额达 44.6 亿美元，同比增长 21.6%。其中，出口 27.2 亿美元，同比增长 31.0%；进口 17.4 亿美元，同比增长 9.3%。全年有出口实绩的高新技术产品出口企业 567 家，比去年同期增加 54 家。其中，出口过千万美元的企业 26 家，比去年增加 5 家；过亿美元的企业 6 家，共计出口 17.5 亿美元，占比 64.3%。

国际贸易额上升的趋势为青岛高新区国际竞争力培育和发展奠定了坚实基础，随着青岛高新区的加速建设，其参与国际贸易的巨大潜能将逐渐释放出来。高新区不仅将成为带动整个青岛经济结构调整和经济增长方式转变的强大引擎，而且将成为整个半岛地区高新技术企业"走出去"的服务平台和参与国际竞争的前沿阵地。

2. 外资质量

2006 年，青岛实际利用外资达到 36.5 亿美元，平均每天实际利用外资达到 1000 万美元。其中，批准总投资千万美元以上外商投资项目 118 个，总投资 26.2 亿美元，且大项目进展情况良好，注册率100%。这一情况表明，外资项目对我市投资环境认可，外资质量明显提高，青岛市招商引资重点从注重外资数量向注重外资质量转变的决策已收到明显成效。

2006 年外商投资的重要特征是，产业链条整体转移特点明显。随着科泰精密工业、竹内工程机械的开工建设以及北汽福田挖掘机、中集专用车、克拉克物流机械等项目的上马，青岛已集聚了 30 多家汽车零部件企业，产品涉及万向节、刹车片、离合器、摩擦片等数十个类别，一个汽车零配件产业群已在青岛初步形成。2006 年德国埃斯倍风力发电传动器工程启动，带动两家世界著名风力发电零部件企业蒂森克虏伯轴承公司和贝克曼钢结构公司来我市建设，也显示了这一特征。

另外，近年来，除日韩等传统合作伙伴依然保持旺盛投资势头外，欧美企业对青岛投资热情开始上升。例如，英国杜蕾斯有限公司投资 3000 万美元，在青岛高新区建设包括杜蕾斯系列产品新的生产基地和全球研发中心，成为"杜蕾斯"全球规模最大的工厂，其产品 2/3 直接出口国际市场。项目建成后，杜蕾斯新工厂及研发中心每年创造的税收收入预期将达到 2290 万元。

上述情况说明，青岛市对外经济合作的发展势头良好，整个城市优质的投资环境正在逐渐演变为强力的国际竞争优势，青岛胶州湾北岸高新区按照产业链招商思路，引进高水平外资和内资项目，将推动其国际竞争能力提升至一个新水平。存在的问题是，高新区经济增量成长的压力较大，需要通过全方位的努力，才有望实现预期目标。

（四） 创新和创业环境评价

高新区创新和创业环境评价包括软环境和硬环境两个方面。软环境，是对政府宏观管理水平和各类配套服务机构发达情况的评价；硬环境，是对资源与各种基础条件配备与保障能力的评价。二者对高新区的发展都是十分重要的，不可有任何一个方面的偏废。

1. 政策支持

青岛市委、市政府为青岛胶州湾北岸高新区的发展营造了良好政策环境，入驻企业在招商引资、创新引智、标准化等方面除享受国家、山东省对国家级高新区所赋予的所有优惠政策外，还享受到了青岛市支持科技创新和孵化器建设的专项资金支持等具体扶持政策。

另外，在支持中小企业入驻创新园区，以及园区企业的人才引进、技术转移等方面，有关方面也都出台了相应的鼓励政策。高新区创业中心等服务机构建成交付后，目前已具备基本服务功能。随着创业服务中心、科技大厦等综合服务设施和机构的建设，其服务满意度水平将进一步提高。

在税收政策方面，青岛胶州湾北岸高新区规定，外资企业用分得的利润在中国境内再投资且经营期不少于 5 年的，退还已缴所得税的 40%；如再投资兴办、扩建产品出口企业或先进技术企业，其再投资部分已缴纳的企业所得税全部退还；外资企业采购中国国产设备投资的 40% 可从购置设备当年比前 1 年新增的企业所得税中抵免；外资企业技术开发费 50% 可抵扣当年度的应纳税所得额。2008 年 1 月 1 日中华人民共和国新的企业所得税法实施后，高新区依据"两税合一"的新情况，对以往的税收政策进行了若干调整，调整以后。青岛高新区的税收环境对投资项目的吸引力虽然受到一定影响，但其核心服务内容仍保持了对投资商充分的"优惠"思想。

2. 良好的创新氛围

据国家统计局对全国 40 个经济相对比较发达、企业创新活动相对较多的城市调查结果显示，青岛市创新环境综合评分与杭州市并列第 2 名[①]；同年，在综合多项指标评选的国内最理想企业创新中心城市中，青岛市名列第 6 位。此外，青岛市还是中国十大最具经济活力城市和中国十佳商务城市，是中国首批文明城市。

据国家统计局以随机抽样方式从每个城市按企业规模和类型分层抽选 40 家企业的调查结果显示：青岛市 40 家被调查企业，技术开发经费投入，2005 年比 2004 年增长 50.56%；产学研合作经费投入，2005 年比 2004 年增长 66.78%；研发人员数量，2005 年比 2004 年增长 12.74%；高级职称技术专家人数，2005 年比 2004 年增长 8.65%；研发机构拥有的科研固定资产总值，2005 年比 2004 年增长 25.51%。

青岛市 40 家被调查企业，新产品销售总额占销售总额比重，2004 年为 20.45%，2005 年为 23.89%，同比提高 3.44 个百分点；新产品利润总额占利润比重，2004 年为 17.18%，2005 年为 18.89%，同比提高 1.71 个百分点；科技活动、技术开发、产学研合作经费投入占利润比重，2004 年为 32.75%，2005 年为 43.22%，同比提高 10.47 个百分点（见表 11 - 17）。

表 11 - 17　　按随机抽样方法对青岛市 40 家企业创新工作质量调查结果

指标名称	2005 年数值	2005 年比 2004 年增长（%）
技术开发经费投入	—	50.56
产学研合作经费投入	—	66.78
研发人员数量	—	12.74
高级职称技术专家人数	—	8.65
研发机构拥有的科研固定资产总值	—	25.51

---

① 创新环境评价较高的城市是：上海、杭州、青岛、深圳、苏州、北京、常州、烟台、广州、绍兴。

续表

指标名称	2005 年数值	2005 年比 2004 年增长（%）
新产品销售总额占销售总额比重（%）	23.89	3.44
新产品利润总额占利润比重（%）	18.89	1.71
科技活动、技术开发、产学研合作经费投入占利润比重（%）	43.22	10.47

由此可见，企业创新工作已成为各项工作主旋律，企业研发投入高、创新对企业发展影响力显著，社会对创新重视程度较高，整个城市创新和创业氛围浓厚。这些有利因素对青岛胶州湾北岸高新区发展潜力充分释放有积极推进意义。

3. 不断凝聚的创新资源

为建设全国一流的高新区，青岛胶州外北岸高新区把加强校地、院地合作作为一项战略举措。目前，已与中科院海洋所、山东信得药业有限公司签订了联合培养企业博士后研究人员协议，成为中国第一个由政府、科研机构、企业三方合作培养博士后研究人员的人才合作项目；在推进产学研合作方面，青岛高新区 10 家企业分别与德国、韩国和国内的 10 所高校、科研机构签订了项目合作协议。一批主体定位清晰、具有自主知识产权、国际化合作程度高、发展前景广阔的科技成果，正在青岛高新技术产业区进行产业转化。

此外，青岛发挥其环境优势和经济与社会良好发展态势的吸引力，先后吸引山东科技大学、青岛农业大学整建制迁入本市。另外，随着中船重工、高速列车和 1000 万吨大炼油等项目的实施，一批相关研究机构陆续开赴青岛，他们对增强整个城市的创新能力起到了极大促进作用。

尽管青岛胶州湾北部高新区仍处开发建设阶段，居住、商业、休闲、娱乐等配套设施尚不完善，社区建设、文化教育、科研和商务功能有待完善，且周边基础设施建设滞后、交通条件差、农业人口比例偏高，给进入高新区的投资商和创业者带来诸多不便，对人口向高新区内的集聚产生了一定的消极影响。但是，这些条件的缺失是暂时的，随着高新区的不断建设与发展，上述障碍将逐渐被消除。

（五）结论

目前，青岛胶州湾北岸高新区在科技创新能力、经济发展能力、国际竞争能力有和创新与创业环境方面优势和不足并存，其未来发展潜力将随着优势因素成长和消极因素消减逐渐显现出来。其中，难以替代的土地资源优势、海陆空立体交通网络交汇的区位优势、高新区特定的政策优势和周边工业园区集聚所带来的产业发展基础优势，将凝聚成特殊的发展能量，使之成为青岛北部最活跃的经济地带，并在全市经济发展战略布局中发挥出重要作用。目前，制约胶州湾北部高新区发展的"瓶颈"是：各类科技资源对高新区发展的支撑作用不够强；生态和环境建设"门槛"约束较突出；经济增量成长压力较大；符合国际惯例的投资环境还有待加强。

四、发展前景预期

（一）发展目标

1. 创新能力建设

重点加强自主创新能力建设，加大创新资本投入，实施科技型中小企业成长推动计划，建设高新技术企业孵化体系，加强产业集群和创新服务体系建设；吸引洞悉产业发展基本规律、具备国际视野的高级人才，充实高新区管理队伍；引进高端培训机构，建立开放式人才培训体系，为高新区创新能力的进一步提升，提供人力资源的坚实基础。

2. 发展能力集聚

充分利用资源和环境条件，进一步增强高新区对国内外优质工业项目和先进技术成果的吸引力，强化园区工业对相关产业群和区域经济的拉动作用，重点发展低能耗、低排放、资源节约型、环境友好型产业和项目，提高单位土地面积的投资强度，打造高新区的优势产业集群品牌。同时，根据青岛市生态城市建设计划的要求及周边环境（交通、居住、商贸、服务设施等）变化的新情况，加强园区环境治理，保护生态，水系疏导，改善能源和水资源供应状况。

3. 竞争能力培育

把握国际产业分工格局加快调整、国内区域经济一体化趋势增强的发展机遇，将高新区建设成为跨国公司转移高科技高附加值加工制造环节、研发中心及服务业外包的重要承接基地。同时，根据当前及今后一个时期世界范围内战略性资源供求紧张，石油等基础原材料价格震荡，国际贸易摩擦增加，外贸出口难度加大等新情况，重点发展产业链高端项目，附加值高的产业和项目，节能降耗，推动区域产业结构升级，增强产业国际竞争力。

4. 创新和创业环境改善

借鉴国内先进高新区开发建设的经验，加强高新区内部创新创业文化内涵的培育、凝练和传播，不断提升园区创新活力，努力建设创新园区、和谐园区，发挥好高新区的"五个示范"作用。同时，应完善高新区创新创业环境，加大对公共技术平台的支持，强化科技企业孵化器、生产力促进中心、创业基地等各类服务机构和服务载体建设，把公共财政投入及产业化资金重点投向那些能够支持高新技术产业发展的重点实验室、工程技术中心、检测测试平台、专业服务体系，使高新区真正成为高新技术企业"走出去"参与国际竞争的服务平台，抢占世界高新技术产业制高点的前沿阵地。

（二）重点产业

根据《青岛市高技术产业"十一五"发展规划》和现实的产业基础及资源条件，青岛胶州湾北岸高新区重点发展的产业领域将是：电子信息产业、生物与海洋新兴产业、新材料产业、先进装备制造业等。

1. 电子信息产业

电子信息产业是高新技术产业领域发展最快的先导产业，对国民经济发展具有强大的渗透性和带动性。目前，中国电子信息产业正处在由加工制造向设计创造转变的关键时期，尽快掌握电子信息制造业核心技术和关键技术，提高自主开发能力是青岛胶州湾北岸高新区未来一个时期面临的重要任务之一。

在电子信息产业领域，青岛市胶州湾北岸高新区重点发展的方向是：高档智能化家电产品、高速宽带网络及通信产品、高性能计算机及外围设备、软件产业、高质量信息服务业等。争取用 5 ~ 10 年的时间，形成以微电子、光电子和新型元器件为基础，计算机、通信产品及软件为主导，投资类、消费类产品和信息应用服务业协调发展的新型产业体系，使电子信息产业在全市高新技术产业中持续地保持一个较高的贡献度。

2. 生物产业

青岛市拥有海洋领域的生物资源优势和科研优势，并且已涌现出许多成功产业化的项目，随着生物技术发展和市场需求的成长，生物产业在全市高技术产业发展格局中的重要作用将日趋显现出来。

在生物产业领域，青岛胶州湾北岸高新区重点发展方向是，通过基因工程技术、细胞工程技术和酶工程技术的研究，推进动植物新品种、创新药物和特种功能性产品的开发及产业化，培植国际先进、国内领先，有一定市场占有率和较强竞争力的优势产品，形成环境友好型生物化工产品、生物制药和海洋生物高值化利用等有特色的生物工程产品。争取用 5 ~ 10 年的时间，使生物产业成为青岛市主要的支柱产业之一，并对相关产业发展形成有力的支持作用。

3. 新材料产业

青岛胶州湾北岸高新区在新材料产业领域的重点发展方向是，高分子弹性体材料、石化合成树脂与功能塑料、环境友好型功能纤维材料、特种金属材料、海洋工程和海洋生物材料、清洁能源新材料。争取用 5 ~ 10 年时间，形成以高分子弹性体材料、石化合成树脂与功能塑料、环境友好型功能纤维材料、特种金属材料为主体，以海洋生物材料、清洁能源新材料为补充的发展格局，使新材料产业产出规模在现有基础上再翻一番。

4. 先进装备制造业

装备制造业是国民经济的"母机"产业，对增强一个国家和地区可持续发展的能力和产业的综合竞争力有着决定性影响。近年来，伴随着中船重工、高速列车等国内重大项目在青开工建设，以及一批外资装备制造企业的开发投资，青岛市装备制造能力相对薄弱的状况已有很大改变，先进装备制造业正在迅速成长为青岛一个优势产业集群，并在多个领域显示出辉煌发展前景。

在先进装备制造业领域，青岛胶州湾北岸高新区重点发展方向是，数字化、智能化装备、模具设计与制造、船舶与车辆配套产品、海洋工程与电力电气装备、轨道交通装备、汽车及关键零部件、精密加工及成形设备、环境保护设备、现代科学仪器设备等。争取用 5 ~ 10 年时间，使先进装备制造业成为全市最重要的支柱产业，并对其他各类产业的发展产生重大推进作用。

5. 其他优势产业

除电子信息产业、生物产业、新材料产业、先进装备制造业四大重点产业领域外，青岛胶州湾北岸高新区应充分考虑自身的资源条件，产业基础和科技与环境资源，积极推进更多优势产业的成长。

（1）海洋新兴产业。青岛有发达的滨海资源、港口条件和雄厚的海洋科研基础，是全国海洋科技人才集聚最多、海洋科技成果最丰富的城市，在海洋生物、海洋制药等研究领域居国内领先地位，发展海洋新兴产业具有显著的资源优势、人才优势和科技创新平台优势。未来 5 ~ 10 年，青岛胶州湾北岸高新区将充分发挥在滨海资源、港口条件、海洋科研基础等方面的优势，重点推动三大领域的新型海洋产业发展：一是海洋生物及其相关产业领域的发展；二是海洋工程装备及其相关产业的发展；三是海水淡化与综合利用等产业。

（2）新能源与高效节能产业。能源产业是一个面向未来的战略性产业。积极推动能源产业发展具有远大前景和重要战略意义。未来 5 ~ 10 年，青岛胶州湾北岸高新区在新能源与高效节能产业领域的重点发展方向是：太阳能、风能、生物质能、海洋能和地热能等可再生能源利用技术和设备，锂离子电池、镍氢电池、太阳能电池及其他高效储能、节能系列产品等。

（3）先进环保制品和设备制造业。伴随中国经济和社会发展水平的提高，社会对先进环保制品和设备的需求迅速增大，主动抢占环保技术和环保制品的市场先机，将获得有利的发展机遇。未来 5 ~ 10 年，青岛在先进环保制品和设备制造业领域的重点发展方向是：大气污染控制技术和设备、水污染控制技术和设备、固体废弃物处理技术和设备、与清洁生产技术应用相关的设备、适应环保产品不断向普及化、标准化、成套化、系列化方向发展所需的各类设备等。

（4）现代服务业。现代服务业是现代社会生活的必需品和现代制造业的"孪生兄弟"，发展前景十分广阔。未来 5 ~ 10 年，青岛胶州湾北岸现代服务业重点发展方向是：由网络技术和通信技术催生的互联网产业、3G 产业，从高新技术产业价值链上分解出来的研发、设计、测试、咨询和技术交易等产业，电子商务、电子政务、电子银行、远程教育和远程医疗等服务业态，科技金融、产权交易服务、科技成果评估等与高技术融合的新兴服务业等。与此相适应，需要积极推进服务组织和服务模式的变革，按照国际惯例和市场需求重新设计现代服务业发展的格局。

五、增强竞争力的对策建议

（一）确立"大高新区"框架

"大高新区"框架指的是，除特别关注胶州湾北岸 58 平方公里待开发土地（含原市北新工业园和原环海新材料工业团地）之外，需兼顾崂山高科技工业园、市南软件工业园、黄岛新技术产业开发试验区、市北科技街的发展功能及其在全市高新技术产业发展格局中的作用，真正体现"统一规划、统筹发展"的思想和推进青岛高新区高水平发展的宗旨。按照这一思路，其他各个区域可规划为：

1. 崂山区高科技工业园

崂山区高科技工业园占地面积为 8.8 平方公里，目前已形成近 500 亿元高新技术产值规模，并正在向现代"科技城"的规划方向发展。未来 5 年主要发展目标是，抓好高技术区生产制造（硬件）和技术管理（软件）两大系统建设，提升科技成果孵化质量和效率，发挥高技术开发试验区、研发基地和示范基地功能。

2. 市南软件工业园

市南软件工业园总规划面积为 10 平方公里，园内有海信软件园、市南软件产业基地、软件大厦、科技大厦等软件企业聚集。2002 年被国家科技部认定为"国家火炬计划软件产业基地"；2004 年被国家科技部列为"国家欧美软件出口示范基地"。未来发展方向是，集研发、孵化、培训、评测、服务、外包、旅游等功能于一体，成为青岛市软件成果研发转换基地、软件生产加工基地、软件人才培养基地、软件产品出口基地，以及为软件企业提供全方位服务的平台。

3. 黄岛新技术产业开发试验区

黄岛新技术产业开发试验区占地面积为 0.825 平方公里，已经完成规划建设时期的任务，承担着青岛经济开发区大规模建设中必不可少的实验功能。未来 5 年，黄岛新技术产业开发试验区将抓住众多大项目在青岛西海岸"落户"和保税区、前湾港大规模建设的重要契机，为青岛市大规模制造业的发展和整体的产业升级提供新的产业开发经验和实验平台。

4. 市北科技街

市北科技街位于青岛市繁华的辽宁路南部，占地面积为 0.175 平方公里，以经营电子信息产品和从事相关业务的咨询及服务等活动为主。经 2006 年的扩建工程，科技街的功能、商务容量和社会影响力进一步提升。未来 5 年，市北科技街将进一步提升科技服务能力，力争发展成为半岛地区规模最大、功能最全、运行效能最好的科技服务基地之一。

（二）坚持"大协作区"概念

"大协作区"概念指的是，从地域角度看，需关注"五带、四区"协作需求，在产业布局方面，需兼顾周边数十个工业园的规划布局①。

1. 环胶州湾工业带

环胶州湾工业带包括沿胶州湾高速公路的四方区片、李沧区片、城阳区的环海省级经济开发区、盐田开发区域、出口加工区等。其中，胶州湾东岸产业带依托现有港口和较成熟的城市产业配套设施，重点发展港口物流和都市型工业，改造升级传统工业；胶州湾北岸产业带重点发展高技术含量、高附加值、高出口比重的轻型和无污染产业；胶州湾西岸产业带依托枢纽港口和陆路集疏运体系，建设重化工业基地，发展物流业和加工服务业等。

2. 沿青银高速公路工业带

沿青银高速公路工业带包括李沧、城阳工业区，平度经济开发区、新河化工基地，南村、田庄等特色工业镇。重点发展电子家电、汽车配件、机械制造、农产品深加工、化工橡胶等。

3. 沿济青高速公路工业带

沿济青高速公路工业带包括南泉和大信工业区、蓝村工业区、马店工业区。重点发展出口加工服务、大宗工业品加工、机械制造和纺织服装产业等。

4. 沿烟青公路工业带

沿烟青公路组成的工业带包括玉皇岭工业区、龙山经济区、即墨经济开发区和高新技术开发区、姜山工业园、莱西省级经济开发区。重点发展方向是：特种汽车及零配件、纺织服装、机械制造、橡胶制鞋、农产品深加工、电子信息和生物制药等高新技术产业等。

5. 海洋经济产业带

海洋经济产业带包括自北向南的即墨、崂山、市区、城阳、胶州、黄岛、胶南等沿海地区和近海海域。依据建设北方国际航运中心、海洋科技产业城和旅游度假中心的要求，将按照海岸带、岛屿、海域三个层次布局海洋产业。

6. 西海岸现代制造业集聚区

西海岸现代制造业集聚区包括青岛经济技术开发区、胶南城区、胶州南

① 关于青岛市产业发展布局中"五带、四区"划分的最初意见，可参考《青岛市国民经济和社会发展第十一个五年规划纲要》中的阐述。

部、东部新区及泊里重工业区。重点发展港口物流、造船、石化、橡胶、家电电子、汽车、医药、纺机、金属加工及其他临港加工业。其中，泊里重工业区规划发展符合国家产业政策的钢铁加工业、建材工业、能源工业等。

7. 东部旅游度假区

融崂山自然旅游景观和人文资源为一体，形成自然观赏、海滨度假和休闲娱乐一体旅游新格局。建设目标包括以崂山区和即墨温泉、鳌山两镇为主体，高水平建设国际水准、国内一流商务会议中心、旅游集散地和度假、康体娱乐中心等。

8. 黄岛——胶州物流中心区

通过疏港铁路和公路将两个园区的业务对接，发挥其连接国际、国内物流市场的功能，实现陆路物流、海港物流、空港物流有机整合，国内物流和国际物流紧密结合。未来发展方向是，突出发展物流信息平台，大力引进国际国内物流大企业，逐步成为中国北方重要的国际国内物资集中、储存、拼装、分拨、疏运中心区。

9. 平莱产业集聚区

平莱产业集聚区将突出平度、莱西劳动力资源充裕，商务成本低，半岛制造业基地核心区位等优势，规划建设承接半岛城市群发展和青岛经济重心向北部延伸的相关产业和项目。重点发展领域为，化工橡胶、汽车配件、家电电子、机械铸造、纺织服装鞋帽、农产品深加工等。

（三）贯彻"大产业布局"设想①

1. 青岛市橡胶工业园

青岛市橡胶工业园位于胶州湾环海经济开发区，规划占地面积约2000亩。园区规划总投资40亿元，园区共分混炼胶加工、轮胎生产、精细橡胶制品生产、轮胎专用原辅材料加工、轮胎试验场和科研办公服务6个区，计划在3～5年建成具有国际水平的现代化橡胶工业生产和研制基地。建成后销售收入将达60亿元。

---

① 受篇幅所限，本报告仅对青岛市近邻的工业园区进行了介绍，莱西、平度等市的情况未能涉及。

2. 高分子新材料产业聚集区

以海尔新材料研发有限公司、金塑制品有限公司、中兴达橡塑有限公司、双蝶集团股份有限公司、宏达塑胶总公司、海晶化工集团有限公司等公司为代表，以橡塑高分子材料为特色，主要为家电电子、汽车机车集装箱产业提供材料支撑。

3. 高速列车大型挤压铝合金型材产业化基地

产业化基地的一期工程将开发大型薄壁宽幅空心铝合金型材，满足南车集团的需求；二期工程将扩大生产规模，在国内其他的高速列车上推广应用；在此基础上，进行舰船、集装箱、飞机及军工产品用铝合金结构材料的生产。

4. 家电和建筑用彩色钢板聚集区

以海尔特种钢板研制开发有限公司、青岛新青路彩色钢板有限公司等为代表，建设国内技术等级最高、规模最大的复合钢板生产线。项目建成后，年生产能力 2500 万平方米，年销售收入 20 亿元。

5. 即发纺织纤维工业园

以甲壳素纤维、聚四氟乙烯膜材料等服装纤维、高档纺织、面料和高科技新材料项目为发展重点。工业园建成后，将对青岛市纺织业面貌产生重要影响，并在国内纺织纤维材料领域占据重要地位。

6. 石化新材料园区

石化新材料园区将建设生产能力为 100 万吨/年乙烯装置、30 万吨/年聚乙烯装置、40 万吨/年 ABS 装置、30 万吨/年苯乙烯装置、9 万吨/年丙烯腈装置、100 万吨/年聚氯乙烯装置、60 万吨/年烧碱装置、100 万吨/年氯乙烯装置、40 万吨/年聚丙烯装置、14 万吨/年丁苯橡胶装置、18 万吨/年丁二烯抽提装置。项目建成后，年均实现销售额 300 亿元，利税 25 亿元左右。

7. 双星橡胶工业园

目前已形成年产全钢载重子午胎 150 万套、斜交载重轮胎 200 万套、农用轻卡轮胎 200 万套、内胎 400 万套、多品种、系列化的产品格局，主导产品被评为"中国轮胎行业十大民族品牌"，销售收入 60 亿元。

8. 海尔工业园家电电子塑料零部件产业园区

主要为海尔、海信、三星、LG 等家电电子企业研发生产塑料零部件，并已成为国内最大家电电子塑料零部件生产基地之一。项目建成后，对改变青岛作为全国最大家电产业基地却缺乏配套产业供给能力的状况将产生重要影响。

9. 国家镁合金开发应用产业化基地

主要进行镁资源开发，镁合金冶炼技术开发和生产，并针对电子、信息、家电、汽车等领域的需求开发镁合金材料与零部件。目前，该产业化基地已形成为手机、PDA、笔记本电脑、数码相机结构 PCBA，以及硬盘存储部件等高端产品匹配的镁合金制品生产体系。

10. 青钢胶南工业园

青钢胶南工业园一期建设规模为年产 200 万吨板钢、带钢，工程总投资 48 亿元人民币；二期工程建成后，将达到年产 600 万吨板钢、带钢生产能力。远期规模规划达到 1000 万吨生产能力。

11. 特色海洋产业基地

重点发展深水耐压浮力材料、海洋石油开发及深水养殖用系列材料、舰船隐身材料、甲板防滑材料等海洋工程材料、环境友好型防生物污损、海洋环境中金属结构及非金属材料重防腐综合保护材料、水性化系列海洋涂料、防空泡腐蚀的金属底材超强附着材料，以及海洋生物新材料和海洋保健功能材料。基地规模形成后，将对整个青岛市海洋产业的发展产生重大影响。

12. 能源新材料基地

重点发展改性锰酸锂、镍钴酸系、镍钴锰酸系等动力型锂离子电池正极材料，高比能、大容量、长寿命动力型锂离子电池（组）、高聚物锂离子电池；高效、低成本多晶硅、单晶硅太阳光伏电池材料及组件。目前，该基地已具备近 10 亿元市场销售能力，生产技术水平在国内居先进行列，预计在未来 5 年将对青岛市新能源制品的生产格局产生重要影响。

（四）培育自主创新能力

1. 形成政府引导机制

鼓励高技术企业直接面向市场，成为技术创新决策、开发、投资和应用主体，提高企业承接和转化科技成果的能力；鼓励企业积极与区域内外的大学、科研院所展开基于设备与信息共享、研发外包、联合承担国家和地方科技计划研发项目等多种形式的合作；鼓励企业以"购买技术"、"并购企业"、"技术许可"、"国际合作"等开放式模式，实现产业核心技术的再开发和再创新；鼓励各类创新主体通过各种创新活动，独立或联合攻关，获得更多具有自主知识产权的高新技术成果。

2. 创立产学研结合新模式

支持科技人员进行创新孵化和兴办创新企业；鼓励各种研究开发机构开展定向研究服务，或按照"风险共担、收益分享"的原则，与企业联建重点实验室、中试基地和技术开发机构；鼓励建立企业、高校、研究机构一体化的"研发联盟"；鼓励有关企业"走出去"、"请进来"，与跨国公司和国外研发机构建立紧密型合作关系。

3. 引导优势科技资源集成

推动科技计划集成，提高科技资源投入产出效能；建立开放式研究网络，形成人才交流、设备互利、信息共享的开发机制；引进国内外知名研发机构，解除青岛市在若干高技术领域研发力量不足的瓶颈；引导各类研究机构将高技术开发与市场开发紧密联系在一起，提高科技成果有效转化率和技术创新与扩散效率。

4. 搭建公共服务平台

依据公共服务平台公益性、服务性特征，创立信息咨询机构、法律事务援助机构和各类其他社会中介机构，为高技术产业提供必要引导和服务；建设公共科技服务平台，为各类研发活动提供设计、检测、文献信息和技术标准等专业技术服务；建设国际科技合作服务平台，为引进国外项目、技术提供便利条件；建设科技产业孵化平台，形成完善的研发机构——专业孵化（中试）基地——科技产业园区（基地）产业创新链；建设科技成果转化服务平台，提高科技成果转化速度和成功比率。

（五）构筑园区核心竞争力

1. 培育大企业集团

通过组建有规模、有代表性产品和知名品牌、有较强市场竞争能力的大企业或大企业集团，落实大项目战略，矫正我市高技术产业规模效益较低、分布不均衡、科技投入和产出不匹配等方面的差距，努力把产品品牌优势和企业优势转化成产业和企业集群优势。同时，要加快国有资产经营体系的改革，改善各类产业资源的组合方式，做大做强优势企业集团，为高技术产业发展提供强劲的组织推动力。

2. 构筑产业链经济

依据进驻高新区的各个高技术产业价值链，构筑企业集聚效应和战略联盟，形成企业与企业间，企业与科研院所、高等院校间，以及企业与其他有关机构长期合作基础上的集群关系；支持有条件的企业，对产业链高端环节进行长期、持续地研发投入，培育自主科技创新成果；鼓励发展现代制造业必需的各类服务型产业，形成制造与服务相互推动的良好机制；构建大中小企业分工有序、生产与服务配套的产业协作体系，扩大产业链"滚动效应"，提升高新区综合竞争力。

3. 建立产业联盟

围绕打造先进制造业基地这一核心目标，建立以制定行业标准为基本手段的产业化前联盟；推动围绕龙头企业、以推进产业化进程为核心的产业联盟和以中小企业为主、以开拓共同市场为目的的产业成熟阶段的联盟。鼓励通过企业内部创新到外部联合创新的转变，实现创新空间的新提升；鼓励通过产业联盟实现各类资源的纵向和横向整合，为形成产业集群的竞争优势奠定基础。

4. 优化人文环境

制定优惠政策，吸引国内外高技术、高附加值、高市场占有率企业来园区投资；通过制度建设和必要的资金引导，调动高等院校、研发机构参与高技术产业发展的积极性；创造开放、兼容的城市人文环境及整洁、优美的城市生态环境，增强开发商和创业者对青岛市文化环境和生态环境的认同感；鼓励优势企业植根本地，吸纳外地高技术企业在青岛建立总部，增强高新区高新技术产业的集聚和吸附能力，提升开发商和创业者对园区工作和生活的满意度。

（六）建立新的投融资体制

1. 创新投融资方式

吸引更多国际财团、大公司来青岛投资兴办高新技术企业和创办投资公司，改善青岛市高新技术企业自有资本金不足和创业投资缺乏的状况；发展跨地区、跨行业、跨所有制的股份制高新技术企业，支持符合条件的高新技术企业上市融资和发行企业债券；改革现行的科技经费管理体制，减少多头管理，整合各类专项资金，保障对核心技术和关键技术项目的重点投入。

2. 探索现代融资模式

对高新技术企业、科技型中小企业、民营科技企业和留学人员创办的科技企业，可适当放大抵押、质押担保倍数或通过账户托管方式发放贷款；经科技行政、财政部门批准，商业银行可用科研机构的事业费、应用技术研究与开发专项资金或其他收入权作抵押发放贷款；对市场前景良好、还款有保障的科技投入项目，可发放无担保的信用贷款；对资信好的高新技术产品出口企业可核定一定授信额度，允许在授信额度内开具履约保函、预付款保函等，并可适当降低资金抵押或保证金比例。

3. 完善融资导入机制

建立高新技术产业融资的评估和选择制度，通过专业市场媒介机构，保证各项融资流向经过培育的、有发展潜质的高新技术企业；通过对破产清算等环节的规范化、法制化，确保融资者的利益和有限责任，保障市场经营活动的有序和风险责任的有限性；通过建立高新技术产业融资的法律支持系统，提高企业融资能力和发展效率，保证资金使用的安全性，为青岛胶州湾北岸高新区及全市高新技术产业的发展创造有利的金融支持。

4. 培育银团贷款市场

积极争取中央银行和各银行总部为青岛胶州湾北岸高新区建设提供更多资金支持和政策倾斜；探索有利于科技型中小企业和县域经济发展的信贷服务方式，推动科技型中小企业及民营信贷服务创新；鼓励金融资本、民间资本以多种形式进入风险投资领域，加强对风险投资、创业投资等金融活动的引导和监管，充分发挥其推动经济发展的积极作用，主动规避其风险危害；鼓励为风险投资提供高技术项目价值评估、风险评价等配套服务。

（七）完善政策和服务环境

1. 建立精简高效管理体制

创新管理体制，建立精简高效管理体制，提高高新区工作机构的办事效率；创新管理模式，实行面向全社会的产业管理；在充分发挥市场机制对资源配置基础作用的同时，发挥政府在产业规划、政策引导、组织协调等方面的作用，全面提升高新区的运作质量和运行效率；建立行政行为监督约束机制，保障行政活动的公开、公正性；发挥各种舆论工具的引导和监督作用，大力宣传高新区发展和建设的成就，积极营造尊重知识、尊重人才、崇尚创新、鼓励成功、宽容失败的社会氛围，监督各种低效率或失范行为。

2. 积极争取财税优惠

根据国家财税体制改革的动向，调整税收优惠对象，逐步将税收优惠重心从生产环节向研发环节转移；围绕高新区建设目标，制定专门针对创新孵化的税收优惠政策；针对高新技术产业云集的特点，允许对一些高技术设备实行加速折旧；加大对事关高技术产业发展大局的研发项目的引导力度，并对那些由政府建设的基础设施加大资本投入，保证建设质量和功效发挥。

公共财政资金实施倾斜政策：一是向胶州湾北岸高新区的基础设施倾斜，支持各功能区水、热、电、汽、道路等基础设施建设；二是向胶州湾北岸高新区服务支撑体系和综合服务功能倾斜，引导和促进生产性服务体系的完善；三是向胶州湾北岸高新区内重大自主创新和产业化项目倾斜，以项目引导、科技孵化等方式，加强对重大建设项目专业配套能力的扶持；四是向科技型中小企业创新创业行为倾斜，培育未来的经济增长点和可持续的企业创新能力。

3. 加强知识产权保护

支持和鼓励重大技术发明进入国际专利市场；发挥行业协会在知识产权保护中的特殊作用；重视企业知识产权管理人才的培养；落实职务发明人激励政策，加大对发明人奖酬力度；推进企业知识产权战略，增强全社会知识产权保护意识；关注知识产权争端，维护企业在国内外市场竞争中的正当权益。

（八）优化资源环境支撑体系

1. 提高能源和资源利用效率

遵循开源与节流并重原则，完善资源综合利用与节约的激励与约束机制；发展节水、节能型产业，缓解能源和土地、淡水等重要资源对青岛胶州湾北岸高新区可持续发展的制约；坚持走资源节约型道路，不断提高资源和能源的利用效率。

2. 加强环境保护

采取有力措施，降低污染物排放总量①；妥善处理高新区生活垃圾和危险废弃物；以胶州湾水域为重点，加强环境污染源的查处和控制、清除工作；大力推行清洁生产，提高环境友好产品的产出比重；严禁新建、扩建重污染项目，争取高新区高技术企业全部达到国家环保标准。

3. 保护自然生态

以控制不合理的开发活动为重点，在加速高新区建设的同时，强化对水源、土地、海洋等自然资源的生态保护。加强对胶州湾北岸生态功能区和海岸带的保护与管理，严格执行环保部门提出的环境保护标准，积极推进青岛市政府新颁布的《青岛市胶州湾北岸生态环境保护规划》的实施②；按"谁污染、谁治理"的原则，进行有效生态补偿机制的试点。

---

① 胶州湾水域的无机氮污染已超过 3 级标准，基本达到饱和状态，加强监控和治理已到刻不容缓地步。

② 按照青岛市保护胶州湾生态环境的目标，在岸线保护上，除西海岸部分区域外，北海岸区域要严格控制新上工业、码头项目，市区岸线两公里以内的区域，不能再上工业项目。四方和胶州湾北岸岸线规划，将更多地发展旅游岸线、生活岸线，让市民享受环湾自然风光。同时，大沽河口湿地和近期不开发的盐田也将重点保护。青岛市北部城区将实施绿化工程，严格产业准入标准，北部滨海城区将建成环境友好、资源节约、适宜人居的示范新城区。

参 考 文 献

[1] 胡锦涛：《坚定不移沿着中国特色社会主义道路前进为全面建成小康社会而奋斗》，人民出版社 2012 年版。

[2] 林祥、韩靓：《深圳开放型经济指标体系及实证测评》，深圳市委党校，2012 年。

[3] 李辉、周亮亮：《大连经济开放度的评价（2000～2009）》，载《辽宁师范大学学报（社会科学版）》2011 年第 5 期。

[4] 田伯平：《江苏开放型经济可持续发展研究——基于体制、政策和环境的视角》，载《江苏社会科学》2011 年第 3 期。

[5] 李恒：《开放型经济发展的动力机制与模式选择——以内陆省份为例》，载《华中科技大学学报》2011 年第 3 期。

[6] 赵健：《开放度度量指标体系的构建》，载《天中学刊》2012 年第 2 期。

[7] 蔡爱军、朱传耿、仇方道：《我国开放型经济研究进展及展望》，载《地域研究与开发》2011 年第 2 期。

[8] 裴长洪：《后危机时代中国开放型经济研究》，社会科学文献出版社 2010 年版。

[9] 李日光、徐建萍：《如何在当前内外需求较弱的背景下加快发展开放型经济》，wenku. baidu. com/html，2012 – 07 – 29。

[10] 陈又星、徐辉：《管理科学研究方法——数据、模型、决策》，同济大学出版社 2013 年版。

[11] 吴勇：《要素成本与中西部地区招商引资研究》，载《湖南财政经济学院学报》2012 年第 6 期。

[12] 周立群、夏良科：《外商直接投资与滨海新区经济发展》，载《城市探讨与研究》2008 年第 4 期。

[13] 谢泗薪：《高端服务业发展的战略模式与机理》，载《中国流通经济》2011 年第 9 期。

[14] 张长青、郭丹：《我国高端服务业发展现状研究》，载《北方国贸》2013 年第 5 期。

［15］兰勇、杜红梅：《论我国加工贸易升级的内涵与路径》，载《科技进步与对策》2006 年第 7 期。

［16］郭效龙、申松林：《加快发展安徽省开放型经济的经验及对策》，载《致富时代》2011 年第 2 期。

［17］姜丽佳、周桂荣：《后危机时代加工贸易转型升级探究》，载《港口经济》2011 年第 4 期。

［18］阎兆万、刘庆林、马卫刚等：《多区港联动——基于开放的区域发展新模式研究》，山东人民出版社 2008 年版。

［19］杜晓莹：《促进我国加工贸易产业链延伸的对策》，载《北方经贸》2011 年第 8 期。

［20］赵克志：《坚持扩大内需和稳定外需相结合》，载《财经界》2009 年第 2 期。

［21］邱志睿：《海关特殊监管区域功能整合的思路及对策》，载《上海海关学院学报》2009 年第 2 期。

［22］崔华善：《把青岛建设成为北方最具潜力的保税港区》，载《青岛日报》2008 年 4 月 22 日。

［23］国务院：《关于促进海关特殊监管区域科学发展的指导意见》，www. gov. cn/content_2256060. htm2012 – 11 – 02。

［24］徐向玲：《保税港区向自由贸易港区转型研究》，大连海事大学硕士论文，2011 年。

［25］董兴武、刘淑永、万浩：《青岛前湾保税港区交通体系研究》，wen- ku. baidu. com/2012 – 04 – 11。

［26］黄志勇：《中国保税港区发展水平测度研究》，载《学术论坛》2012 年第 3 期。

［27］林海蓉：《青岛市依托保税区建立保税港区项目的可行性研究》，中国海洋大学硕士论文，2008 年。

［28］陆军荣、石建勋：《海关特殊监管区的国际比较研究》，载《经济纵横》2008 年第 9 期。

［29］中日韩三国中央研究机构：《中日韩自由贸易区可行性联合研究报告》，2012 年。

［30］李奇：《自由贸易区建设的目标模式与地方政府的管理创新研究——以大连保税区向自由贸易区转型为例》，吉林大学博士论文，2010 年。

［31］宋卓平、牟丹：《大连建设中日韩自由贸易区先行区研究》，载《黑龙江对外经贸》2006 年第 9 期。

［32］沈明辉：《推动中日韩自贸区的逻辑》，载《中国远洋航务》2012

年第 6 期。

[33] 于海洋:《自贸区与政治一体化中日韩自贸区的战略设计及实施》,载《东北亚论坛》2011 年第 6 期。

[34] 成林:《建立中韩自由贸易区可行性分析》,载《东方企业文化》2009 年第 6 期。

[35] 李晓一:《关于建立中日韩自由贸易区的研究》,载《新西部·理论版》2010 年第 12 期。

[36] 向东辉:《建立中日韩自由贸易区的地缘经济劣势分析》,载《中国商贸》2013 年第 18 期。

[37] 范奇:《青岛西海岸将转型中日韩自贸区试验区》,载《青岛早报》2013 年 10 月 9 日。

[38] 王媛媛:《上海自贸区获批 青岛距自贸区还有多远?》,载《大众日报》2013 年 8 月 23 日。

[39] 汪亮:《国际贸易中心城市崛起的经验与启示》,载《城市观察》2011 年第 4 期。

[40] 陈磊:《从伦敦、纽约和东京看世界城市形成的阶段、特征与规律》,载《城市观察》2011 年第 4 期。

[41] 青岛市商务局:《关于全球国际贸易中心城市和世界湾区城市的调研报告》,青岛市商务局,2012 年。

[42] 张庆麟:《世界贸易组织原产地规则协定详解》,湖南科学技术出版社 2006 年版。

[43] 金红梅、赵相忠:《CAFTA 原产地规则存在的问题与对策研究》,载《特区经济》2007 年第 7 期。

[44] 张琳:《原产地规则探析——兼评我国新进出口货物原产地条例》,载《政治与法律》2006 年第 1 期。

[45] 李紫微:《简析 FTA 原产地规则》,载《知识经济》2009 年第 5 期。

[46] 沈铭辉:《中韩自由贸易区谈判何日启动》,载《中国经贸》2011 年第 4 期。

[47] 梁瑞:《区域贸易安排原产地规则研究》,知识产权出版社 2012 年版。

[48] 张小瑜:《东亚自贸区建设中的原产地规则问题》,载《国际贸易》2011 年第 2 期。

[49]《中华人民共和国进出口货物原产地条例》,http://www.customs.gov.cn//2004 - 09 - 03。

[50] 赵钰:《美韩自由贸易协定的影响与效应——基于原产地规则的研

究》，山东大学硕士论文，2012 年。

［51］文静：《中澳自由贸易区原产地规则效应分析与政策建议》，对外经济贸易大学硕士论文，2012 年。

［52］厉力：《原产地规则研究综述》，载《国际商务研究》2012 年第4 期。

［53］韩莉：《原产地规则与中国外贸发展研究》，南京师范大学硕士论文，2012 年。

［54］尹小平、王洪会：《日本"肯定列表制度"对我国食品贸易的影响及对策》，载《经济纵横》2006 年第 7 期。

［55］任智华：《日本食品安全监督管理体系现状分析》，载《市场与贸易》2010 年第 6 期。

［56］赵宗绪、李奇：《对日本食品安全规制的思考》，载《科技资讯》2011 年第 16 期。

［57］廖卫东、时洪洋：《日本食品公共安全规制的制度分析》，载《当代财经》2008 年第 5 期。

［58］樊瑛、张炜：《中国食品贸易竞争力及食品安全体系的变迁与展望》，载《北京社会科学》2009 年第 2 期。

［59］吴莹、罗芬：《日本食品安全新标准对中国水产品出口产生的影响》，载《现代经济：现代物业》2012 年第 4 期。

［60］刘畅：《从警察权介入的实体法规制转向自主规制》，载《求索》2010 年第 2 期。

［61］王志刚、李腾飞、彭佳：《食品安全规制下农户农药使用行为的影响机制分析》，载《中国农业大学学报》2011 年第 3 期。

［62］孙华：《日本食品安全规制中的登记检察机关制度》，载《日本研究》2011 年第 2 期。

［63］杨志花：《新形势下应对日本食品贸易壁垒的策略研究》，载《标准科学》2009 年第 8 期。

［64］李清：《"日本食品中残留农药肯定列表制度"分析与对策研究》，载《世界农业》2007 年第 2 期。

［65］樊瑛：《浅看中国食品贸易竞争力》，载《中国统计》2008 年第 1 期。

［66］王天令：《中国对日水产品出口贸易之 SWOT 分析》，载《河北渔业》2009 年第 3 期。

［67］蔡苏文、吕鑫：《中日农产品贸易问题及对策探析》，载《现代商业》2008 年第 35 期。

［68］商务部服贸司：《2012 年我国服务进出口总额跻身世界前三》，trade

in services. mofcom. gov. cn/2013 – 7 – 15。

[69] 侯先锋:《中日服务贸易发展比较及对我国的启示》,载《商业研究》2010 年第 10 期。

[70] 缪燕辉、张颖:《中国贸易结构和经济增长关系的实证研究》,载《北方经济》2012 年第 5 期。

[71] 郑雯文:《中日服务贸易的竞争力比较分析》,载《黑龙江对外经贸》2008 年第 1 期。

[72] 韩卓飞:《建立中日韩自由贸易区的条件与前景》,山东大学论文,2010 年。

[73] 朱卫新、韩岳峰:《日本服务贸易模式及中日服务贸易互补性分析》,载《现代日本经济》2009 年第 2 期。

[74] 张楠、崔日明:《中日服务贸易发展路径比较研究》,载《国际经贸探索》2009 年第 11 期。

[75] 陈双喜、王磊:《中日服务业产业内贸易实证研究》,载《国际贸易问题》2010 年第 8 期。

[76] 查贵勇、陈霜花:《产业内贸易性质与服务贸易国际竞争力探讨》,载《生产力研究》2008 年第 4 期。

[77] 谢泗薪:《高端服务业发展的战略模式与机理》,载《中国流通经济》2011 年第 9 期。

[78] 谭晶荣:《中日韩三国服务贸易的比较研究》,载《国际贸易问题》2006 年第 7 期。

[79] 王磊、陈柳钦:《中日韩服务业产业内贸易影响因素研究》,载《经济研究参考》2012 年第 10 期。

[80] 李士梅:《关于发展高端产业的战略思路》,载《光明日报》2008 年 7 月 24 日。

[81] 隋映辉、毛佳:《产业转型与高端战略运作》,载《科学学研究》2007 年第 2 期。

[82] 王铮:《高技术产业聚集区形成的区位因子分析》,载《地理学报》2005 年第 7 期。

[83] 孙亚忠、郭建平:《国外传统产业集群高端化对我国的启示》,载《科技进步与对策》2007 年第 6 期。

[84] 王育宝:《国外运用高新技术改造传统产业的经验》,载《科学学与科学技术管理》2007 年第 2 期。

[85] 沈时仁、刘文霞:《加快发展宁波高端临港服务业》,载《三江论坛》2007 年第 11 期。

［86］徐峣颖：《江苏制造业高端化问题研究》，载《合作经济与科技》2008 年第 11 期。

［87］马有才：《青岛开发区高新技术产业发展现状及发展战略研究》，载《科技管理研究》2007 年第 1 期。

［88］彭勇：《厦门高端制造业发展研究》，载《厦门特区党校学报》2008 年第 2 期。

［89］魏小真、张雪梅、王玉清：《透视北京市高端产业功能区发展状况》，载《数据》2007 年第 1 期。

［90］贾新昌：《西安高新区金融聚集区建设初探》，载《西部金融》2008 年第 2 期。

［91］吴海瑾：《基于产业价值链分拆理论的产业高端化研究》，载《山东社会科学》2009 年第 2 期。

［92］龙永图：《发展中国家发展高端产业的经验及启示》，载《国际商务》2009 年第 1 期。

［93］张高丽：《不断增强发展后劲　构筑高端产业高地》，载《天津日报》2009 年 7 月 31 日。

［94］阎启俊：《集聚高端产业提升城区形象凸显主城区引领和辐射作用》，载《青岛日报》2009 年 10 月 14 日。

［95］张辉：《全球价值链动力机制与产业发展战略》，载《中国工业经济》2006 年第 1 期。

［96］伦蕊：《基于价值链视角的区域制造业竞争力解析——以纺织业为例》，载《科技管理研究》2008 年第 1 期。

［97］谭宏：《中国造船企业国际竞争力研究》，南京航空航天大学博士论文，2007 年。

［98］林海燕：《中国造船业国际竞争力分析》，上海海事大学硕士论文，2007 年。

［99］杜栋、庞庆华：《现代综合评价方法与案例精选》，清华大学出版社 2008 年版。

［100］孙芳芳：《浅议灰色关联分析方法及其应用》，载《科技信息》2010 年第 17 期。

［101］朱汝敬：《对长兴造船基地产品组合优化和竞争力提升的思考》，载《船舶工程》2005 年第 27 期。

［102］刘林青、谭力文：《产业国际竞争力的二维评价》，载《中国工业经济》2006 年第 12 期。

［103］余玉龙、王晓萍：《基于全球价值链的产业集群升级研究》，载

《产业与科技论坛》2008 年第 4 期。

[104] 中船重工：《中船重工与青岛签署共同发展海洋装备产业合作备忘录》，www. Opsteel-cn/news/…2013 – 11 – 08。

[105] 周超、张洪慧：《青岛市发展船舶高端服务业的优势分析》，载《中小企业管理与科技》2008 年第 12 期。

[106] 林俊兑：《中国和韩国造船产业竞争力对比分析》，对外经贸大学硕士论文，2007 年。

[107] 徐敬俊、韩立民：《海洋产业布局的基本理论研究》，中国海洋大学出版社 2010 年版。

[108] 张颖华：《港航产业成长与国际航运中心建设关联研究》，载《华东经济管理》2011 年第 2 期。

[109] 邵桂兰、赵萍、李晨：《海洋优势产业评价指标体系构建探讨》，载《全国商情·理论研究》2012 年第 1 期。

[110] 山东省人民政府：《关于加快港航业发展壮大港口经济的意见》，www. cnki. com. cn/Article/2013 – 10 – 29。

[111] 夏亦冰：《港口物流产业集群对青岛外贸发展的影响分析》，载《对外经贸实务》2012 年第 3 期。

[112] 上海市发改委：《上海临港产业区十二五规划》，wenku. baidu. com/view/2014 – 01 – 29。

[113] 舟政协：《加强航海人才培养管理，促进我市港航产业发展》，www. zsdx. gov. cn/Library/…2010 – 12 – 27。

[114] 青岛港：《青岛港"十二五"发展战略规划》，news – hlml. 2011 – 02 – 23。

[115] 韩兆青：《青岛港与腹地经济发展互动研究》，大连海事大学硕士论文，2006 年。

[116] 佚名：《大陆桥桥头堡青岛港的未来与发展》，载《大陆桥视野》2010 年第 4 期。

[117] 陈建勋：《中国新材料产业成长与发展研究》，上海人民出版社2009 年版。

[118] 工信部原材料司：《中国新材料产业"十二五"发展战略研究》，机械工业出版社 2013 年版。

[119] 刘明：《北京新材料产业发展战略研究》，载《新材料产业》2011 年第 11 期。

[120] 李立、刘志远：《新材料产业发展状况评析及对策研究》，载《青岛科技大学学报》（社会科学版）2002 年第 3 期。

［121］李强：《新材料产业技术发展现状及趋势》，载《新材料产业》2007 年第 1 期。

［122］陈文龙：《国内外化工新材料产业发展现状与趋势》，载《化工新型材料》2003 年第 2 期。

［123］陈妍：《新材料产业亟待提升创新能力》，载《国际商报》2011 年 3 月 2 日。

［124］范珊珊：《新材料产业规划重点提高自我保障能力》，opinion. xinhua08. com/2011 - 9 - 8。

［125］李立：《青岛市新材料产业基地十大发展对策》，www. docin. com/2012 - 11 - 18。

［126］王翊民：《化工新材料产业现状剖析与未来发展》，http：//www. plas. hc360. com/2012 - 11 - 1。

［127］陈建勋：《中国新材料产业成长与发展研究》，上海人民出版社2009 年版。

［128］陈民恳、郑如莹：《基于全局因子分析的地区经济发展潜力研究》，载《统计教育》2008 年第 12 期。

［129］科技部：《国家高新技术产业开发区评价指标体系》，http：//www. sdkjg. com/2008 - 06 - 12。

［130］秦寿康：《综合评价原理与应用》，电子工业出版社 2003 年版。

［131］朱爱美：《青岛胶州湾环境质量研究与生态风险评估》，吉林大学硕士论文，2007 年。

［132］张梅艳：《胶州湾地区资源环境承载能力是"拥湾发展"的重要前提》，http：//qingdao. sdnews. com. cn/2009 - 06 - 27。

［133］陈晓亮、陈建成、陈建国：《高新区发展潜力统计指标体系的构建》，载《安徽科技》2006 年第 5 期。

［134］陆国柱：《关于高新区发展定位的几点思考》，http：//www. hn. chinanews. com/2008 - 09 - 17。

［135］王新：《我国高新区发展的现状、问题及对策》，载《中国科技信息》2005 年第 15 期。

［136］王树海：《国家高新区高新技术企业发展现状分析》，载《中国高新区》2004 年第 7 期。

［137］桂徐雄：《关于我国高新区产业发展规划的几点思考》，载《兰州学刊》2004 年第 6 期。